The Great Shift of Finance, Currency

金利と通貨の大転換

2025年、
ドル切り下げで
日米欧が
連鎖破産する

吉田繁治

ビジネス社

はじめに　本書の方法

本書は、**実践的な2つの目的**を意識しながら書いた。一番目は、これから3年の経済、金融、マネー全体の激動と転換期に**金融資産で損をしないこと**。二番目は、制度疲労した現在の仕組みを改める新しい国民主権の制度作りへの試論。

経済・金融・通貨の予想には、原理への知識ストックが必要である。それを全力で提供していく。考えることは脳にある知識と、現在起きている状況を照らし合わせて判断することだろう。**知識がないと目の前で起こっている事象を考えることができない**。たとえば2022年10月から始まった140円から150円の円安の原因は何か？　21年は110円台だったドル・円が、なぜ20％以上も円安になったのか答えることができるだろうか。

本書では、過去に起こったことをまず、①原理からのまとまった知識にし、②次に過去から現在のデータを根拠にして予測する。これを繰り返していくと、自然に現在の判断と未来の予想ができるようになっていく。読みとばすところがあっても1回は通読していただきたい。できれば、2回。20時間くらいでできるはずだが……。

根拠になる金額や数字から書いていく。文科系の読者には一見した字面《じづら》ではむずかしいかもしれない。しかしこれは一見だけ。数値は具体的な量的な変化であり、論理の飛躍がないので中学レベルの数学と同じで線的な筋がグラフのように明確になっていく。

感情のない数字は計算しかできず、論理的にしかたどれない。80年ぶりの経済・金融・通貨の転換は、その構造が**「通貨↓金融↓経済」**となっているので、**土台の通貨から**変化が起こる。通貨は経済という複雑な建物の基礎の石である。通貨価値への心理的な信用が瓦解《がかい》すれば、建物も崩れる。

＊

2020年からは通貨が大増刷されたコロナパンデミック、22年2月からは資源価格を上げたウクライナ戦争があった。22年から、第二次石油危機以来40年ぶりの高いインフレになった。22年3月からは9%インフレの2%台への抑制を目的として、米国FRBが3倍の速度で利上げをした（5・50%：23年7月）。YCC（イールドカーブ・コントロール：長期金利の上限調整）をやっている日銀は利上げをしていないが、23年7月には10年債の金利上限を1%に上げた。長期金利は0・45%から0・65%台に上がった（国債価格は下落：23年8月下旬）。ところが、金利が上がると普通は下がる世界の株価は、総じて順調に上がってきた。

NYダウの1994年から29年間の傾向は3度の暴落があったものの、およそ右肩上がりであった。40倍、年率平均では13・5%の高い上昇だった（2023年8月初旬）。

23年8月現在のほぼ順調な株価を見て、①金利上昇による**ハードランディング論**は後退し、②高い金利が24年まで長期化しても、株価は**ソフトランディング**するという見方が支配的である（投資家の80%か）。およそ80%のひとが依拠しているソフトランディング論は正しいのか？

ここで図を見ていただきたい。29年前の1994年から2023年8月1日までの、①大型株の代表を30社集めて平均指数にしたNYダウの右肩上がりの動きと、

②ＦＲＢの政策金利（23年8月は5・25％～5・50％）の、30年で5回の大きな利上げを対照したものだ。

＊

以下の相関グラフには、**「株価を動かす要素は金利であって線的な相関関係」**という前提が書かれていない。前提を示さずＮＹダウの指数と、ＦＲＢの政策金利の相関を表現している。文章にない前提を注意して探さないと、判断を誤る。他の経済論にも「そもそも」の説明はない。

実際の株価は複雑系である。単純な要素の線的な相関ではない。

①図の金利以外に、②ＧＤＰの期待成長率、③物価、④ドルの通貨レート、⑤マネーの量的緩和、⑥マネー・サプライの変化、⑦会社のイノベーション、⑧企業の期待純益、⑨経常収支、⑩商品の需要の変化、⑪政府の政策、

米国政策金利とNYダウ30種の価格（1994～2023.08）
グレーは利上げと株価下落期（01年、08年、20年3月）

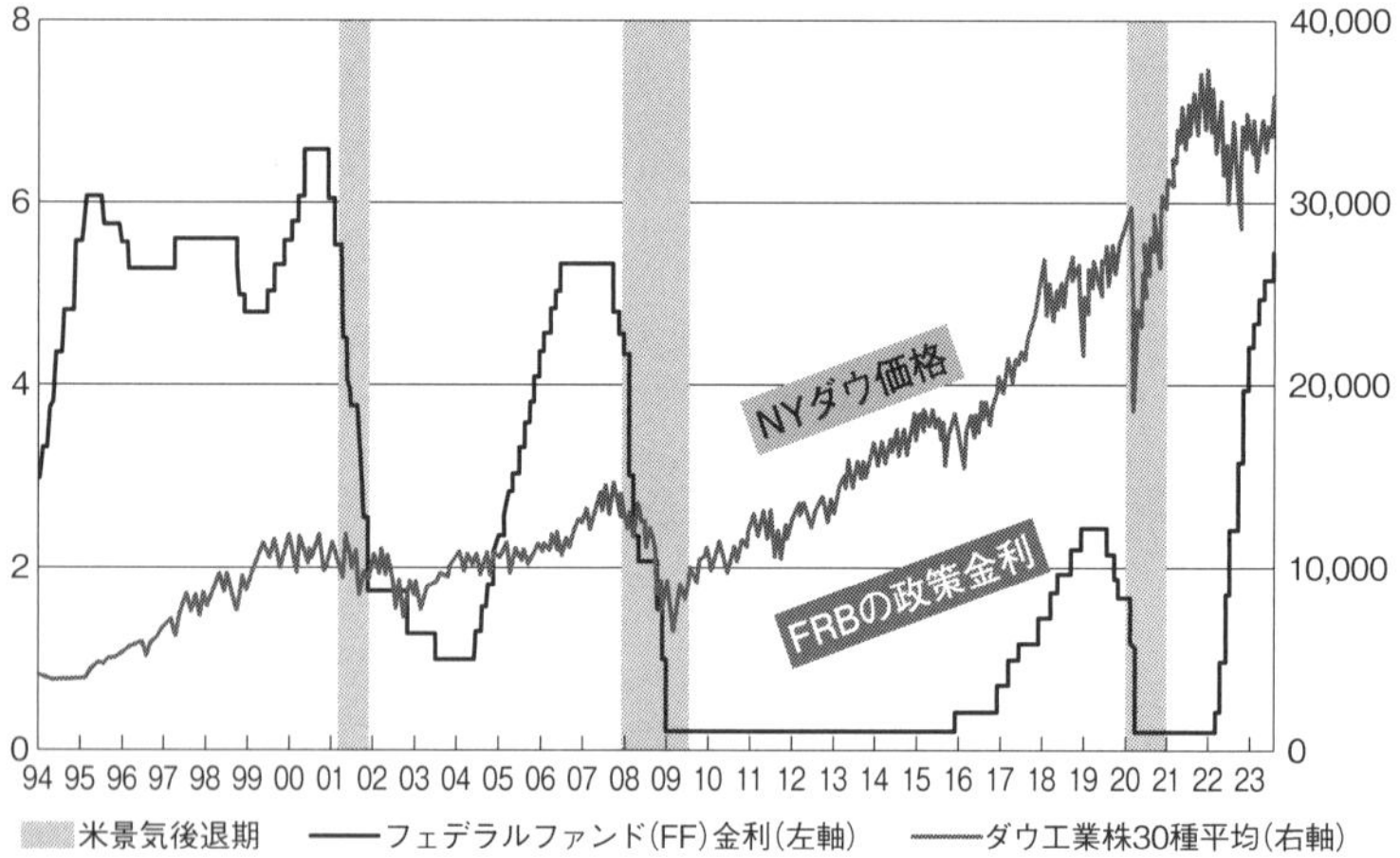

注：データは1994年1月3日から2023年8月1日
出所：NBER、Bloombergのデータを基に三井住友DSアセットマネジメント作成

制度の変更、社会高齢化、世帯所得の変化、資産格差……など挙げきれないほど多くの要素があって、しかもその都度、株価を変動させる重点が変わっていく。

株価が変動する複雑な要素をFRBの政策金利に単純化したのが、この図である。金利は株価のフェイクの原因ではない。しかし**複雑なものを金利に単純化して、相関グラフを作ったひとの考え**を示している。事実のデータであっても、どうグラフを作るかは創作である。普通、ここを考えない。当方は、こうした基礎から考えるくせがある。

29年は**経済の一世代**に相当する。投資家やアナリストの主なメンバーが1回転する期間である。1人の人間が成人したあと仕事をして、強く残る**直接経験の範囲**の期間である。

ひとの見解や予想は、直接経験の記憶により左右される。30年以上前のグラフが示す間接経験の金融・経済指標をもとに書かれた理論書や本も、記憶のなかでは参照しているだろう。

これは**「過去参照」**の方法であって、**現代的な生成AI**が得意にまとめる領域である。

人間には過去と現在しかないから、未来予想にも過去を参照するしかない。

しかし**「未来予想のために過去を参照する」と**、過去に起こったことの範囲しか起こらないような気分になっていく。これは過去30年大地震がなかったから、将来30年もないと予想することと同じである。結果は、多くのアナリストが言うように、①ハードランディングは20％程度の確率、②上がった金利に対応しても、80％はソフトランディングするとするから、投資家の心理に馴染みやすい。

ひとは**自分にとって都合のいいこと**は探しても聞きたいと考える。株式投資、債券投資にコミットしているひとたちは、**株価や債券が一時下がっても、長期では上がっていくという話を聞きたい**。これは株価はボラティリティ（変動幅＝標準偏差の2倍）を突き抜けない確率が97・5％あるという「推計の統計学」でもある。

推計の統計学は、過去に起こったことの確率を未来に延長するものだ。サイコロを1000回振ったら、1の目が出た確率は6分の1だった。だから将来も確率は6分の1と予想する。

これが推計の統計学である。推計の統計学では、**サイコロの形は過去、現在、将来も変わらないことが前提されている**。ところが前提を言わず、「確率は6分の1」としてしまうから、予想に間違いが起こる。サイコロの形が変われば、目の出現率は変わる。経済の大変化は、サイコロのカタチそのものが変わる構造変化から起こる。

＊

ほとんどの時期に恐慌的なクラッシュはなかった。NYダウのグラフでは、FRBによる5％や6％への利上げがあって、そのとき株価は下がっても、その後の利下げで回復して再び上昇のトレンドにはいってきた。今回は、①コロナ、②戦争、③インフレ、④利上げと、4つが重なっても、過去の傾向の範囲の動きになるという結論が導かれるだろう。これが市場の大勢の見方である。

＊

こうした見方である基礎に隠れた数学理論が先に示した**「推計の統計学」**である。

すこし専門的に言えば、①過去の株価の標準偏差を2倍にして、②それをボリンジャーバンドの2シグマの線とし、③2シグマ（標準偏差2倍）を上にはみ出す2・5％以下（50年に1回以下）をバブル的高騰、④

下にはみ出す２・５％以下（50年に1回以下）をバブル崩壊の確率とする。

これが過去の事実から計算した確率を、未来に延長する推計の統計学である。

ほとんどの未来予想では、その文章の底で**推計の統計学の本質である「過去参照」**の方法をとっている。過去参照は、基礎にある経済・金融・通貨の構造が変化していないとき有効である。

＊

本書では、**経済の基礎である通貨の転換が起こる**ことを示していく。

一世代30年にわたる観察・分析の脳への植え込み、つまり知識化では足りない。

①貿易に使う国際通貨が金《きん》であった時代（19世紀まで）、

②**金兌換《きんだかん》の米ドル**であった時代（ブレトンウッズ体制の１９４４～71年とスミソニアン体制の71～73年）、

③通貨が金と切り離され、**国債が通貨の価値を担保する「信用通貨」**の時代、

④ドルの信用通貨が基軸通貨《きじくつうか》になった**矛盾した変動相場制の時代**（１９７３～２０２３年）まで、

１世紀半を振り返らねばならない。日本では、近代国家になっていった明治維新《いしん》（１８６８年）からの１５５年である。

＊

前掲図のグラフに示した**30年の参照の期間**では、

①通貨の定義と、その発行方法、

②国民からの使われ方、預金の構造の変化はない。

つまり**1994年から2023年までは通貨の変化がなかった**。

ドルの発行量は増え続け、29年に3度の資産と物価のインフレのあと、FRBが利上げをし、株価が下がって、その後の利下げと金融緩和から株価が右肩上がりで上がってきたことを示すだけである。この29年の相関グラフがひとに伝える情報量は、実はすくない。

＊

本書の記述法を述べる。

（1）個人の隠れた基準での評価である**形容詞や副詞は、必要最小限**しか使わない。データは、その存在があるかぎり数字で示す。

しかし数字を入れた文章は、一見複雑になる。文脈に対応して括弧書きする。1ドルは140円として、金額のイメージをつかみやすいよう補助している。

美しい、大きい、小さいという表現は個人の印象を示す。美しいひとと言っただけでは、美しさは伝わらない。高い株価、低い株価も評価の基準を示さないと伝わらない。数値は基準をもった評価であり、具体的に伝わる。

（2）100年や50年前の過去の歴史的な事実を、理論的に書いて**各項の前段**とする。

しかし年号順に書いていくと、現在との関係が見えなくなる、死んだ歴史の記録と受け取られる。これを避けるため**後段では**現代・現在の関連するトピックを述べ、近い未来（3年以内）、あるいは中期の未来（5年）、遠くに見えるが、すぎれば一瞬の遠い未来（10年）の予測を行っていく。**予測と**

は数値的な根拠をもった予想である。

こうした記述方法は類書と異なっている。風変わりさは、市場の今の**集団的な「空気」**と逆になることが多いが、本書の価値と考えている。ありきたりのものは書いても意味がない。

（３）主流とされてきたメディアの情報は、１９９５年ころからか時期ははっきりしないが、業界の空気に流された**全体主義**になっていてフェイクの情報がまじったものになってきた。

現在はとりわけヒドい偏向がある。**偏向とは**一方の情報だけを参照し、反対の情報は無視するか、陰謀論として切り捨てることである。

コロナとウクライナ戦争についての現在の報道は、戦前の代表的メディアだった朝日新聞が戦争をあおったプロパガンダに似ている。敗戦後は逆転し、米国と占領軍に尻尾を振った。これを転向といった。学者、官僚、教師、政治家は戦前の言動を捨て転向した。

＊

本書では相手側を悪、自分の側を無前提に正義とする**プロパガンダは書かない**。ポジショントークもしない。組織に属するエコノミストの**立場の論**は書かない。集団では文章、小説、論文は書かない。組織で書いたとすることはできるが、**文章は個人のもの**以外ではない。雑誌などに個人見解であり、会社のものではないと注記する著者が多い。

これは会社の見解とその組織に属している個人の見方の分裂を示し、組織によるポジショントークの在処《ありか》も示す。会社や組織を表に出す論には、いつも違和を感じてきた。東大の教授の授業は東大がするのではない。教授個人が行う。

現代のメディアでは、組織の立場でモノを言うことの弊害が大きくなってきた。リポーターが「＊＊TVです」と訪問するとき、あなたはそのTV組織と一体だと考えているのかと問いたい。「＊＊新聞です」といって電話をかけてくる取材も同じである。会社や組織は、個人の一生にとって何だろう。考えていただきたい。学会や学校も同じである。

筆者は22年間、週刊のメールマガジン、1回は約20ページの『**ビジネス知識源（無料版）**』と、『**ビジネス知識源プレミアム（有料版）**』を書いてきた。1361号になった。改めて22年の読者と健康に感謝。発行は、インターネットのマガジンスタンド『まぐまぐ』と『Foomii』からがメインである。

週刊の有料版は、http://www.mag2.com/m/P0000018.htmlで登録ができる（月660円）。

2週に一度の無料版は、http://www.mag2.com/m/0000048497.htmlで登録ができる（無料）。

最新の情報をもとに分析し、理論化して知識化している。知識は使ってもお金のようには減らない。使えば（読めば、話せば、書けば、表現すれば）、逆に増えていく。あなただけの**譲渡《じょうと》や移植、相続もできない知的資産**になる。知識の資産は、まとまった本を読むことで耕さないと、いつの間にか冷たく固まってしまう。

文字は読めても、文章の意味をとれないひとが2000年代から特に増えているという。原因は、読書よりSNSの映像を、情緒で受け取る時間がはるかに長いからである。

映像と動画は、**情緒的な受容《じゅよう》**は発達させる。**理性的・知識的・理論的な脳の働き**を退化させる

TV映像が、その典型である。日本人は、他国民より集団的な情緒に流されやすい。

これを機会に、知識資産を耕す文字を読んで、意味をとり、考えていただきたい。

文章を読むことは、考えることである。350ページを使い通貨・金融・経済の複雑系の森をガイドする。わからないこと、わかりにくいことがあれば、書いた私の責任である。反論もあると思う。メールでご意見や質問を送っていただきたい。可能なかぎり回答を約束する。

メール：yoshida@cool-knowledge.com
論考のHP：www.cool-knowledge.com

2023年　蟬の鳴く　外は建設工事の盛夏

吉田繁治

第二章 巨大になって後戻りができない 日・米・欧の金融資産と負債

第三章 円の発祥から戦後まで

第四章 ドル基軸の通貨体制を作ったブレトンウッズ会議

第五章 金兌換停止後の通貨の53年：1970～2023

第六章 1997年から始まった日本の銀行危機とゼロ金利

第七章 コロナのあと急増した米国のマネー・サプライ

第十章 コロナパンデミック、巨大財政赤字、デジタル通貨へ

追記 ―― 351

プロローグ

通貨と金融の大転換

世界の経済、政治、軍事、金融、通貨、社会が80年ぶりに、次のパラダイムに向かって転換しようとしている。しかし多くのひとは、これに気がついていない。過去の未来が現在である。われわれは記憶の過去と、意識の現在のなかにいる。存在のない未来を想像するのはイマジネーションである。立方体を見るとき裏は見えないが、想像はできる。未来は想像のうちにしかない。想像力をはたらかせるには、**変化の本質にあるだろう原因と法則**を探して未来に延ばすしか方法はない。

法則には、自然科学の領域でも発見されていないものが圧倒的に多い。発見された法則は仮説である。ウソということではない。ある条件のもとで成り立つ蓋然性《がいぜんせい》があるというものだ。蓋然性とは、可能性の確率である。ガンの病理はまだ発見されていない。ガンにかかったときの未来は、類似の症例のデータを未来に延長する**「推計の統計学」**を使っている。診療した医師の「治癒の確率は約70%」が示すことは、症例のデータを未来に延長する「推計の統計学（標準偏差）」である。ひとつしかない個性のある自分の命に該当するかどうかはわからないが、蓋然性はある。

株価では、過去20日の**価格変動から標準偏差をとったボラティリティと株価の移動平均線**を中心に置き、標準偏差の1倍、2倍、3倍の幅をもたせたボリンジャーバンドが推計の統計学である。過去と現在は、確定している。**未来は確定していないから確率**になる。株価も確定していないから市場で取引される。確定していれば株式取引所は消える。

「南海トラフの地震は30年以内の発生確率が70％」と政府の地震研がいうのも、２０００年くらいの地震の記録を古い時代のものから時間軸に並べ、発生の確率にした推計の統計学である。**数式にはならない複雑系**である地震の原理は発見されていない。超多数の要素がからみ合った複雑系の経済・通貨・金融・社会も、偶然で動くのではない。原因と必然はある。しかし原理はわかっていない。３５０ページを書く過程で探っていく。経済、金融、株価、通貨は、社会的で人間的なものである。見えない**集合的な認識と判断の結果**によって価格が動いている。

【集合知の事例】

ミツバチには巣の設計者はいないが、内部が6角形の巣を作って蜜を集める。個々のミツバチの頭にはない**「社会の集合知」**がこれであろう。人間の社会では、**個々人を超える集合知**が市場で売買される商品、株、債券、国債、通貨つまり全部の金融商品の価格であろう。

株価は過去の取引の結果であるが、市場には不特定多数の投資家がいて、価格は投資家全体の投票（株の売買）の結果、つまり集合知で決まっている。アダム・スミスは「市場には神の見えざる手がある」といったが、神の手はない。時々刻々、価格は変動する。株価は生き物のようだといわれるが生き物ではない。株価へのわれわれの**期待値が生き物**である。情報の解釈と判断から、心理的な期待値は変化していく。昨日と今日では同じ株価の期待値が変化している。ミツバチは同じかたちの巣を作るが、株価は変化する。以降、変化してきた戦争から述べる。戦争は国家・経済・社会・文化まで変えるものだから。

1　現代の戦争

社会の下部構造は経済であろう。人体の下部構造は内臓と骨である。表面からは見えない。コロナとウクライナ戦争を機に、米国・欧州・日本は下部構造からの変化の時代をむかえた。戦争は社会とひとびとの認識を転換してきた。

現代の戦争は「超限戦《ちょうげんせん》」になっている。戦闘だけではなくマネーと金融と株、資源・エネルギーの支配、メディアによる認知戦、ハッキング、スパイ、法、制度まで、つまり社会と経済の全体を含む**ハイブリッドな混合戦**である。日本は、米国・中国・北朝鮮から仕掛けられた超限戦のなかにある。北朝鮮がミサイルを飛ばし、中国が台湾を威嚇《いかく》し、尖閣《せんかく》列島の領有も主張する。メディアの加担もあって、古典的な戦争の領域を超える超限戦が始まった。超限戦は認知戦を含むので**知能化戦争**ともいう。日本の政治とメディアが弱い個人に直接はたらきかけるインターネットとの混合が戦争を変質させた。

【米国の認知戦と超限戦】

米国防省（文官74万人：軍人134万人）と一体の活動が多いCIA（約2万人）は、米国の諜報《ちょうほう》機関といわれる。軍事の戦略、スパイや暗殺だけではなく、経済・金融・IT・情報の超限戦の立案・実行の機関である。米国の軍事関係者は213万人と多い（自衛隊は23万人、米国は9・3倍、人口当たりでは3倍）。

米国が経常収支の赤字を続ける構造的な原因は、24年度で8420億ドル（117兆円：軍人1人当たり5490万円）の軍事費である。軍人の幹部にはエリートは多い。しかし生産はしない。213万人の組織の「平時」における国家の安全保障活動が超限戦になった。国家とは、政府・法・制度・民間経済・金融・社会である。

平時の戦争としてインターネットとメールを全文検索し、**世界の政治・外交・産業情報を検索・盗聴・監視・モニターしているのが**NSA（米国家保安局：3万人：ウィキ・リークスのスノーデンが職員の1人だった）であり、盗聴ではCIAと一体である。

グーグルはCIAが作った全文検索のシステムであった（1998年：カリフォルニア州メンロパーク：スタンフォード大の近隣：PC数万台を並列につないだ）。有名な子会社がYouTubeである。グーグルでのキーワード検索は、NSAが行っている世界の情報の全文検索と同じものである。

米国は、財政費用である米国債と米ドルを買うことを日本に要求してきた。日本は米国債とドルを対外資産として買ってきた。トランプのときは安倍首相に「過去70年の日本の国防費は未払いである。これを払ってもらう」と要求していた。メディアは報じなかったが、これが米国債の買い、つまり日本の対外資産である。現在、国債と証券で約1000兆円もある。その50％の500兆円は、日本の戦後国防費（年間平均6・4兆円）に相当すると米国は主張している。このために米国は経常収支が赤字だったと述べている。日本は国防を駐留米軍に恃《たの》んできた。対外資産は一般には国家の強さであるが、相手が返す意思がないとき、致命的な弱みになる。**米国が日本の米国債の返済はしない**と通告したとき、日本は対抗手段をもたない。事実をいえば、ウクライナ戦争のとき、米国はＦＲＢと米銀がもつロシアの外貨準備から約３０００億ドル（45兆円）を今も凍結したままにしている。

米国の要求は、**倫理的には**正当とはいえない。しかし**政治的には**ありえる。最終的には、**対日債務のデフォルト**かもしれない（日本がもつ国債・債券だけを返済しないという決定、またはドルの2分の1への切り下げ）。２０２２年３月からの**金利の上昇から想定される米国の２０２４年、２０２５年の金融危機**のとき、これも想定できる。日本がもつ米国債と債券の近い未来は不確定である。法のない国際の金融では**「何でもあり」**である。しかし金融市場はこのリスクを「まさか」として想定していない。金融市場が「まさか」を想定すれば、今、価格は下がる。金融資産の価値では、たとえば株のように未来を予想して、現在の価格に織り込む。金融資産の価値は「この国債の１億円は５年後も１億円」として予測された価値である。金融市場での金利と予測が変われば、価格は変わる。

メリーランド州のNSA（3万人）

情報の領域は、政治・軍事・ＩＴ・経済・金融・社会思潮・研究機関の論文にわたる。盗聴とハッカーに区分がない。中国では、人民解放軍が超限戦の企画・実行の機関である。北朝鮮では、中国で訓練されたハッカー６８００人を擁《よう》する軍がそれである（人数は韓国国防省の推計）。国家プロジェクトであり、ＮＳＡはウィキ・リークスが暴露したように、目的はいわず盗聴・検索・記録してい

る。日本の主な政治家の活動は、国内にいても常時モニターされている。東京ではスパイの活動がし放題という。ペンタゴンは、2001年の9・11（同時多発テロ：ワールドトレードセンターの崩壊）から戦争を**テロ戦争と定義した**。テロ戦争は超限戦のひとつの形態である。石油の支配権をめぐって、中東で戦後から始まっていた。

ロシアでは、プーチンの出身母体であるソ連のKGBの後身、FSB（ロシア連邦保安庁：35万人）が、米国、欧州、中国、日本への超限戦の機関である。暗殺を極端におそれるプーチンは、旧KGBや現FSBの出身で側近を固めている。

安倍元首相は、プーチンの一行を山口県の老舗の料亭旅館『大谷山荘』に招き会食した（2016年12月15日）。名産のフグが出されたが、フグと日本酒に手をつけなかった。同席していた側近が食べて平気なのを見ると、プーチンも食べて美味しいといった。日本酒を飲んで旨《うま》いといって、ご当地の『獺祭《だっさい》』を1箱、ロシアにもって帰るよう側近に命じた。プーチンが苦虫をかみつぶした顔でやることには、何かおかしさもある。米国のNSAまたはCIAは、この会合もモニターしていたはずだ。

現代の戦争は、インターネットが発達した2000年ころから、古典的な戦闘ではなくなった。ウクライナ戦争も、米国・NATO・ウクライナ連合軍とロシアとの戦闘だけではない。**エネルギー・資源・穀物・金融システム・通貨への支配力の争奪《そうだつ》**まで含む超限戦である。バイデン政権で、ウクライナ戦争の戦略を担当しているCIAの高官は、以下のように述べているという。ソースはマスコミの倫理から匿名《とくめい》である〔ニューズウィーク誌（23・8・11号）〕。

「**ウクライナで起きていることの全部は秘密の戦争であり、そこには秘密のルールがある。**米国とロシアは長年かけて、そうした秘密のルールを作りあげてきた。CIAがとてつもなく重大な役割をはたしている（引用）」

つまり……CIAとFSBが合意で作ったルール内での戦いである。戦争にはルールはない。この戦争にはルールがあるという。

「秘密のルール」があるとすれば、出来レースがまじっている。核戦争の心配はいらない。主流メディアの溢《あふ》れる報道は何を報じているのか。相手を悪として、世論を盛りあげるためのフェイクがまじり、本当のことと見分けがつかなくなるプロパガンダ（宣伝戦）である。

メディアのプロパガンダが米国と西側の世論を喚起しないと、米国はウクライナ戦争から手を引かなければならない。米国はウクライナ支援予算として、見えるものだけでも699億ドル（10兆円）を使っている。2003年のイラク戦争のときは、米国の軍事費支援のため、小泉内閣は米国債の買いを30兆円行った。今回は、ウクライナへの世銀の15億ドル（2100億円）の貸付金の保証

CIA本部（職員数2万人）**とロシアFSB**（ロシア連邦保安庁）**の本部**（左下）

をする。岸田内閣は他の政策でも、国民には正面から問わず、実行している。米国が1人の人件費と装備・ハイテク化した兵器に年間5000万円かかる軍事予算の面から追加支援ができなくなっていて、秋にはロシアの勝利で終わるという説が米国の軍事関係者からも出てきた。

戦争でも「お金の切れ目が縁の切れ目」である。兵士と兵器産業はボランティアではない。ロシアのタス通信によれば、ロシアは三交代で兵器を生産しているが、西側のメディアはこれを報じない。CIAは、ロシアの武器生産をつかんでいるはずだ。ウクライナへの米国とNATOの武器とマネーの支援が途絶えれば戦うことはできない。

23年秋の予想もあるウクライナ戦争の停戦は、2023年までに西側の旧体制が崩壊することを意味する。現代の戦争は、マネーを含む超限戦であり、国家総力戦であるからだ。フランス革命（1789～95）のときのアンシャンレジーム（旧体制）の崩壊に似ている。フランス革命時は国民に転換が見えた。しかし認知戦がある現代では、旧体制の崩壊の過程と新体制は見えない。本書では体制の基礎であるマネーの面での転換を描いていく。

【メディアが加担する認知戦】

世界の政府から見たとき、国民はメディアに操作されるひとびとである。メディアは司法と行政の3番目に来る認知の権力を担《にな》う。民主国では、世論の支持がないと政策と戦争は実行できない。既得権益をもつ政府は、国民を認知戦で誘導する。コロナ戦争とウクライナ戦争が国民の正義ではなく、本当は政府とつながる軍需産業、エネルギー、食糧メジャー、メガファーマ、国際金融資本の利益を目的としていても……。今回、西側メディアのひどい偏向がいわれる。今に始まったことではない。17世紀に新聞が出た最初から部分的にはあった（ドイツのアウグスブルク）。日本では瓦版《かわらばん》であった。

新聞やTVは、広告のスポンサーとメディア資本のほうを向く。NHKのスポンサーは視聴料を払う国民ではない。電波での放送を認許可する政府である。電波は国民の公共財だが、実質では管理する政府のものだ。**政府の資産は国民の公共財であるが、**実質は公共財の管理（＝占有：小室直樹）をする官僚組織のものであり、国民のものではない。その点で、書店に並べられて購入を待つ書籍は読者の側を向く。戦争中は発禁にしていたが、戦後の日本政府は出版物までは管理していない（中国では政府が言論を管理している）。

（注）占有とは他人の所有物を、あるひとが事実上支配している状態。自己のためにする意思で、物や権利を所持すること（民法180条）。政府の資産、税、年金基金、国権は国民のものであるが、事実上は官僚組織が占有している。

防衛費を5年で2倍にあたる43兆円にすることを決定した日本に対して、米国は**メディアを使う認知戦**も動員する。財務省は経済を縮小させる防衛費増税を主張している。

GHQは日米戦争を起こした機関として、内務省（内務官僚に岸信介がいた）を解体した。自衛隊には、防衛大学にも超限戦のIT・金融・社会への頭脳はないだろう。米国・中国・北朝鮮・ロシアが仕掛ける現代の**超限戦への理解がないと、日本の将来は好ましいものにならない**。

◎当方にできることは全力でこの本に書き、広く知らせることである。国民に事実を知らせるべきメディアも、政府が世論を誘導するために動員するので、メディア情報からは本当のことの認識がむずかしい。事実の正当な認識から、すべてが始まるのだが……。

【戦争禁止の国における防衛という矛盾】

日本では、戦後憲法が戦争を禁じた。われわれの社会を転換させてきた戦争について正当な学術研究はすくなく、フィクションのまじる歴史小説になった。**世界の戦争の歴史は、われわれの日常の意識からなくなった。**軍事が国家の枠を作るという現実の政治論もなかった。

万世一系《ばんせいいっけい》とされる天皇制のなかで戦後は、**国民のたぶん80%が空想的な平和論と、現実にはムリな非武装の中立論**に傾斜してきた。政府・外務省・自衛隊・メディアには、米国・中国・ロシア・北朝鮮が仕掛けている超限戦への認識が薄い。日本ではスパイのし放題と発言した議員はいる（石破茂元防衛相：2002〜03年）。

倍増が決定した防衛費43兆円では、米国から1970年代の時代遅れのトマホークを買うだけでなく、**超限戦**からの防衛手段と防衛ツールをそなえた訓練をすべきであろう。超限戦からの日本の防衛ができるように法も変えなければならない。米国からの輸入だけではなく自前の武器製造が必要だろう。以上は独立の基礎要件である。

国産の武器生産では、政府からの発注が安定しないため、民間会社は武器の生産ラインが維持できず、壊滅的になっている（三菱重工・川崎重工・富士通・ＩＨＩ・三菱電機・ＮＥＣが主要な6社）。対策としては、**20兆円の防衛費の予算プール**を作るべきだという（日本の軍事関係者）。

２０２０年以降は、**AIをそなえた武器と核兵器の生産**ができない国は独立を果たせない。日本人のおよそ60%が米国への依存と従属を続けることを選び、独立はしたくないとすれば話は別であるが。当方は独立国日本を求める。

【超限戦を構成する認知戦】

世界の政治と外交も**メディアを動員する「認知戦」**になっている。認知戦の目的は、ひとの脳の認知領域にはたらきかけ、判断と言動を目的に沿うようコントロールすることである（苫米地英人）。慰安婦問題も、韓国側からの認知戦である。

認知とは、外部現象を認識して理解することである。**理解とは**、原理や原因を知ることである。主流メディア（新聞とTVのニュース解説など）は国民を誘導する認知戦の道具になっているが、その自己認識はないだろう。メディアは、超限戦の現実を報じないどころか認知戦の道具になっている。①戦争のときのように国民の自由な行動を政府が管理し、規制ができる**国家非常事態宣言**が出されたコロナパンデミック（２０２０年）。ＷＨＯは、２０２３年秋のワクチンに耐性をもつ新変異株（ＸＢＢ１・16と２・３、人工的変異が疑われる）からのパンデミックを警告している。**②7年は必要な治験《ちけん》の期間**が6カ月しかなかったワクチン（２０２０年）。③原因が追及されていない**ウクライナ戦争の報道**では、露骨《ろこつ》に認知戦が使われている（２０２２年）。

19世紀末の古典『戦争論』でクラウゼビッツは「戦争は政治の延長だ」と述べた。現代では政治そのものになった。クラウゼビッツは、インターネットの利用から認知戦が巨大になった現代では、防衛大学の教科書として古すぎる。各国政府からの、**自国民と仮想敵の国民への世論操作も認知戦**

である。CNN、ワシントンポスト、NYタイムズ、ロイター、そして日本の共同通信の報道記事を仔細《しさい》に読むと、根っこにある事実が正反対にねじ曲がっているものがまじっている。大学で学んだことがあるが、**テキストの構造主義的分析**でわかる。書かれた文章から、書かれていない**メタ言語の構造**を分析するものである。(注) メタ言語とは、書かれた言語への注釈にあたる。たとえば「こんにちは」のメタ言語は「挨拶」という抽象化である。行間の意味とは違う。単語・文の意味のグルーピングと概念化である。

現代の大手メディアがフェイクを伝えるテキストの根拠は相手の論に根拠がない、あるいは陰謀論とする。しかし陰謀論とされたことの多くは、大きなものほど事実を調べていくと入手できる状況証拠からホンモノの陰謀に見えた。

人間は動物とちがって言葉でウソをいえる。証言は、自分を不利にする自白であっても物的な証拠がないかぎりは、真実ではないこともある。**自爆テロ**と同じ構造のものだ。ひとは自己と自己の利益をまもると前提して、自白が信用できるものになる。乗客として飛行機に乗るとき、われわれが見知らぬパイロットを信用して命を預けるのも、パイロットは自爆をしないと信用した上でのことだ。タクシーの利用、レストランでの食事でも同じだ。見知らぬ他人が調理するレストランでも毒がはいっているとは、疑わない。**社会はお互いを信じることで成立している**。しかしプーチンは信用せず疑う。

フェイクを真実とする超限戦のなかの認知戦は、われわれの社会の成立基盤である、お互いを信じるという前提を壊《こわ》す。とりわけ2020年11月の米大統領選以来のメディア報道、怪しい新型コロナ・ウイルスとワクチン、ルールがあるというウクライナ戦争も認知戦である。

23年11月ころから強力に変異したコロナが米国で再び猛威を振るうという不確かな情報もあるが、これは本当か？　個人では起こせないことの多くには、**誰かを有利にする目的の陰謀**がからんでいると判断していい。急に38度の熱が出て体がきついので風邪かと思って病院にいくと、コロナだった。症状は軽い。医師は、最近とても多いです、うちだけでも1カ月150件出ます。マスコミは言いませんが……という。23年8月末時点。処方された塩野義のいい薬（ゾコーバ錠）があって5日で快癒した。なおWHOと厚労省が「効果のエビデンスがない」と否定してきた、北里大学の大村智教授（2015年ノーベル医学賞）が開発した駆虫薬のイベルメクチンは、新型コロナの予防と治療に効果があるとする医師が増えている。これも世界的な医薬・保健機構の体制の転換になっていく。

【米国の対日超限戦】

米国は、ペンタゴンとCIAの役割を国土と国民の防衛だけではなく、**経済・金融・社会の領域にわたる総合的な安全保障**を図《はか》ることとしている。

米ドルの立場に立った金融戦争のシミュレーションは、CIAの秘密委員会でコンピュータ・プログラムを作り、ジェームス・リカーズが主要メンバーになるなど金融技術の専門家も参加していた（著書の『ドル消滅』にこれを書いている）。

日本に仕掛けられた経済面の超限戦をいえば、およそ以下である。

①1985年の**プラザ合意**（ドルの2分の1への切り下げ、日本はドルの対外資産で50%の損をした）。

②世界へのプレゼンスが現在の中国の銀行のように巨大になったが、自己資本比率が4%台と低かった**日本の銀行に1988年からBIS規制を強化**（リスク資産に対する8%の自己資本の要求。世界一だった日本の銀行の押さえ込みが目的だった：日本の銀行は融資を縮小→資産バブル崩壊、不良債権200兆円→21都銀を3つに統合：2000年代初期）。

③1970年代から繰り返されてきた**対米輸出規制**（日本の対米輸出の抑圧《よくあつ》）。

④1986年からの**半導体摩擦《まさつ》**（世界シェアが50％だった日本の半導体の生産潰しだった。現在はわずか8％に減っている）。

⑤1990年からの公共投資の1年40兆円と、対米輸出を減らす内需の拡大を求めた**構造協議**。対米輸出の抑圧＝90年代の10年で400兆円の国債発行を行って公共投資を実行した。予算が欲しい官僚は喜んで応じた。利用価値が低く、経済を成長させる乗数効果のない無駄な公共設備が日本中に溢れ、1200兆円の国債と、GDPゼロ成長の起点になった。2度目の日米敗戦がこれである。

⑥米軍スタッフと日本の官僚がラーム・エマニュエル駐日大使のもとで会合をもち、国の方向を決める政策と法を作る**日米合同委員会**（米国の目的は日本経済の弱体化、ドル買いの要請、兵器輸入の促進）。いずれも米国からの対日経済戦争である超限戦であった。虎ノ門の米国大使館の活動がこれだった。

【議会制民主主義の発祥は英国議会】

現代につながる議会が成立したのは英国だった（1801年）。国内の封建諸侯《しょこう》（貴族）が領土の支配権をめぐって繰り返していた内戦を議会での論戦に変えることが目的だった。諸侯の資産は土地だった。**議会は、議員のディベートでの認知戦と立法による超限戦の場**であった。英国は常にスコットランドとの分裂の危機を抱えている。

米国における民主党と共和党の酸鼻《さんび》を極める対立は、南北戦争が現代風に形を変えた超限戦である。米国ではいえないが、民主党には黒人とヒスパニック、共和党には白人の支持者が多い。これを知っていないと、米国の政策の判断を誤る。岸田政権は米国・民主党側である。

米国の対日戦略は50年一貫して、米国を超える恐れのあったドイツと日本の技術力とマネー力をおさえつけることである。２０００年代は対中国に重心が移った。

政府、日銀、銀行に米国債の買いを要請してきたことはドル戦略である。ＣＩＡは、超限戦での侵略をする対象国にエージェント（代理人、代理機関）を作って、個人名と組織をあきらかにせず潜伏《せんぷく》させている。ウクライナには約１００人のＣＩＡ職員が存在し、現地のエージェントは数が知れない。ゼレンスキーもＣＩＡからお金をもらうエージェントといわれるが、たぶん事実と考える。

中国は、日本・米国・欧州に対して多数のスパイとエージェントを官僚組織、政党、メディア、大学、有名会社、金融機関に潜伏させている。日本には留学生、官僚、メディア、ＩＴ、自衛隊、大手の会社勤務者を含めて5万人の工作員がいるという。対米国では数が知れない。対日が5万人なら、3倍の15万人か。14億人の中国は何ごともスケールが大きい。

基幹的な産業であるＩＴや金融だけでなく、米国の軍事情報、兵器産業、政治にはいりこんでいる。北朝鮮がハッカー６８００人（韓国国防省の発表）だから、中国のハッカーやスパイは何十倍も多い。ロシアの秘密警察のＦＳＢが35万人だから、その2倍の70万人か。

安倍元首相暗殺や、岸田首相パイプ爆弾くらいのスケールの小さいことなら、お手のものだろう。駐留米軍と一体のＣＩＡは、日本の政治の監視を含めて公然のスパイ活動ができる。

超限戦・認知戦・金融戦争・貿易戦争の観点では、米国は日本を友好国とみなしていない。

ドイツも米国の超限戦の対象である。これはウクライナ戦争の過程で、ロシアからドイツへつながる天然ガスのパイプライン、ノルドストリームの偽装的な爆破であきらかになった。

社会とは共通の言語、文化、価値観の集合体であるが、表と裏がある。経済とはマネーを媒介にした商品の生産と売買であるが、これにも表と裏がある。経済とマネーは、ソ連と共産主義が崩壊した**ポスト冷戦**のなかでグローバル化されてきた。マネーの面では地球の全地域が、とりわけ冷戦後の民主党クリントン政権（1993〜2001年）のころから、**米ドルの循環金融**になってきた。

【1990年代の10年は米国が金融ローマ帝国（ドルの実効レートは95→150と1・6倍のドル高）】

1990年代の米国は欧州、産油国、中国、ロシア、日本を従え、海外に出たドルをUターンさせる、**基軸通貨の仕組みをもつ「金融ローマ帝国」**になっていた。

金融ローマ帝国の金融の本店が、国際金融資本のウォール街である。①ロンドンのシティがヨーロッパの支店である。②東アジアの支店は日銀である。③1994年からは、中国人民銀行が、急成長する支店に加わった。いずれも、**ドル基軸の金融回線のSWIFT《スウィフト》**で結ばれている。

ナスダック株は価格の加重平均の指数で455だった1990年から、2000年の4810まで10年で10・6倍に上がった。これは当時富裕国だった日本を先頭に欧州、中国、旧共産圏をメンバーに加えた世界からのマネーがインターネットを開発した米国のドル買いとドル株買いに走ったからである。

◎米国は、海外からの借金（＝ドル買いは米国への貸付金）で経済を成立させている。経常収支の構造的な赤字から**自然なら下がっていくはずのドルの実効レート**は、1990年の95から2000年の

150まで10年で1・6倍に上昇した。実効レートとは、世界の貿易量で加重平均《かじゅうへいきん》した通貨レートの指数である。10年でドルレートは1・6倍、ナスダックは10・6倍だった。海外からのドル買い、ナスダック買いが多かったことを実証する。

経常収支が構造的な赤字で約50年海外に垂れ流されているドルは、外為市場の自然から下がるべき通貨である。経常収支の赤字と対外負債が減ったことのないドルの実効レートが上がることは、

①米国の金融の超限戦が作用して**経常収支が赤字続き**であるなかで、

②**ドルの世界からの買い**が売りより多くなっているという外為市場の事実を示す。

米国は戦略的な国家である。独立戦争（1775～83）のあと245年間に100回、2年半に1回大小の戦争をしてきた。常時の戦争国だから、超限戦も「平和な」日本を含む世界に仕掛けてきた。

第二章で金融資産・負債を材料にして述べるが、2024年から2025年は、米国が作ってきた、**ドル覇権の世界が崩壊**していく時代になる可能性が高い（80％か）。

【経済と金融の基礎を決めるのは為替レートである】

実効レートが下がる通貨は、外為市場で売りが多い通貨である。実効レートが上がる通貨は買いが多い。

通貨のレート変動では、**外為市場における通貨の売買額の変動**と見なければならない。

外為市場は株式取引所のような1カ所にあるわけではない。通信と相互ネットワークのなかにある世界の外為銀行の店頭が売買市場である。

日本人がドルに交換するときは、国内の外為銀行で円を売り、ドルを買って交換する。日本の大手銀行も外貨を売買する外為市場のひとつである。国際銀行間送金のSWIFT手順の通信が相互に結ばれているから、**銀行の店頭が外為市場**である。

銀行では、外貨やドル国債も買うことができる。外銀の口座への送金もできる。

米国は、①ドル／円では240円から120円へと2分の1に下がった1980年代、②下がったドルが逆に上がった90年代も、米国は経常収支の赤字を続けている。

◎**ドルが上がるファンダメンタルズ（基礎的な経済条件）**は、1980年代からの米国にない。

たとえば世界最大の株価の時価総額（3兆ドル：420兆円：23年6月）のアップルのスマホやPCの生産は中華圏（中国、香港、台湾）であり、米国にとっては輸入になる。輸入の多さはドル安、人民元高になるが、そうなっていない。

アップルの時価総額（企業価値）は、東証全銘柄3907社の時価総額820兆円の半分であり、トヨタ（40兆円）の10・5倍である。**これは人口6733万人の英国経済のGDP（430兆円）に等しい**。これが正常な株価か。バブルではないとしている市場はオランダの17世紀中期のチューリップバブル幻想のなかにいて、これが正常と考えている。球根の最高価格は、家一軒分だった。どんな根拠からも、この価格は合理的ではない。

経常収支が赤字を続ける米国の通貨ドルは、**外為市場の自然では、変動相場制になった1973年から下がらなければならなかった**。

では……1990年代からのドルは、外為市場の自然に反して、なぜ上がったのか？

海外からのドルの買いが多かったからだ。なぜ下がるべき赤字の通貨であるドルに海外からの買いが、売りより多くなっていたのか。

変動相場であるドル基軸通貨のSWIFT《スウィフト》システムは、

①米国経収支の赤字として海外に出たドルを、

②FRBと米銀にUターンさせるインフラである。

世界の銀行を巻き込むものだが、目には見えない仕組みなので、少し長い物語が必要である。

SWIFT（国際銀行間の通信協会手順）は、200カ国の銀行が加盟する送金回線。全世界を覆うインターネットのような物理的な専用回線である。ウクライナ戦争のとき、米国はロシアへの制裁《せいさい》としてルーブルをSWIFTから排除し、米・欧はロシアの**約45兆円の外貨準備（60％）を凍結**した。ロシアは西側へエネルギーの輸出ができなくなって、1日1億バーレルが必要な世界の原油価格は約2倍に高騰した。ロシアは**中国の送金網のCIPS**を使って、中国とインドに1バーレル60ドルという約2分の1の価格で輸出した。これがBRICSデジタル通貨の出発につながっていった。BRICS：ブラジル、ロシア、インド、中国、南アフリカの連合。

2　クリントン政権から回転ドアが大規模に始まった

クリントン政権には、金融のゴールドマン・サックスから「回転ドア」で来た財務長官ロバート・ルービンがドル買いを促してドルを上げる超限戦があった。**回転ドアとは、**行政権力をもつ政府・官僚と、IT・エネルギー・軍需産業・金融・製薬・大学・シンクタンクの**天下りと天上がりのシ**

ステムである。これがあるかぎり、米国は倫理的な国ではなく対外超限戦と戦争の国家である。米国の政治は米国民より、メガIT・エネルギー・軍需産業・ウォール街金融・メガファーマの利益を目的に動いている。**「回転ドア」**は、米国の利益と世界の利益を食べて増殖《ぞうしょく》するガンである。

米国では**大統領の出身政党が代わると、約3000人の幹部官僚と政権のスタッフが入れ替わる**（政治任官という）。政府官僚から失職すると民間のシンクタンクや金融業に潜伏し、帰属する政党が政権をとったとき戻ってくる。これが米国風の天下りと天上がりの仕組みの回転ドアである。

バイデン政権には、トランプのとき下野した**オバマ政権の幹部官僚**が復帰している。2014年のウクライナに行き、親ロシアのヤヌコビッチ大統領を倒すクーデターを指揮していたのは、現在の国務次官ビクトリア・ヌーランドだった。テロ戦闘の停止を決めた「ミンスク合意（2015年）」はプーチンをだますためのものだったと当時のドイツ首相であり、合意作りの当事者だったメルケルは述べている（2022年）。

ウクライナ軍はミンスクの停戦条件を破り、親ロシアの占領地域（ドネツク、ルガンスク州の東部地域）を攻めた。これが2022年からのウクライナ戦争（ロシアのウクライナ攻撃）の淵源《えんげん》になった。歴史の事実を正当に知らないと、米英のメディアのプロパガンダ

回転ドアのルービン（右）、
サマーズ財務長官（左）とクリントン大統領

に自分の認知が流される。ウクライナ戦争の停戦とは、ミンスク合意に立ち戻ることである。

【政治と産業界の回転ドア】

米国の政権は**自分の雇用の団体**でもあるので、反対政党を執拗《しつよう》に攻撃する。陰謀論《いんぼうろん》とされていたが、公式な用語になったＤＳ（ディープステート：影の政府）は、民主党の回転ドアに潜んでいる。クリントン、オバマ、バイデン政権から露骨になった。

ほとんどのひとは**回転ドアの仕組みを知らない**。主流メディアも回転ドアの一部であり、政府の認知戦に加担する道具なので報道しない。このためウクライナ戦争で米国やロシアに**秘密のルールがある**という目的と展開もわからなくなる。回転ドアを知らず、米国は世界一民主的な国家だから日本も学ばねばならないという一面しか見ていないナイーブな論がある。回転ドアが強固な国家は、隠された陰謀を使う**マフィア国家**になる。これが**マネーと権力の重視**から来る社会の道理である。

【ＦＲＢの金との戦争は１９８０年から２０００年まで続いた】

ドルの反通貨であり、ドルが上がると下げ、ドルが下がると上がる金《きん》は、１オンス（31・１グラム）が１９９０年の４００ドルから10年下がって２０００年は２７０ドルの底値になった。23年前は、現在の価格（1オンス**1900ドル付近**）**の7分の1**の水準であった。

金の売買を許可されている**ブリオンバンク**（ＪＰモルガン、ゴールドマン・サックスが代表）にＦＲＢが金を２％の金利でリースしたのは、金市場で金先物の売り攻勢を仕掛け、金価格を下げさせたいからである（相場介入）。

その相場介入の目的は、1985年のプラザ合意で米ドルを2分の1に切り下げたあとも**米国に特権的な国益をもたらしているドル基軸体制**を維持することであった。

1990年に異例のスピードで国際金融資本最大手ゴールドマン・サックスの会長になっていたルービンは**「金はドルの反通貨であること」**を知っている。

①金がFRBの介入のメドにしている**一定線以上**に上がり、
②上がった金価格と**反対にドルが下がると**、
③米・欧・日以外のドルペッグ制の国の中央銀行から**ドル外貨準備の売り**が始まり、
④中央銀行では**ドルの代替資産（金融用語ではアービトラージ）とみなされている金買い**が自然に増え、ドルの**基軸通貨のポジション**があやうくなっていく。

FRBから金のリースを受けるJPモルガンやゴールドマン・サックス（金を販売できるブリオンバンク）は、**大量の先物売り**で金価格を下げる市場操作を行った。現在の価格で先に売る先物売りで下がった金を3カ月から1年後の満期に買って清算すると、濡れ手に粟《あわ》の利益が出た。**FRBと米国の5大国際銀行の利害は一致している**。（注）金先物の期間は株より長い。

2％の金利を払ってFRBから金のリースを受けた国際金融資本は、喜んで金先物売りをして**ルービン財務長官の4年間**、金の価格を下げ続けた。

1990年代の**①ドル高、②金の下落、③ナスダックの高騰**は、ルービン長官、米財務省のスタッフ、FRBが動員し、世界に向かって仕掛けたドル買い、金売りの超限戦だった。

ドルを買ってドル基軸の世界通貨体制を支えている日本に対しては、1993年のクリトン政権から明確化した**米国の金融ローマ帝国化に反抗**した首相や大臣を、ときおりスキャンダルで葬ってきた。現在進行形では虎ノ門の米大使館が特定の記者にリークする『文春砲』にもなっている。文春砲の対象になった有名政治家は米国の超限戦の相手である。

1976年ロッキード5億円事件の**田中角栄**、1998年米国債売りを発言した**橋本龍太郎**、2009年には「日本は米国のATMではない」と述べた**中川昭一**の泥酔と朦朧《もうろう》会見。これも米国の歴史的な認知戦と超限戦であった。**安倍元首相の暗殺と岸田首相へのパイプ爆弾の目的**は何だったのだろうか。公式にはあきらかではない。いまだに謎が多い事件である。安倍元首相は、憲法改正と自主防衛を唱えて三選を狙っていた。ウクライナ戦争には、米国がユーロ通貨圏を作ってドル圏から離脱したドイツを押さえ込む目的もあるだろう。LNGのパイプラインの偽装爆破で、これがわかった。米国に追従する岸田政権は、平時にはムリだった防衛費2倍を決定し、LGBTQの法案を成立させた。

①1991年にソビエト連邦が崩壊し、ソ連圏の東欧が米国の金融資本に従属する資本主義になり、②エネルギー・天然資源・穀物の国有企業を、格安で譲り受けて短期間で新興資本になったオリガルヒができ、鄧小平《とうしょうへい》の**中国も開放経済**に変わった1990年代に、日本には**金融・経済における冷戦後の戦略がかけられていた**。

戦略とは目標・目的を達成するための効果的な手段（戦術）の束《たば》をいう。

米国にはロシアと東欧のエネルギー・天然資源・穀物を支配したオリガルヒの買収と出資の金融戦略として、**①ロシアと東欧（ウクライナへの穀物・エネルギー利権を含む）があり、②1994年からは**

中国のマネーへの超限戦があった。

19世紀の歴史は、英国が世界覇権を維持することを目的にした陰謀によって作られた。20世紀からの現代史は、英国に代わった米国が資源支配と金融の覇権を広げる陰謀の歴史である。世界でドルを使える米国民にとっては、いい世界だった。

中国の開放経済も、**「1994年からの人民元のドルペッグ制」**を見ると、米国（クリントン政権のルービン財務長官）が計画して仕掛けたと思える面がある。

1990年代のクリントンは、ウォール街の投資銀行とともに成長する**中国に利権**を作っていた。日本の次にきた成長国の中国の金融は、**1994年から人民元発行のドルペッグ制**だった。

米国は、**人民銀行のドルペッグ制の採用とともに行われた人民元の切り下げ**により、約10分の1に安くなった中国商品を輸入し、ディスカウントストアで売った。

人民元が1980年の13分の1にあたる11・5円になった94年からの日本では、ユニクロとニトリが先行して開発輸入を行い、急激に売上を増やした（平均年率の売上増加25％の30年）。国内での衣料の縫製は5％の高級品に減って、家具インテリアも2分の1から3分の1の価格に下がっていった。

【経常収支の赤字として海外に出たドルが米銀へUターンする仕組み】

人民銀行は、①中国の金融近代化と、②貿易に必要な人民元とドルとの交換性を確保するため、**米ドルを準備資産**にして人民元を発行している。

金融制度の改革のため、中国の開放・改革を行った鄧小平から招聘《しょうへい》された米銀のゴールドマン・

サックスが人民銀行を指導し、**中国にドルペッグ制の導入**を行った（1994年〜）。

ドルペッグ制は、ドルとの交換レートの変化幅を中央銀行によるドル売り／ドル買いの介入によって、1年に2％から3％の範囲に抑え、安定した交換レートを維持する通貨制度。人民元、香港ドル、シンガポールドル、サウジアラビア、湾岸産油国の通貨はドルペッグ制である。**ドルペッグ制をとる国は、自国通貨の増加発行のとき、貿易を黒字にしてドルを買わねばならない。**ドルペッグの制度では、米国が大きな貿易赤字を続けてもドルは下落しない。人民元のドルペッグ制も、**ドル基軸の通貨体制維持**のために戦略的に考えられた超限戦の金融制度であった。中国と米国は金融でつながっている。

1960年代から90年までの30年、米国の生産経済は衰退を続けてきた。しかし共産圏が崩壊した90年代から逆に信用通貨のドル金融は、旧ソ連圏の東欧、ロシア、中国を巻き込んで世界化した。日本に加え、**1994年から中国が日本より大きく米ドルの赤字**（**＝中国の貿易黒字**）を引き受け、**①米国から経常収支の赤字として流出したドルを、②ウォール街の銀行に還流させる役割を担《にな》うようになった。**

◎これは対米輸出の貿易黒字として中国に貯まるドルが米銀への預金として、米国に還流する仕組みである。

日本の資産バブルが崩壊したあと、旧共産圏に拡大して世界金融になったのが、**①米ドルのグローバル金融**であり、②その結果の**米国の金融ローマ帝国**だった。

（1）米国は、世界の2分の1の地域だった**自由圏のドルを1990年からは世界に広げた。**

（2）95年からの**インターネットの世界化**（WWW：ワールドワイド・ウェッブの仕組み）と関連して、①貿易赤字のドルの実効レートが1・6倍（95→150）に、②米ナスダックが90年代の10年で10・6倍に上がった原因である。**実効レート**は、世界の貿易額で加重平均した通貨の指数である（実効レートは五章図5-2を参照）。

＊

冷戦のあとの米国は、**世界金融帝国**を目指した。大手企業の事業利益の20％が金融利益になった。これが1990年のバブル崩壊後、製造業では勝っていた日本がゼロ成長、米国が2％から3％のGDPの成長をした理由である。

1999年に10年準備したドイツのコール首相の主導で**欧州統一通貨ユーロ**が作られ、合計すれば米国と人口とGDPがほぼ同じだった19カ国がドル圏から抜けた。**ドル基軸通貨圏の縮小**を原因に世界からは**ドル売り**が起こり、ドルの実効レートは130（00年）から100（07年）にまで23％下がった。これはユーロ誕生による米ドルの危機だった。

米国の株価はドルの下落や上昇より先行する。

日本株とは逆に、

①米国株は**ドル高（海外からのドル買いの超過）**のとき上がり、

②**ドル安（ドル売りの超過）**のとき下がる傾向が強い。

原因は、海外からのドル買いが多いとき（ドル高の時期）、株の買いが増えて米国株は上がり、ドルの売りが多いとき（ドル安の時期）、株の買いも減って下がることである。

90年代には10倍へと一直線の急騰を見せていた**ナスダック株**は、ユーロが成立した00年4月の高値の5000から、ドル安になった**02年には4分の1の価格**に暴落した。原因は、欧州からのドル買いが減ったことだった。

2001年に陰謀的な**世界同時多発テロ**（9・11 WTCの怪しい崩壊）が引き起こされ、03年は、CIAがでっちあげたフセインの大量破壊兵器所持というフェイクによる「正義」の**イラク侵攻**になっていった。戦争は政府の公共事業であり、戦争予算の拡大は軍産共同体（ネオコン）の利益になる。

【米国の戦争の真の目的はドル通貨体制の維持・強化】

米国の90年代から2023年の現在まで**戦争の目的**は、株価を含むドルマネーである。

〔原理〕政治権力と民間の産業界（**軍需産業、エネルギー・メジャー、国際金融資本、メガテック、メガファーマ**）との**「回転ドア」**である事実から、米国が行う戦争と超限戦の原理がわかる。

米国株で長期的な買い、または売りで利益を出すには、米国の超限戦の内容を知らねばならない。

【人民元のドルペッグ制：1994～2023年の29年】

人民元のドルペッグ制は1994年からだった。**90年代の通貨戦争**を画策したCIAと、財務長官のルービンをヘッドとした実行部隊のFRBとが組んだ米銀からの認知戦だったので、一般の目には**「人民元のドルペッグ（Peg：ひっかけるが原義）」の意味がわからない**。

通貨戦争としては目立たない、しかしスケールが巨大な超限戦であった。意図をもった大きすぎる動きはひとに見えなくなる。「**そんなバカな……**」と否定するからである。人民元の交換レートを**為替介入によってドルに連動させるドルペッグ**は、人民銀行のバランスシート（B／S）を見れば明白である。

人民銀行のB／Sを単純化すると、

「**人民銀行の資産＝米銀へドル預金約4兆ドル：負債＝人民元の発行30兆元**（現在は20円だから600兆円に相当）」。

1ドルは現在7・5元付近だから、人民銀行のドル預金と米国債（米国FRBと米銀大手預託）と人民元の発行額は等しい。これがドルペッグ制である。**中国の貿易黒字（米国の対中国の貿易赤字）**が中国からの米銀のドル預金として、FRBと米銀に還流する仕組みは**1994年に作られた**。人民元の通貨発行額（マネタリー・ベース）は、「中国の対米黒字＝米国の貿易赤字分」だった。

20年後の2010年ころから中国が世界戦略で力をつけた。逆に中国からの米国・欧州・日本への超限戦が仕掛けられ、現在に至っている。

◎まだ金額はすくないが、中国は2021年4月からドル国債を売っている（8617億ドル：17％減：22年12月末）。その穴を埋めているのが**日本の米国債の買い**であり、ドル買い／円売りの結果として2022年からの円安である（1ドル146円：23年8月29日）。日銀と民間銀行は米国政府にとってドルの金庫である。

【BRICS国際デジタル通貨】

後述するウクライナ戦争も**外見は領土の奪還や侵略に見える戦争の目的**は、米ドルとルーブルの超限戦でもある。世界的なドルの覇権《はけん》に対して、ロシア・中国側から貿易通貨としてデジタル通貨（仮称R5）が準備され、構想されていることからもわかる。

BRICS通貨への加盟申請は23カ国になった。注目すべきことは、①石油輸出国の1位のサウジ、②2位のUAE、③イラン、④反米で埋蔵量が1位の眠れるベネズエラが、中核メンバーにはいっていることである。現在はドルで取引をしている石油輸出国である。BRICS**貿易デジタル通貨**とともにドル決済は減っていく。その進行は約5年をかけてゆっくりすすむだろう。

グローバルサウスの新興国群は**「ドル準備がなくなるとエネルギー輸入ができなくなって国が潰れる」**という恐怖を抱えている。世界GDPの50％を超えるデジタル通貨への加盟予定国は、ドル覇権を潰すという攻撃的な目的で集まったものではない。目的は自国経済の防衛である。GDPで世界の70％の国がドルから新しい貿易通貨に変えると、米国の支配から脱出できる。グローバルサウスにはドル負債が多い。ドルの金利が上がると負債が払えなくなり、資産と資源の差し押さえにあうという対米恐怖がある。金ペッグのルーブルはウクライナ戦争のずっと前（たぶん2010年）から、ロシアによって練られていた通貨の戦略に見える。デジタル通貨には5年の準備期間が必要だ。

なお日・米・欧のG7のGDPは、2020年にBRICSの5カ国に抜かれた。またロシアのIT技術は、米国メガテックの社員にロシア人、中国人が多いことからわかるように日本より先行している。当方が5年使っているロシアのセキュリティソフトのカスペルスキーは、使うとわかるが世界一優秀である。デジタル通貨の問題はハッキングだが、セキュリティソフトが優れていることとハッキング対策は同じ技術である。デジタル通貨にとってハッキング対策が根幹である。

【ドル覇権に協力する日本の根にあるもの】

日本は、1980年から**経常収支の黒字の40年分**（平均30兆円／年）に相当するドルを対外資産として買っている。米銀へのドル預金・ドル国債・ドル債券をもち、赤字のドル覇権を支えてきた（40年の累積が対外資産1338兆円：2023年5月末：財務省）。この対外資産が40年一度も減ったことなく増え続けたことは、日本から米国への驚異的な忠誠《ちゅうせい》を示す。

日本人は、自分の上に立つと決めたものに忠誠を尽《つ》くす伝統と国民性をもつ。底には古色蒼然《こしょくそうぜん》とした武士道が残っているのか。**武士道**は主君と決めたものへ命まで捧げる忠誠の倫理《りんり》だった（新渡戸稲造『武士道』）。マネーの献金なら、命よりは軽い。国家を運営する**政治家と高級官僚にとって米政府が主君だった**。国家の本当の主君は、国民でなければならない。憲法の字面《じづら》では、**国民主権**のタテマエが書かれているが実態はちがう。**主権とは**国家を統治する行政の権力である。国家は、経済の単位である「政府＋企業＋世帯」の3つの主体で構成されている。

3　海外に出たドルが米銀にUターンする仕組み

経常収支が黒字の日本と中国がドルを買うことは、ドル基軸体制のなかでは、米国にマネーを貸し付けることになる。いったん米国の外に出て日本・中国・産油国が所有者となるドルは、米銀またはＦＲＢへの預金になっている。**米銀に預金することは**米銀にドルを貸すことである。この仕組みで米国の経常収支の赤字として海外に出たドルが経常収支の黒字国からＵターンし、米銀に還流している。

預金は、自分のマネーを銀行に預け、必要なときに引き出して使う金融の制度である。**資本主義では、銀行預金の総体は金融資産として普通は増え続けるから、銀行側が利用できる負債の資本が増え続ける。**国民の預金である銀行負債を資本に転化する銀行システムを書いたのは、ヒルファーディングの『**金融資本論**』（1948年翻訳）だった。資本の劣化（利益率の低下と不良債権）である銀行危機は資本主義の危機である。**システムは、目的をもった整合的な仕組みである。**コンピュータのプログラムはシステムであるが、アプリのシステム目的を実行するための整合的なコードと命令のセットである。資本の危機は、GDPに対する金融資産の過剰な増加と等しい金融負債の増加からくるのでサイクル的に起こる。

経常収支の**黒字国が受けとるドルは、国内の銀行ではなくFRBと米銀に預金されている。**普通は国内ではドルを利用できず、米国でしか使えないからである。

ドルの貸し付けは国内銀行も行うが一部でしかない。国内の銀行にドルを置いてもドルの金利はつかない。海外に出たドルは、黒字国の対外資産（貸付金）＝米国の対外負債（＝借金）として米銀に還流する。ただし**米銀は海外からの預金（負債）を米国の金融資本として使う。**

海外企業の株は、米銀がマネーを出す投資会社であるファンドが買う。株を一定量以上買った会社に対しては、新自由主義が強調する**株主ガバナンスを発揮**して命令する。これが**ローマ帝国**を真《ま》似《ね》た米国の資本主義の仕組みである。**海外からの負債で逆に世界を支配することである。**米国ファンドは日本株の30・4％、**時価総額で255兆円の株主**である。

輸出企業が海外の輸入企業から受けとったドルを外為部門で買う（＝円と交換する）のは、国内の銀行だが、ドルのまま国内での貸し付けや運用ができない。

①ドルを運用する米銀に預金するか、

②金利がつくドル国債と債券を買う。

（注）**このドル買いが黒字国の自国通貨売りになって、米国の対外負債になる。**

日本の国内では、ドルはそのままでは使えない。米国なら、銀行から企業や世帯への貸付金や、海外株の買いとして活用できる。こうした……国際的で壮大な仕組みが米国の50年の構造的な赤字から**海外に出るドルがウォール街へUターンするシステム**である。

【海外に出たドルの米国への還流】

米国の赤字で海外に出たドルは若干の時間をおいて、ほぼ100％が米銀に還流してくる。50年間も続く**GDPの1・3倍に達した経常収支の赤字**（30兆ドル：4200兆円）は、米国が気にする必要がない。米国の赤字の一部である**世界の外貨準備**（12兆ドル：1680兆円）も米国FRBと米銀に預金されている。

過去40年の**経常収支の累積赤字と等しい米国の対外負債**は、30兆ドル（4200兆円）と巨大になっていて、今年も約1兆ドル（140兆円）が増える。来年も約1兆ドルが増える。米ドル還流の基軸通貨の体制が続くと、米国の対外負債は毎年1兆ドル増えていく。**これは経常収支の赤字の逆手をとって、米国が利用できる負債資本の増加になる。**

以上のことは、世界からも日本からも意識されていない。

人工の通貨の制度であるドル基軸体制が、世界のひとびとの自然になっているからである。

日本円の140万円を銀行に預金すれば、銀行への貸付金になり、いつでも引き出せることは誰でもわかる。しかし140万円で買った1万ドルを預けて外貨預金にしたとき、1億ドルが米銀に集まって、米国ファンド米銀から1億ドル（140億円）を借り入れ、資本として利用していることまで知っているひとは、ほとんどいない。知るひとがマレなのが、**国から国へ、SWIFTの回線上**を光速で、複雑な経路を通って**移動を止めない国際金融**である。米国ファンド（FIG：フォートレス・インベストメント・グループ）が西武・そごうを買収した（23年9月1日：2200億円）。FIGは米国でドルを調達しているソフトバンク・グループの子会社である。ゴルフ場のアコーディア、賃貸不動産のレオパレスも資本買収している。ドルの米国への還流と海外投資には、グローバル化した企業と銀行が入り乱れている。

【1973年から続く変動相場制】

教科書に書かれる**本来の変動相場制**では、

①貿易赤字国の通貨は、海外に流出して通貨安になり、

②通貨安から輸入物価が上がり、輸入品の価格が上がると輸入が減って、

③通貨の赤字国は、金利が上がるから輸入を減らすことになるとされている。

この仕組みにより貿易赤字は自然になくなって、**世界の貿易は均衡に向かっていく**というストーリーが**「教科書」**に書かれた1973年からの変動相場制である。

教科書では基軸通貨国の利点はない。**ところが……米ドルでは、変動相場制での貿易の自動調整が無効になって貿易の赤字がいつまでも続く**。これは、へんなことだ。

原因は、経済学者**トリフィンが1960年代から指摘**していた通り「国内通貨のドルを世界の基軸通貨（＝国際通貨＝貿易通貨＝Key Currency）にしたことからの矛盾である」。この仕組みは国際金融資本によって**SWIFT回線上で海外のドルが米銀へ瞬間Uターンするために**作られたものだった。

この仕組みによって貿易収支の黒字国は、1971年からの長期的には3分の1に下がった米ドルの犠牲になってきた。

日本を筆頭にドイツ、中国、産油国、2000年代からのプーチンのロシアは、**ドルの外貨準備ドル国債の所有で長期的に大きな損をしてきた**。1ドルは1971年が360円、現在はドル高／円安とはいっても、1ドル140円台である。**52年間で約3分の1の39％に下がっている**。日本がもつ**ドル預金とドル国債の価値は3分の1に減った**。

ドル預金とドル国債の所有者は、①日本、②中国、③ドイツ（ドル国債は少なく多くはドル預金）、④産油国、⑤ロシア、⑥アフリカ、⑦東南アジアである。FRBと米銀にUターンしてきたドルを負債資本として利用するのは、**対外負債をほぼ毎年1兆ドル（140兆円）増やしてきた米国側**である。1973年以降の米国は**対外負債を利用する資本主義**が発達した、ただひとつの国である。

＊

変動相場制でのドル基軸の国際金融は、**米国経済の基幹システム**になってきた。

対米の金融資産を約1000兆円と世界一もつ日本には、米国債を売ることを許されない。代わりに世界一富裕な債権国として、日本の財務省と政治家をおだてる。米国経済を支えてきたのは、**貿易に必要な外貨準備額を大きく超える米ドルを買ってきた中国と日本**である。

ドル預金だけではなく、ドル国債、社債、債券を含むと日本は約40年の経常収支の累積黒字から、債券では**1000兆円相当の対外資産**をもっている（別に工場や不動産への直接投資が274兆円：2022年）。これらは日本の対外資産である。米国にとっては日本から借りた対外負債である（**財務省対外資産1338兆円：**

対外負債919兆円：対外純資産418兆円：80%はドル）。米国は40年の累計で世界からの30兆ドルの対外負債がある（**4200兆円＝米国軍事費の約40年分**）。

海外がドルを米国に貸し付けなくなるか、ドルの増加買いがなくなると、**赤字の米国経済は破産する。**

【不公正と正義と倫理】

社会は国家の単位の集団である。国家間で軋轢《あつれき》が起こり、権益や利権の摩擦《まさつ》がひどくなると戦争になる。総力戦になった近代の戦争では、両国とも世論の支持が必要だから相手を悪とし、双方が正義を主張する。ＣＩＡと米軍の役割である通貨戦争、経済戦争、超限戦、戦争には、倫理の正義はない。

政府が人道的（16世紀のルネサンス以来のユマニスム：『愚神礼讃《ぐしんらいさん》』のエラスムス）でないから戦争が起こり、勝った側が正義になる。お互いの暴力であるルールのない戦闘で勝った側が正義になる戦争は、シチリア島番外地の**マフィアの論理**である。

一方で倫理は、宗教的・哲学的な領域のものだ。**人道は、生きるべき道である。人道**は宗教を哲学化して論理化した倫理である。**マネーと金融には人道はない。**

大学でも正義を中核の問題にしてきたプラトン以来の倫理学は、事実上消えている（プラトンの『国家』）。国家は正義である、経済も正義であるべきだと考えているひとは何％いるのだろう。自国は正義でも他国はそうではない、父母の世代まではそう考えていたようだ。

＊

略奪資本主義の米国で発達し、科学にあこがれて数学化した近現代の経済学は倫理のない功利主

義である。『国富論』と『資本論』以外の経済学には経済の倫理が欠けている。

経済の倫理とは国民の貢献、つまり商品によって**金銭の価値以上の顧客満足**を与えることである。

米欧で発達した倫理のない功利主義は、資本の利益への合理性が正義とされる**マネー主義**である。

現代では、株主によるガバナンス（管理と支配）を主張する、**①株主資本主義**と、**②グローバリズムの新自由主義**になってきた。新自由主義は、低開発国から搾取するグローバリズムになっていて現在展開されている。

顧客や国民への貢献より株主への貢献がその目的にすり替わって、最後には株価を上げる自社株買いが異常に大きな1兆ドル（140兆円／年）になったのが、米国の資本主義である。

1990年代からの米国で発達した**新自由主義の経済学**（日本では学者として小型の竹中平蔵）**のイデオロギーと一体のグローバリズム**は、ドル圏の海外からの搾取を合理的とする反倫理である。竹中平蔵がその言動の雰囲気からきらわれるのは、言葉に倫理性がないからだ。倫理は愛であり、自己利益と逆の自己犠牲である。

ウクライナ戦争の原因になった**米国のエネルギー・メジャーと軍需産業のウクライナ利権への関与**がマネー利権を求めるグローバリズムの展開である。経済的なグローバリズムの中身は**米ドルの世界への浸透**であった。

18世紀から21世紀の戦争の目的と原因は、
①植民地争奪→②共産主義の撲滅《ぼくめつ》→③資源・エネルギーの支配→④超限戦での認知戦、マネー利権、資源利権、新植民地主義のグローバリズムに重点が移行してきた。

コロナパンデミックとワクチンは、製薬業界、医療の政府機関と民主党とのマネーでの癒着が素地になって生まれた。このことが2023年に共和党が多数派になったあと下院の議会証言で順次、あきらかになっている。国務省、国防省と、戦争が利益になる**100兆円の米国軍需産業**にも、同じ回転ドアのシステムがある。ここが米国の戦争の原因である。

民主党の大統領候補のロバート・ケネディ・ジュニアは暗殺の危険をいとわず、この回転ドアとコロナワクチンに関連した製薬会社を糾弾《きゅうだん》している。日本のメディアは一切報じない。たぶん、すべてがあきらかになる2024年には、メディアの懺悔《ざんげ》が始まるかもしれない。いや……しれっとしているか。

ハイブリッドな戦争になった超限戦は現代の戦争の定義として、2010年ころから人民解放軍が広めた言葉である。軍事と非軍事に境界がなく、**自国の権益《けんえき》を図《はか》って自国の政府と産業を有利にする戦争**を指す（『超限戦』喬良、王湘穂、2004年）。米国の大学で優秀な成績をおさめるのは、ほぼ例外なく中国人である。世界にフェイクニュースを流すこと、ハッキング、スパイの潜伏、ミサイルを飛ばして威嚇することは超限戦である。

ここまで述べてきた事象が認知戦による認識の錯誤《さくご》の主因にもなって、1990年の**バブル崩壊後における日本の低成長**の大きな原因であろう。

1990年以降は、米国が日本に対する**構造協議の名目**を立て、日本のIT産業をサブマリン特許とビジネスモデル特許で抑圧し、アジア進出も妨害してきた。超限戦を世界規模で戦ってきた米国経済が、ソ連崩壊の冷戦終結後のゼロ成長の日本を尻目に成長してきたことと好対照をなす。

【79年目の「新ブレトンウッズ2023」になる動きがある】

ウクライナ戦争では、戦後79年の基軸通貨のドルに対してBRICSと産油国、東南アジア、南米23カ国が連合し、通信回線で送るデジタルの**「金ペッグの通貨（国際通貨＝貿易通貨）」**を掲げている。進行は徐々ではあるが、通貨と経済では**1944年に金兌換のドルを基軸通貨と決めたブレトンウッズ協定**以来の歴史的転換になっていく。約5年から10年をかけた**世界のドル離れへの動き**になる。

①石油輸出額が1位のサウジ、2位のUAEと、埋蔵量が1位のベネズエラが反米・反ドルになって、

②1980年のイラン革命から不倶戴天《ふぐたいてん》の敵だったサウジとイランが、中国の習近平の仲介で和解したことが大きい。鍵はサウジとイランとの和解である。

ドルの危機を感じた米国政府は**「石油はドル以外の通貨で売らないように」**と懇願の密使を送っている。反米になったサルマン皇太子のサウジ側はユーロ、人民元、BRICS通貨で売ると回答しているようだ。中立的な立場をとる主催国である南アフリカは米国を刺激しないようにと、アイマイな言葉を使い、主要議題にはしないと匂わせている。

＊

23年8月22日以降、公開される声明が何であれ、ヨハネスブルグ会議が**「新しい貿易通貨による新ブレトンウッズ2023」**になっていく。ただし**産油国のドル離れは5年の時間**をかけてゆっく

りすすむ。本書のテーマのひとつとして詳述する。

歴史的なアナロジーは、**戦前の英国ポンドに代わっていった新興のドル**である。通貨には評価の心理的な**イナーシャ（慣性）**があるので、約5年は時間がかかる。

◎日本は**5年後に向かった目標と計画をもっていない**。ここが問題である。本稿ではこれに関連し国家目標も述べる。基礎は政治と官僚の体制の変革である。

【通貨価値を研究しない経済学】

実は、**通貨の変化こそ**が経済・社会の根底からの変化だ。しかし正統派とされている経済学は、通貨を単に取引の媒介（語源はメディア）とし、通貨論を研究・検討してこなかった。

このため主流派のエコノミストは**信用通貨の有効性しか主張**していない。

◎**通貨はモノを買う権利**であるが、通貨が増えると1単位の権利は小さくなっていく。通貨の長い歴史では、金以外の通貨は**政府が潰れると全部、無価値になった**。金だけは、政府と無関係に無価値にならず上がってきた。

信用通貨を有効とする最近の論考は、中央銀行が国債を買って通貨を発行する**国債のマネタイゼーション**（国債の現金化）を説く「現代貨幣理論（MMT）」である。

【実質金利という概念】

最大の信用通貨を発行している国は、もちろん米国である。少し専門的だが、説明を受ければ簡単な**「実質金利」**という概念がある。**「名目金利－期待物価上昇率」**であり、これが本当の金利である。たとえば米国のようにローン金利が3％と低く、住宅価格が10％から15％上がっていた時期（2021年）は、住宅の実質的なローン金利はマイナス7％から12％であった。買ったひとには年7％から12％の利益が見込まれる。7000万円なら、49万円から84万円の不労所得だから大きい。実質金利がマイナスの時期は住宅の買いが増え、供給を需要が上回って価格は上がる。

しかし23年8月現在は、FRBの22年3月からの利上げによってローン金利が6％から7％に上がって住宅価格の上昇予想は0％に下がっている。実質金利7％のローンでの買いは減って、前月比の価格は下がっている。23年9月ころから前年比マイナスになるだろう。

◎長期でいえば、リーマン危機のあと、銀行を救うためにFRBは金利を0％に下げて**2008年から23年まで15年間、ほぼ金利0％を続けた。**その間、2008年には1000だったS&P500は4405（4・4倍）に上がった。ケースシラーの全米20都市の住宅価格指数は2010年の184から404まで2・2倍に上がっている。

第二章で述べるが、**金融資産＝金融負債**である。2・2倍に上がった住宅価格には、2・2倍のローン負債が対応する。ローン負債は銀行の資産であり、金利が上がって不良債権になっていくと金融危機になる。今回は約15年も実質金利のマイナスを続け負債が急増した。今回の金融危機のスケールはとほうもなく大きい。

コロナのあとの米国の金融資産＝負債は、**122兆ドル（1京7080兆円）**に膨らんでいる。**3％の金利なら512兆円の利払い**（GDPの16％）、**4％の金利なら683兆円**（GDPの22％）になる。

払えるわけがない。現在、FRB短期金利は5・25%から5・50%、長期金利は4・6%あたりである（米国の金融資産と金融負債の図表は二章の2-1）。

こうした事態を前にしても金融市場と銀行が静かなのは、負債がGDPの5・3倍と大きすぎ、対策がないからだろう。Too Big to Talk. 病気であっても対策がないとき、ひとは静かに受容するしかない。政府、金融市場、銀行、メディアが静かだから国民はこれを知らない。

【MMTが有効であるためには条件がある】

MMTは、①その国の国債の残高がGDPのおよそ1倍以下であり、**②通貨が高い**という条件のなかで有効である。GDPの2・2倍の国債を抱える日本では、インフレを招いたときの利上げが1%までしかできないので誤りになる。

金利がわずか2%に上がると、**日銀と金融機関がもつGDP2・2倍の国債、1200兆円が15%下落し180兆円の含み損が生じる。**全銀行の時価での自己資本がなくなって、銀行に危機が起こる。

コロナ後にGDPの1・4倍の国債（32兆ドル）に増えた米国では、国債金利5%が危機ラインである。

なお貿易だけで使うBRICS国際通貨（発行計画）は、ユーロ（19カ国）のような統一通貨ではない。**IMFが発行している国際通貨SDR**（特別引き出し権）**と同じ国際通貨部分の共通化**である（世界の中央銀行に対して約40兆円相当を発行。1SDRは現在188円相当。中央銀行間で外貨の引き出しのため使われる）。

BRICS国際通貨（貿易通貨）に連合する予定国の人民元・ルーブル・ルピー・レアル・ランド

と産油国（合計で23カ国）の通貨は、今のまま残る予定である。**IMFの国際通貨のSDR**に加盟しても円・ドル・ユーロ・人民元・英国ポンドが国内通貨であることと同じである。

【経済学にないのが、通貨の価値論】

現代の超限戦に含まれる通貨については、基礎からの少し長い解説が必要である。23年8月22日から順次その概要が発表されるかもしれない**金ペッグのBRICS通貨が基軸通貨のドル**に、どんなに大きな影響を及ぼすかも後半部のテーマとして書かねばならない。この通貨は**世界の通貨のデジタル化**にも重なる。

（注）金ペッグは実際は**金とエネルギー・資源のコモディティ（国際貿易商品）バスケットとのペッグ**であるが、金ペッグで代表させる。日本ではコモディティという概念が一般化していないから。バスケットは分散投資であるポートフォリオの加重平均価格をいう。

たとえばIMFが発行している**国際通貨のSDR（特別引き出し権という奇妙な通貨）**はどんなマネーであり、どう発行され、どう使われるのか知るひとはすくなく、解説書もない。**価値**が観念的で抽象的であるマネーの領域であるためSDRの解説を出版しても売れないが……。

商品の使用価値なら誰でもわかる。100円で買えるバナナはおいしく栄養もある。では商品と交換される通貨の交換価値とはどんなものか。**通貨が価値をもつことができる根拠は何か**。正面から答えることができるだろうか。

◎1万円の価値の商品を、紙に数字を書いた日銀券の1万円札で買えるのはなぜか？

子供にたずねても大人に聞いても、満足な答えは返ってこない。「そのように決まっているから……」とする。では**一体誰が信用通貨の価値を決めたのか**。政府だという。

◎**もっとも日常的なオカネの価値への国民の信用を、経済学はあきらかにしてこなかった**。

このため説明もむずかしくなる。真理ではなく、真理を求めて研究された仮説である学問には、**隠された前提に謎**がある。世界の基礎的なことには、わかっていないことが多い。

1913年の米国に植民地銀行だったFRBを民間の資本で作った、金と武器商人の**ロスチャイルド家、モルガン商会、石油閥のロックフェラー**は、これを骨の髄《ずい》まで知っている。英国の資本になっているHSBC（香港上海銀行）も、日本の満州銀行のような中国での植民地銀行だった。

＊

経済学の前提は、**価格情報を合理的に判断して動く人間**である。需要量のグラフと供給量のグラフにおいて、X字の交点で価格が決まることが基本の原理とされている経済学でも、全情報の瞬間の価値計算はできないので無理である。一例を挙げると、株価では情報の変化によって価格は定まらず、時々刻々浮動を止めない。**需要と供給の交点（＝価格）が定まらないからだ**。

ミクロ経済学（古典派）の教科書では、1ページ目での疑問がこれだろう。しかし多くのひとは疑わない。教科書の内容を**自分で考えることなくそのまま憶える**と、100点がもらえる**報酬システム**が日本の教育だから。

国立の学校で正式な教授が教えることには間違いはないと、国民のたぶん98%くらいは信頼している。一方、臨床医学は実証である。間違った病理学の理論に基づく診療の害は、国民である患者が受ける。不適当な経済理論と経済予想の誤りが政策に採用されると、その傷は長期に深く国民と企業を痛めるが、その害はわかりにくい。

財政と経済の政策を作る基盤である経済予想は気候予想のように頭で考えて、シミュレーションしただけのものである。政権と内閣府、財務省、経産省の責任は重い。政府の気候変動と経済予想は、コンピュータ・シミュレーションである。**パラメータ（独立変数）**をいじれば、どんなシミュレーションでもできる。二酸化炭素による地球温暖化と気候変動説は、国際金融資本が利益を得るための大きなフィクションだろう。

4　経済と金融の戦後はブレトンウッズから始まった

経済取引を可能にする戦後金融の起点は、**金兌換通貨《きんだかんつうか》のドルを世界の基軸通貨と決めた1944年のブレトンウッズ体制**だった。45カ国の戦勝国がFRBによって一定量の金と交換できるとした米ドルを**基軸通貨**（Key Currency：貿易に使う国際通貨）と決めた。これは真の通貨が金兌換のドル、他の通貨はドルの付属通貨と決めたことと同じである。

◎このとき本来の国際通貨は自国の経済がある国籍をもってはならないとして**金兌換の「バンコール」**を主張したのはケインズだったが、米国に敗れた（世界銀行の設立も提案）。

ドル基軸体制では、他の通貨は**米国が金兌換と約束したドルを中心の軸にした固定相場**だった。1ドルは1949年に円に対して360円とされた（敗戦後の円ドルの固定交換性が回復した1949〜71年）。

ここで**金と通貨の価値の関係**を見るために、明治15年（1882）の、日銀設立と円の発祥を圧縮してさかのぼる。

【明治15年の金兌換の円】

江戸時代約300年の鎖国のあと、貿易のために国際通貨との交換が必要だった。中央銀行が作る通貨は国単位のものだ。法が及ばない外国との貿易のためには、通貨の安定した交換が可能でなければならない。**外貨と交換ができる「円」を作る**ため日銀が作られた。

日銀が設立された明治15年（1882）の1円は、世界共通の価値をもつとされてきた金を媒介にして1ドルとされた。「1ドル＝金1グラムの価値＝1円」だった。

◎これは1グラムの金を1円と決めたのではなく、逆に**金1グラムの価値を1円の価値**としてまもることを円を発行する日銀が決めたのである。

日銀は、金の価値を決めることはできない。金価格は国際市場での売買で決まる。1円の価値は、日銀の通貨発行量で決まる。

その前に**維新政府が発行していた政府紙幣だった太政官札《だじょうかんさつ》**は金兌換ではなく。国際通貨のドルやポンドと交換ができなかった。

たとえば日本人は、約10年激しく下がってきたトルコリラを、トルコに行った瞬間に所有するが、預金通貨として信用しない。トルコ人自身も、下がるリラより価値を知っているドルやユーロで商品を売ることを好む。こうした状態が円とトルコリラの安定した交換性がないということである。

金を仲介にしたのは、金が2000年……いやエジプトの時代から5000年続く国際通貨だったからである。**ひとびとが政府と法に関係のない普遍的《ふへんてき》な価値を認めた金を媒介**にして、各国の通貨の交換性が確保された。金は、各国通貨の変動価値を計量する軸だった。アンカー（錨《いかり》）は固定軸である。

◎信用通貨の価値の由来は政府が作った法にしかない。紙幣1単位の価値は発行する国家の経済規模であるGDPと通貨の発行量に依存する。金は各国の経済に依存しない固定的な価値をもつ。いやもっと深くいえば、**金それ自体が価値をもつのではない。**法で強いられず価値の永続性がある金属と、社会が自然に認めてきた。一方で信用通貨は**「商品の代金としての受取を拒否できない。国民の義務である税は信用通貨（管理通貨ともいう）で払う」**と法が決めている通貨である。信用通貨、管理通貨、フィアット・マネー（法貨）は政府の法にしか価値の根拠はない。信用通貨の1万円札は、米国ではドルに交換しないと使えない。一方で金は法の規定がなくても通貨になる。このちがいは、どこから来るのか？　金はそれ自体で価値をもつと、世界の多くのひとが認めているからだ。

【通貨の価値の尺度であるゴールド】

本源的な価値をもつと認めることができる金の価値が低下するのは、世界の金需要より多く生産され、需要より多く売り物が市場に供給されたときである。

現在、世界の金生産は、**①鉱山から約3600トン**、②宝飾品や電子部品の回路（廃棄された携帯電話がもっとも多い）から、**金の成分を再精練するリサイクルが約1000トン**、合計で4600トンである。1年に4600トンの新規需要は、ほぼ一定している。平均4年で廃棄されるスマホのゴミは、都市の金鉱山といわれる。日本にも都市鉱山がある。

1年に約4600トンの需要者としては、宝飾加工業、電子回路、金投資家、中国を先頭とした新興国の中央銀行がある。

世界の外貨準備になっているドルが下落したリーマン危機のあとの2010年からの13年間、**中国・ロシア・産油国・東南アジアの中央銀行は、2007年までの年400トンくらいの売り越しから、逆に400トンから600トンの買い越しにはいった**。これは驚愕だった。反ドルの動きになるからである。

原因は、米銀の危機だった2008年9月のリーマン危機のあと、米ドルが世界の通貨の貿易加重平均に対する実効レートが下落したことである。**中央銀行の資産であるドルの外貨準備が下がった**ので、上がることが期待された金を買って、中央銀行は米ドル資産の減少を補った。

1年に400トンから600トンという新興国の中央銀行の連合としては**「すくない買い越し」**だったのは、大量に買って金価格が高騰すれば、あとで下がって損をする可能性（リスク）が高くなるからである。銀行はリスクをきらう本性をもつ。

中央銀行はすくない買い越しの量で、すこしずつ金価格を上げ、13年間一定の買い越しを続けてきた。①2008年の金1オンスの価格は900ドル付近だった。②今日は1960ドル、1グラムでは9800円である（1kgバーが980万円）。13年で約2倍に上がった。

◎現物の金需要は減らない。価格が下がる年度には、ドルの価値をまもるFRBの指示とリースがあり、米銀とファンドによる**金ETFの市場操作の売り越し**がある（2013年〜15年：金ETFは1192トンの売り越し：金価格は1668ドル〈2012年〉から1160ドル〈2015年〉へ下落：WGC）。

ドルが下がったリーマン危機の2008年からは、ドルペッグ制をとる新興国の中央銀行による金買い越しを主因に約2倍に上がっている（23年7月）。

新興国通貨の外貨準備（＝担保《たんぽ》）になっているドルが下がったので、**新興国の中央銀行**は仕方なく、外貨準備のドルを売って金を買い増したため、金の価格が2倍に上がった。

＊

現在では、金を媒介《ばいかい》にすれば、**金0・016グラム＝1ドル＝152円**である。1ドル152円は2022年10月の円安のときだった。今日は、145・7円である（23年8月11日）。ドルの金兌換制が停止されて52年経つ。金価格を仲介に見れば、**現在のドル／円のレートは140年前の明治15年と一致している**のは驚異である（計算して……えっ、これはすごい、普遍の通貨原理の発見と気がついた）。

信用通貨になっても、裏では金が本来の通貨だったからだろう。

◎原理＝金は、信用通貨の価値の下落を補《おぎな》って価格が上がる

しかし金価格を仲介にして通貨レートを予想する視点は、為替トレーダーにはない。

実際に世界のマネーは、**パラレル・ワールド**（平行的な観念の世界）に金本位制があるのかと思えるくらい金価格とレートの同調した変動相場の変化である。現代でも、政府を信用しない世界のひとびとの間では**「金は、ドルが下がると価格が上がる反ドルの正貨」**としていることを理解しておかねばならない。

◎**古来、金の争奪は**貿易の仮面をかぶった超限戦だった。なぜ紙幣は争奪しなかったのか。奪っても奪われた国が増刷すれば1単位の価値が下がっていき、政府の法で流通の停止もできるからである。このため紙幣ではなく、政府に関係のない価値をもつ金が略奪された。

【30年が労働の一世代】

親の世代の労働が子の世代に移行するとき、経済と社会と価値観は一変する。われわれの世代は戦争を知らない。子の世代は日本経済が世界一といわれたバブル経済を知らない。**「日本に景気がいいときって、あったの?」**と真顔《まがお》でたずねてくる。

先日、30年通っている美容院で髪をカットしてもらうとき、30年務めている寡黙《かもく》な美容師が**「40代以下の世代って暗いですよ……」**といっていた。そうかもしれないと思った。ネットフリックスでたくさんの映画を見ても総じて暗いかオカルト、スパイ。現代の社会の集合知が暗いのだろう。**40代以下の世代って暗いですよ**は、理容師による社会学者以上のまとめであろうと思ったので、書いておく。

社会学は、社会心理の統計である。ひとは同じ世代同士でしか対等のコミュニケーション(立場を超えた相互の親密な情報交換)をとれない。親や上の世代の上司とは、同じ世代の共通経験がなく同じ立場ではないから対話はできない。対話ができるのは同じ世代の友人である。同じ世代は、他の世代には通じない固有の言葉を作る。ひとは言葉でコミュニケーションする。

【日本という国の将来は明るいのか】

40代以下が暗いのなら、50代以上の世代は明るいのか。国が明るいとは、現在ではなく将来の経済と社会が明るいことである。

敗戦後は空襲の焼け跡だった。しかし新しい世代によって経済成長の未来が期待できていたので、明るかった。35年前の昭和の時代は、経済と1人の平均所得が米国を超えたので明るかった。

平成2年（1990年）資産バブル崩壊から暗転し、結果は30年のゼロ成長だった。

経済がゼロ成長のなかでは、**所得が増えない**から国と社会は明るくならない。

ＧＤＰ＝**551兆円＝需要＝生産＝実質所得＋設備・機械の減《げん》価《か》償却《しょうきゃく》費《ひ》**（約100兆円）である。

年を追って現実的になる医療費、年金、国債負担の増加の問題から、明るくないかもしれない。

病院にかかる医療費が増えても自分は幸せだと感じるひとは、たぶん稀《まれ》だろう。40代以下で年金がもらえると思っているひとも稀である（何人からも聞いた。政府が正面からは答えていないから）。20代、30代の世代も、政府の毎年の赤字と返済できない国債の過大は、なんとなく知っている。

◎ソ連では、全員公務員の報酬と年金が**政府紙幣のルーブルの過剰印刷**による80年代後期のハイパーインフレで無効になった。国民の積もった不安になり、1991年の連邦崩壊の主因になっていった。崩壊後、国からの報酬と年金が消えたロシア人の平均寿命は、たぶん直接には過剰で習慣的な飲酒のため10年も短くなった（65歳：2001年）。国民の不幸感とストレスが真因だろう。

ロシア人もドイツ人に似て、ときどき行き過ぎる。

◎**減る給料（実質賃金）と不十分な年金の問題は、国家が崩壊するくらい重い。**

厚労省は、老後に2000万円の預金が必要だと計算した。政権は都合が悪いと引っ込めた。65歳以上の世帯の金融資産（預金＋生命保険の基金＋年金基金）は約2000万円であるが、世帯間の格差が大きい。金融資産1億円の世帯が一世帯いれば、5世帯の平均は2000万円になるからだ。

＊

裏からのマネーで政治が腐敗《ふはい》した国が民主党の米国である。部分的に明るいのは、世帯の50％が年金の401Kの運用（自主運用）でもつ**株価が上がっている**ことである（米国の株価の時価総額は**44・5兆ドル：6230兆円：日本の7・6倍**）。日・米・欧でも株価だけが明るい。3年前のコロナパンデミックのときは、20年3月に30％下がった株も最悪だった。

＊

しかし経済学は予測をしない、数学めかした歴史学である。治療をしない医学と同じであり、意味があるのか。（注）実験ができない経済学では、その検証の方法である「モデル化」に、複雑系の経済を単純化するミスがある。たとえばノーベル賞のクルーグマンでは「ベビーシッター組合の通貨」。

◎重要なものはいつも**未来である**。過去は消えて復活しない。**「これからどうなるか、どうすべきか」**。

2023年末からは、①FRBの5・25％への利上げの効果が、②巨大になった負債の利払いの不能になって、③銀行の債権が不良になって波及したとき、株価が下落すれば米国と日本の社会の全体が暗くなる。

現在、コロナパンデミック対策によるマネー増発が主因の、①バブル株価と、②米国では、22年6月までの2年間、1年に20％上がってきた住宅価格による光だけがある（23年7月時点）。

1985年のプラザ合意のあと、円高不況に対する金融の緩和が生んだ資産バブルの末期に似ている。今日で、米国株は14日の連騰《れんとう》という（23年7月26日）。**ウクライナ戦争では、ウクライナ側の物理的な敗戦**は予想されるが、その後、株価は下がるだろう。ゼレンスキーとウクライナ軍が勝つことはない。

燃焼したフィラメントが切れる電球のように白く輝いているのが、現在の株価と住宅価格だ。しかし……世界のたぶん80％のひとびとは、現在を資産バブルだとは思っていない。**バブルはバブルのなかでは認識されない**。認識されないからバブルになる。

＊

◎本書のテーマは社会の明るさ、暗さの底にある原因に至らねばならないと決めた。原因は、金融を含む経済の過去の数字である。金融とは過去の結果を集計する複式簿記《ぼき》の会計とちがい、**近い未来に起こるマネーの現在価値の計算による等価交換**である。

まず原理から知ること。正当な認識からすべてが始まる。その後は実行可能な対策である。マネジメントのPDCA（計画→実行→結果評価→対策の修正）の方法を使う。現在と事実が異なった状況へ原因からの正当な認識がないと、巨大なマネーを使う政策の最適な計画は作ることができない。

【金融の本質は、現在と未来のマネーの金利を媒介にした交換である】

金利3％で100万円を借り、10年後に返済するときの返済総額は複利で100万円×1・03の10乗≒134万円になる。

金融（ファイナンス）では、10年後の134万円（未来のマネー）と現在のマネー100万円を交換する。これが金利3％の10年満期の国債の買い、または100万円の貸し付けである。現在の100万円で、金利3％の10年債を買うことと同じである。

「現在のマネーに金利を仲介《ちゅうかい》させて将来のマネーと等価交換《とうかこうかん》するのが金融（Finance）の本質」である。マネーを動かす金融は現在と未来の交換である。

①借りること、②預金を増やすこと、③投資することも、通貨で計算される対象資産の価格の未来への期待が決めている。

経済の気分（その内容は景気予想）は、現在の所得や資産の水準の高さより、将来の所得と資産増加への希望が作る。所得は、通貨レートが変動を止めないマネーで計算される。

1980年ころまで日本の最大の商業都市だった大阪では「儲《もう》かってますか」が、マネーを重んじる商人文化の挨拶《あいさつ》だった。今はいわない。「いやだめです」では、吉本の大阪でも適切な挨拶にならない。ギャグ風な答えを期待し「最近はどうですか。ダメですか」と挨拶したことがある。夫婦連れの相手はまともにとってムッとした顔になった。居酒屋だった。

＊

過去80年の価値観がシフトする大転換をしていく世界と日本で、何を、いつ、どうすれば儲かるか、これもテーマである。経済学は一見高尚な、しかし内容はわけのわからない理論であってはならない。おばあちゃんの「あの子はね、大学で経済学を勉強したから、**お金儲けがうまいでしょう**」には正面から答えなければならない。むずかしいことだが……。生産、販売、通貨発行、つまり経済の目的はお金儲けだろう。医学を学べば医師になれるが、**経済学を学んで何になれるのか**。
お金儲けの前に、**「お金の価値とは一体何か？」**から、はいらねばならない。世界を覆《おお》う大きなシステムなので、非倫理的な欺瞞《ぎまん》が一般にはわからないが、**長期では下がる通貨を押しつけるドル基軸通貨システム**が利益を略奪するものであってはならないと考えている。

*

◎**経済活動での利益には、ひとびとへの倫理性が必要**である。経済学、事業経営、政府官僚は、経済学の元祖のアダム・スミスにはあった**国民への倫理性を回復**しなければならない。
排他的《はいたてき》な利益が目的となった、しかも非人道的な超限戦に晒《さら》されている現代。これからの世界のひとびとの仕事と生活のテーマは、戦後の日本が封建道徳《ほうけんどうとく》として脇に追いやってきた倫理だろう。
カントは倫理（**＝人間の真善美の生き方**）を探求の目的として『世界の、永遠の平和のために』も書いている。とりわけ3つの国からの、スマートではない、露骨な超限戦に接している非倫理的な日本と世界の政治家が強く意識すべきことだろう。

*

◎本書では、経済の基盤であるマネー論をベースに近い歴史をさかのぼり、あわせて現在の状況の分析をして**未来予測**を述べる。金融・経済の数値の解析を根拠にする。数値でなければ、具体的ではない。
日本語では他の言語より発達した**形容詞は個人の情感**を示す。情感はひとによってちがう。日本人は漢字を訓読みした言語で、和歌や俳句のように情感で外部世界を見てきた。情感を示す形容詞では、経済や金融の**「認識↓分析↓予測」**はできず、ため息や感嘆にしかならない。一方、551という情感のない数字が示すのは551だけである。つい書いた551は豚まんがうまい『蓬萊《ほうらい》』だったか。憂鬱《ゆううつ》な金融と経済だが、楽しんで書くことに努める。渾身《こんしん》の本を届ける。

第一章　国際通貨と国内通貨の80年

1　金《きん》兌《だ》換《かん》制度の通貨

1971年までのドルは、一般に「金本位制」の通貨といわれている。これは、正確な言葉（概念）ではない。内容は**米ドルの金《きん》兌《だ》換《かん》制《せい》**である。FRB（連邦準備理事会）に自国の中央銀行がドルを提示すれば、1オンス（31・1グラム）の金を35ドルと引き換えに渡すというものだった。

◎金兌換のドルの購買力は、**世界が条件をつけず認めてきた金の価値**を裏付けしていた。ペーパーゴールドともいわれる金ETF（金証券）と同じものが金兌換のドルだった。ただし金とドルとの交換は、各国の中央銀行しかできなかった。通貨では有効な範囲を決めることができる。金と兌換が可能な通貨も、金そのものではない。

①日銀設立の明治15年（1882）には円も金兌換制であり、金1グラムの公定価格が1円だった。

②戦後の1949年に金1オンス（31・1グラム）が「360円×35ドル＝1万2600円」、日本の慣例の1グラムでは1・13ドルだった。円では1グラム405円だった。

③現在の金価格は1オンスが約55倍の1950ドル（1グラム8800円）である（消費税込みでは9850円：23年8月）。

金は明治15年から、いや太古の昔から価値は変わっていない。**金と切り離されて信用通貨になったドルの価値**が、1973年からの50年で55分の1に下がった。敗戦のあと約200倍のハイパーインフレを起こした円は、明治15年以来の140年で8800分の1に価値を落としている。

このようにいずれは価値を落とす信用通貨を、われわれはなぜ総額で1107兆円、国民1人平均で1000万円貯めているのかということは正当な疑問である。円では1945年から49年に、220倍のハイパーインフレがあった。ハイパーインフレがないドルも、50年で55分の1に下がっている（年間平均マイナス7・8％）。

資産家とは、1単位の価値が下がっていく信用通貨ではなく、価値が下がらない資産を貯めてきたひとだろう。しかし経済学はインフレに言及しても、決してこれを書かない。経済政策を行い、信用通貨を発行する政府にとっては有効でも、個人にとっては有効な学問ではなく、政府による国民支配のイデオロギーである。

1971年の金ドル交換停止宣言（ニクソン・ショック）のあと、スミソニアン体制がドル下落により2年で崩壊し、73年から23年まで50年の変動相場制では、いくらでも増刷ができるため、金に対するドル価値が55分の1に下がった。5分の1ではない。価値が不変な金に対して55分の1である。

【紙幣と金】

それ自体では価値をもたない数字である紙幣のドルを、普遍的《ふへんてき》に見える金の価値で裏付けるものが、50年前までの金兌換制度であった。金兌換制は、ずっと昔の話だったとしているひとが多いが、ひとの一生が90年の時代に、50年は昔だろうか。

普遍とは、時代と国を超えて共通ということである。金は古来、価値が安定したマネーとして、**政府の法で強制されるからではなく、**自然に世界が認めてきた。なぜそうなったのか。たぶん火災に遭っても溶けるだけで成分を保って蒸発せず、古代から宝飾に使われるくらい美しく無にならない永遠の金属に見えていたからだろう。ただし信用通貨派からは「黄金虫《こがねむし》」と揶揄《やゆ》される。金の価値を認める本書も黄金虫だろうか。

米国は建国から第二次世界大戦までゴールドバーを集めていた。1850年代の西部劇にもあるゴールドラッシュは皆知っている。古い欧州から見ると、アメリカは金と資源の新大陸だった。

①通貨の**金本位**は金を通貨（金貨）とする制度をいう。

②金兌換は、金と交換できる紙幣（兌換通貨＝金証券＝金為替通貨）を通貨とする制度である。**金兌換制では、一般に中央銀行がもつ金より多くの通貨が発行される。**

③BRICS通貨が予定している**金ペッグ**（Gold Peg）は金の価格を参照し、政府・中央銀行が通貨の価値を維持する制度である。金を通貨にする制度にはこの3つがある。

現在の**信用通貨制**（不換紙幣、管理通貨、法貨幣〈フィアット・マネー〉と3種の呼称がある）は、その国の国債の返済価値を担保にした制度である。**貨幣**といったときは、前記3つを合わせた4つ全部を含む。

ケインズは通貨としての金の価値を否定している。これに倣《なら》い、主流派のエコノミストも金の価値を否定している。日本では戦前、金と兌換できる円を「正貨《せいか》」としていた。1973年以降の金と兌換できない通貨はフェイクマネーであろうか。本稿では金と交換できない不換紙幣《ふかんしへい》を「信用通貨」とよぶ。欧州では、フィアット・マネー（法的な制度による通貨）とよばれる。

通貨にたくさんの呼称があるのは、中央銀行が金兌換以降の信用通貨の定義をアイマイなままにしてきたからだった。**信用通貨の定義と価値の源泉になっている国債の返済信用の説明を避けてきた**。日銀のサイトにも通貨の価値の定義はない。世界の中央銀行にもない。なぜだろう。**現代貨幣理論**（MMT：Modern Monetary Theory）にも**信用通貨の価値の源泉、価値の根拠**になる定義がない。受取の拒否ができない中央銀行券という法的な制度にしか信用通貨の根拠はない。

では法が規定せず、政府や中央銀行が関与せず、担保もないビットコインが現在、1BTCで382万円（23年8月24日）という高い価値をもって、通貨として売買されているのはなぜだろうか？

ビットコインは、次に買うひとが382万円で買うだろうという期待で382万円の価値をもつ（23年8月）。ビットコインを買うひとがいなくなれば、価値はゼロになる。ビットコインの時価での価値総額は、金の現在価格では9000トンの82兆円にあたる。ただし価格の変動幅（ボラティリティ）は年30％と、株価の2倍くらい大きい。30％のボラティリティの意味は、1年後のビットコインが標準偏差の2倍の95％の確率で、現在の382万円×（1±0・3）→〔264万〜497万円の幅〕にあるという意味である。なおビットコインをデジタルゴールドとよぶ向きもある。

【預金通貨と株式】

世帯（1107兆円）と企業（338兆円）の合計である**日本の預金の総額**は、**1445兆円**である（23年3月末：日銀資金循環表《しきんじゅんかんひょう》）。預金は引き出せば現金になるから**預金通貨**という。

東証の株式の時価総額は810兆円である（23年7月21日）。

これらは、いずれも引き出すか、市場で売ることのできる金融の資産である。株は売れば現金になるが、価格の変動幅が1年に15％から20％くらいと大きいので**株式通貨**とはいわない。

預金は、現在の物価上昇の傾向からほぼ1年後に予想される「**予想インフレ**（期待インフレともいう）」の分、価値が下がっていく。

市場で売買されて価格が決まる株やビットコインは、実際に現金化するときにいくらになるか不明である。多くのひとが売れば、株やビットコインは下がる。買うひとが多ければ上がる。

以上がマネーの価値の本質であり、真相である。

①マネーは、受けとったひとが、その金額の商品への**一般交換《こうかん》価値《かち》**があると思うから価値がある。
②マネーを受けとったひとも、次に受けとったひとが、その交換価値を認めると期待するから価値がある。
③マネーの交換価値への信用は、**自己回帰する円環《えんかん》のような無限《むげん》循環《じゅんかん》論《ろん》**であるから、説明がしにくく、円の発行当局である日銀も説明していない。

経済学が価格をつける場としている市場は、ヤフーのオークションと変わらない。1973年からの変動相場制では、商品の価格を計《はか》るマネーそのものが世界の外為市場のオークションで決まっている。こうしたことは普通、意識されていない。

経済の前提になる制度を問題とする**制度派経済学**もある。信用通貨は制度的に価値があると主張して日本で多く読まれたガルブレイスは、米国の制度派の重鎮《じゅうちん》だった。ところが『**通貨はどこから来てどこへ行くのか**』（1975年）は翻訳されてない。政府による信用通貨の詐欺的な虚妄を書いているので都合が悪かったのか。
制度学派は、価格をつける市場にある非合理な失敗を問題にして、そこから出発する。

【学説】 経済学には、学者個人の説といえるくらい多種がある。医学で多くの学説があれば、実際に診療する医師は困るだろう。数学や工学も同じだ。しかしエコノミストは、自分が拠《よ》って立つ経済学が何かをいわない。前提をいわず**時代の主流派に同調する見解**を述べている。学問の主流派は、学校制度における、学者の世代で変わる。文科省は学問の主流派を決めていて、主流派と認める教授に研究予算を多く回す。友人の大学教授との会話。**「研究の枠を作ってつまらんことを押しつける文科省は、どうしようもないね」**。当方が**「文科省からお金をもらわなければいいじゃないか」**というと、虚《きょ》をつかれたように、**「……それもそうだな……」**といっていた。一般には信じられないが、学者の世界にもお金が勢力を拡張している。ひとびとは学問研究の基盤を普段は意識していない。東大もFSI債を100億円分出してお金を募る。学問の金融化はメガファーマ（製薬大手）からの研究費が大きな地位を占める医学で先行しているが、こうしたことが学問の本質を変えていく。教授たちは、お金があれば研究に使えるからいいじゃないかと、研究費の由来と目的は意識していないだろう。医薬がもっとも露骨だが、21世紀は世界中で学問のマネー化がすすんでいる。根本的なことを言えば、学問が国民を支配する手段になっているからである。国立大学は支配する側の人間を育成する機関だった。

2 信用通貨と証券化金融

◎**信用通貨は、国債が将来返済されるものとして、**国債の将来信用が価値になっている政府の通貨である。国債の返済信用がなくなると、その国の通貨の価値もなくなる。ただし政府・日銀は**国債は将来必ず返済される**としている。この**返済信用**こそ国民が国債と信用通貨に価値があるとする条件である。
国債の発行残高が、その国の経済（GDP）にとって1・5倍以上と過大になり、国債の金利が政府の税収では支払えない水準に上がって返済の信用がなくなると、①国債と、②国債が担保の信用通貨は同時に下落する。こうした**国債と信用通貨の価値の関係**を政府と日銀は国民に伝えない。原理は国債への信用＝通貨への信用である。

中央銀行は、国債と、国債並みに返済信用があるとする格付けがAAA級の債券を買って、その代金分の通貨を発行している。**国債の返済信用は永遠にあるとするのが現在の会計の制度である。**ながい将来にわたって本当だろうか？　国債と通貨の世界の歴史は、これに反している。政府が決めた法は政府によってたびたび破られてきた。これ以上はいわない。

①銀行からの中央銀行による国債や債券の買い（マネタリー・ベース）が、
②銀行の準備通貨への信用乗数から、
③民間の企業や世帯への貸し付け、つまり通貨の発行（マネー・サプライ）になる。
中央銀行と銀行の国民に対する負債が、「銀行券＋預金通貨＝ドル、ユーロ、円の信用通貨」である。

重要なことを述べる。
①信用通貨は、国民にとって金融資産であるが、
②発行元の中央銀行と銀行にとっては、国民への負債である。
この点が金とはちがう。**金は誰の負債でもない。**

発行された信用通貨は、中央銀行と銀行の負債である。

国債は政府の負債であるが、持ち手にとっては金融資産であることと同じである。

資本主義を作ってきた株主資本の株を、会社の自己資本と偽装する複式簿記の構造がこれだ。株式は会社の負債である。経済学者ヒルファーディングによれば偽装的資本である。**複式簿記上**で資本のふりをした資本という意味。同じように銀行預金は、銀行の負債との認識が多くのひとにない。

ＧＤＰに対する国債に返済信用の限界があるように、信用通貨にも発行限界がある。限界を超えるとインフレになって金利が上がり、通貨1単位の価値が下がっていく。これが資産バブルが発展したあとの消費財のハイパーインフレである。ここを信用通貨の有効性を説く現代貨幣理論（ＭＭＴ）は語っていない。

日銀のバランスシートを見ると、円の発行の貸借対照表（Ｂ／Ｓ）には、**「資産　金融緩和として買ってきた国債５９３兆円：負債　国債の購入代金として発行した通貨（当座預金５４４兆円）」**と記載されている（23年8月20日）。信用通貨は日銀の国民に対する負債である。日銀が10日ごとに更新している、へんな名称の**営業毎旬報告**《えいぎょうまいじゅんほうこく》は円のバランスシート（Ｂ／Ｓ）である。たぶん誰も見ないが、グーグルで検索・閲覧ができる。

【国債の価値が信用通貨の価値である】

金融機関は国債が政府から１００％返済されると期待し、複利の**累積金利**《るいせききんり》**で割り引く現在価値**（Net Present Value）があるとして債券市場で売買されている（日本証券業協会）。２０１８年、19年には

1カ月の売買は1500兆円くらいだったが、世界的な金利上昇（国債価格は下落）によって国債を短期で手放して売買することが約3倍に増えている。

金利と国債価格は株価よりは小さいが、刻々と変動して決まっている（金融機関が参加する公社債市場：1カ月の売買平均は約4000兆円：日本証券業協会）。

国債は、銀行が満期までじっともっているものではない。

金利が上がって国債価格が下がっていくとき、銀行にあらわれる損の計量において重要である。政府は「満期までもつ国債は金利が上がって価格が下がっても、四半期決算で損失計上しなくていい」という、**ご都合主義の会計**を許している。ところが国債の売買の実態を見れば、3年以内の短期の国債は別にして、満期5年以上の**長期国債を満期までもつ銀行はマレである**。

国の現金の流れでは、①1位外為市場（1日に約200兆円の売買）、②2位国債市場（1日に約200兆円）、③3位株式市場の1日3・5兆円である。残高1200兆円の国債総平均では、6日で1回転している。つまり国債は平均の保有期間6日で売られている。若干の期間のちがいはあっても米国、欧州でも同じである。

長短の平均満期が8年くらいの1200兆円の円国債は、**平均保有期間6日で売買されている**。金利が上がっても国債は満期まで待てば、額面の返済を政府がする。**金利が上がって国債価格が下がっても途中で売らなければ、銀行に損は発生しないという財務省の説明は、国債の売買の実態からはウソである**。専門的な金融には、こうしたウソがたくさんある。

たとえば1000万円10年満期金利0・25％の国債の返済価値は、10年後に1000万円×1・00

25の10乗≒100×1・025＝102・5万円である。市場の金利が2％に上がり物価上昇が3％なら、100万円分の物価は10年後には、100万円×1・02の10乗≒100×1・219＝121万9000円に上がっている。この国債を10年売らずにもったときは、物価121・9万円－償還金102・5万円＝19・4万円の損である。

＊

①財政赤字が続く米国では32兆ドル（4480兆円）、②日本では約1200兆円の国債が発行されていて民間銀行、政府系銀行、生損保、年金基金（GPIF）、外銀と中央銀行がもっている。

GDP（国の経済規模）の2・2倍の国債は、政府にとって返済が可能な負債か？

2013年からの**円の異次元緩和**で日銀が国債を買って円を大量発行したので、日銀の国債の持ち高は**発行済み国債の約50％の592兆円**になっている。592兆円の国債を買って、円を増加発行してきたということである（1万円札121兆円、銀行が日銀の預金口座にもつ当座預金538兆円）。

日銀は、いくらでも国債を買うことができる。したがって国債は償還ができるものとされている。日銀の買いが1万円の価値（**商品の購買力：一般交換性**）の土台となる根拠である。日銀は円の価値を国債の市場での売買価値というが、その価値を作っているのは日銀による、ほぼ額面価格での国債買いに他《ほか》ならない。このように**信用通貨の価値論**は、自分の脚《あし》を食べて一時は腹を満たすタコと変わらない。最後は死ぬ。最後まで行かなくても死ぬ。海から上がったタコが海岸の道路を逆さまになってすごい速度で這《は》うことをご存知だろうか。

3　国債で1200兆円の残高を増やし続けることは可能か

財政が30兆円から40兆円の赤字（＝マネー不足）の政府は、満期がきた国債の返済ができない。30兆円の財政赤字とは、30兆円の国庫からの不足だから。このため財務省は**返済を先送りする借り換え債**を発行し銀行に売って（実質的には日銀が買って）、満期がきた国債の返済に充てている。満期が来た国債の返済は、政府の税収からではなく日銀が行っている。

①発行する借り換え債を計算すると、**日本では債券市場の金利が2%に、**
②**米国と欧州では金利が5%くらいになる**と、借り換え債の発行と売却による満期での返済がムリになっていく。

原因は、２００８年の**リーマン危機のあと15年間**で日米欧の国債の発行残高がともに大きくなりすぎたためである。借金が売上収益（国ではＧＤＰ）に対して過大になった企業が破産することと同じである。

借り換え債の発行は**決済満期の繰延**である。**手形でいえばジャンプ、銀行でいえば追貸しである。**銀行の貸付金では、借り手が満期になっても返済ができず、将来にわたって追貸しをしないと不良化する貸付金は、普通は不良債権とする。

では満期が来ても返済できず、
①借り換え債を発行して銀行に売って、
②しかも毎年の財政赤字で借金を30兆円から40兆円は増やしながら減らすことがなく、
③毎月、銀行に打診しながら財務省の理財局が売っている政府の国債は、

どんな根拠から不良債権ではないのか……答えることができますか？　遠い将来になれば、いつかは返済されると期待できるか？　そうではない。

◎「国債は政府が発行するから、日銀が買えばいくら増えても不良債権ではない」と1200兆円を国民から借りた政府と学者がいっているだけのことである。この言葉は有効だろうか？　**「国債は無限償還ができる」という暗黙の前提は国民にとって有効なものか**と問えば、財務省はどう答えるだろう。

財務省の矢野康治事務次官（当時）は、『文藝春秋』にタイタニック号が深夜の濃霧で氷山にぶつかったように**財政破産の可能性がある**と投稿している（2021年11月号）。

コロナのとき政府が大きなバラマキを続け、政府財政の赤字が大きくなってきたことを理由に、発行額面での引き受けがむずかしくなって国債の価格が下がり、債券の売買市場で金利が上がったときであると書いていた。

「最近のバラマキ合戦のような政策論を聞いていて、やむにやまれぬ大和魂か、もうじっと黙っているわけにはいかない、ここでいうべきことをいわねば、卑怯《ひきょう》でさえあると思います（引用）」……大和魂が出てきた表現が笑える。麻生太郎財務大臣に相談の上、出したという。矢野次官はウソをいうことが苦手のようだ。メディアには出ない、キャリアの退職財務官僚にも矢野次官と同じ懸念をもつひとは多い。

2020年、21年のコロナパンデミックから12兆ドル（1680兆円）は大きくなった日米欧の国債は、既発国債の売買市場での金利が上がっていくと、持続できない。借り換え債を発行し、**長短国債の平均満期8年後に返済があったかのように仮装**し続けるしか方法はない。各国の国債の同じ問題は、**「債券市場の金利を上げず**、いつまで借り換え債を発行できるか」という一点である。

①日本では、当年度の財政赤字分である新規発行の国債約36兆円（2023年度）に加え、1年間の平均で約150兆円の借り換え国債を、

②米国では、財政赤字に対応する1・37兆ドル（190兆円）の新規国債に加えて、年間平均4兆ドル（560兆円）の借り換え債（合計5・37兆ドル：750兆円）を、金利を上げず、発行し続けることが必要だ。**中国と日本が米国債を買い増さずに売れば**、米国の金利が5％、6％、7％と上がっていき、国家の財政が破産する。

＊

借り換え債を発行して中央銀行が買っても**外為市場での通貨安**（その通貨の売り超）から債券市場で国債の金利が上がるようになっていくと、過剰な国債を発行した国家の財政は破産に向かう。

①1200兆円の国債残がある日本は**国債の平均金利約2％**から、

②32兆ドル（4480兆円：日本の4倍）の既発国債がある米国は**国債の平均金利5％くらいから**、

国債の新規発行と利払いがむずかしくなっていき、政府財政が破産に向かう。

両国は、**財政赤字の結果である累積の国債発行残がGDPに対して大きすぎるからである**。約40年にわたって、税収以上に政府がお金を使いすぎてきたからだ。

＊

財政破産の様態を単純化して述べる。米国の住宅ローン金利は、現在6％から7％に上がっている。2021年は3％だったローン金利が6％に上がると、30年ローンの支払いは23％支払いが増

える。これは住宅価格がマイナス23％に向かって下がっていくことを意味する。米国の不動産ローンは証券化されていて（不動産証券）、銀行やファンドがもっている。銀行やファンドでは、不動産ローンの債券がマイナス23％に向かって下がり、自己資本をなくしていく。銀行は相互に国債を担保にして借りている（レポ金融）。

国債は、金利が上がると価格が下がる。金利1ポイントにつき、残存期間8年の長期債は8％下がる。2ポイントでマイナス16％である。借りている側の銀行は、国債に追加担保を出すか、借り入れを満期日に一括返済しなければならない。これがリーマン危機のときに起こった金融危機である。今回のように想定できる金融危機の規模がリーマン危機の4倍以上大きいと、政府財政も破産する。ＦＲＢが上げた短期金利5・25％から5・50％は大変なことである。市場の債券金利が上がるまで（6カ月から最長1年）の時間の勝負になる。

＊

税収より使いすぎて民間からの借金の残額が到底返せない規模になって金利が上がると、国家の財政が破産するのは古今東西、普遍の道理であった。法を変える政府であっても法の変更では、マネーの返済はできない。

ただし……**実質的な破産である通貨の切り替えはできる**。世界の国債の歴史には、数多い破産の実例がある（**『国家は破綻する』**カーメン・ラインハート＆ケネス・ロゴフ、最近のものではレイ・ダリオの『巨大債務危機を理解する』22年12月邦訳）。

【MMTの理論的な誤謬】

中央銀行は国債を無限に買うことができるとしている**MMT（現代貨幣理論）は、**

①通貨が過剰《かじょう》になったときの**外為市場での通貨安の問題**と、

②**インフレに伴う金利の上昇**を考慮に入れていない理論的な誤りをおかしている。理論は未来を予想するものだから、その理論が将来への予想を外《はず》せば誤りである。

◎結論：中央銀行による国債の買いによる通貨増発を説くMMTは、**長期に持続可能な貨幣理論としては誤っている**。

財政の赤字と通貨の増発が短期なら、GDPの需要を増やして株価を上げる有効な効果がある。しかし過剰な通貨発行を長期に行うと、過剰なマネーによるインフレを伴う資産バブル崩壊（金利の上昇とデフレ）が起こり、債券市場の金利が高騰し、すべてがおじゃんになる。前提となっている、ちゃぶ台返し、またはご破算で願いましては……がこれである。

日銀は否定するが、**事実上のMMTは、**

①**2013年に日銀が世界最初に開始し**（異次元緩和、500兆円の円の増刷）、

②財政支出の内容が世界戦争といえる**コロナパンデミック**のときから、米国と欧州も行った（**12兆ドルの国債の増刷と中欧銀行の買い取り：つまり円・ドル・ユーロの増加発行**）。

2023年7月現在の世界の株価と不動産は、先頭を切って20年の不動産バブルが大規模に崩壊し始めた中国を除いて、**MMTによるコロナ後の資産バブルと消費財のインフレ**にある。

行動統制のロックダウンが世界一激しかった中国では、コロナ対策の通貨増発が小さかった。米・

欧のようなコロナのあとの不動産バブルは起こらず、逆に住宅を買う**生産年齢**（16〜64歳）**の人口減が重なって不動産価格の低下**になってきた。

大手の恒大集団（本部はタックスヘイブンのケイマン島）が破産した不動産業の負債は、**10・6兆元**（212兆円）と大きい。すくなく見ても30%の**63兆円は不良貸し付け**になっていく。しかし**中国の大手銀行は国有**なので、不良債権によって金融危機にならない。

中国は銀行が人民銀行と大手銀行はともに国有であり、ドル準備を担保にして**政府通貨を発行**している。政府通貨で発行が過剰だと、短時間で高いインフレになる。

しかし政府財政の破産にならず、ハイパーインフレ後に普通なら通貨の切り替えが実行され、通貨量の減少からデフレになる。

信用通貨でも政府通貨であっても、過剰な発行額がひどいと、最後はハイパーインフレになる点は変わらない。他方、**金ペッグ通貨では**、金価格を参照して通貨がインフレ率に従って上がるので、ハイパーインフレは原理的に起こらない。ハイパーインフレは、信用通貨の過剰な発行による通貨1単位の価値（購買力）の下落である。

4 低金利で増進した米欧の不動産価格のバブル

米国と欧州の住宅価格は、コロナのあとの2021年、前年比20%とバブル的に上がっていた。22年から始まったFRBの利上げによって、①2021年20%／年だった価格上昇率が低下し、②

23年4月には上昇率が前年比0・4％に下がり、③23年4月からはマイナスになった（全米20都市のケースシラー住宅価格指数）。世界でただ1カ所、東京の1億円以上の高額不動産がまだ上がっているのは、3％のインフレのなかでもローン金利が1％以下だからである（2023年8月時点）。

現在、米欧の不動産ローンの金利は、価格が上がっていた2021年の3％から約2倍の6％から7％である。価格の下落は、ローン金利の上昇が波及して23年末から大きくなり、24年に前年比23％下落に向かって下がるのが理論値である。

これが意味するのは、24年後半から不動産ローンでの不良債権の増加による米国の再びの銀行危機である。住宅だけでなく、**商業用不動産**もコロナでのリモートワークの増加から空室率が30％から40％に上がり価格が下がって、**不動産会社の倒産**が起こっている。**米国の3％台の低金利だった過去の不動産ローンは19・4兆ドル（2700兆円）もある。**ローン金利が6％や7％に上がるとローンが払えなくなって、負債額が8000万円以上と大きな世帯（ローン金利が月間40万円）約20％と、リモートワークで空室が30％に増えた大都市部の商業用の不動産会社の破産する。金利が上がった2023年1－6月期には、世界の商業用不動産への投資が前年比で54％も減って2760億ドル（39兆円）に下がった（JLL：ジョーンズ・ラングラサール）。投資が減れば、不動産価格は下がる。

金利上昇の波及により、

・株価の20％下落、32兆ドル（4480兆円）の米国債の15％下落と、

・不動産価格低下によるローンの不良債権に重なると、米国はシステミックな金融危機になって

いくことが確実である（2024年末ころか）。

銀行では、**国債担保のレポ金融**（日本では短期コール金融）による相互の貸し借りが大きい。大銀行が1行でも危機になると銀行間貸し借りの不能、つまり現金不足が起こり銀行システム全体に及ぶ。これが2008年9月15日に米銀に突然起こって、**連鎖《れんさ》のシステミックな銀行危機**になったリーマン危機だった。

【リーマン危機のわずか2週間前だった】

記憶すべきは、破産したリーマンブラザーズのCEO（リチャード・S・ファルド）が、**「当社は今期最高利益を上げた」**と2週間前に記者発表していたことである。

住宅ローン証券にかかったCDS（債権の回収を保証する保険）を含むデリバティブ（金融から派生した金融商品）の価格は、銀行相互の密室（担当者間）で決まっている。債券にかかった返済の保証保険であるデリバティブ（CDS）の価格高騰は、一方の銀行（**カウンター・パーティという**）の巨大損になる。

破綻《はたん》債権《さいけん》の保険金であるCDSの決済（**保険金の支払い**）ができないと、通信回線上における、光速での瞬間の連鎖《れんさ》破産《はさん》になっていく。全部の銀行間がネットワーク回線でつながっている。

このため2週間で全面的な米国銀行危機に至った。この2週間は記憶に値する。

イメージでは、夏の海の入道雲《にゅうどうぐも》（上昇気流＝株価と住宅価格高騰）が引き起こす青天の霹靂《へきれき》のように、金融危機になる。ゆっくりではない。すべてが順調に見えているときである。

◎ある日、大手銀行のディーリング・ルームの**コンピュータ画面に決済の10億ドルの数字が点滅**し、デリバティブの決済不能が起こり世界に波及する。決済不能を示す、コンピュータウイルスのパンデミックのようにドル圏の銀行に広がっていく。

5 低金利と証券化金融の増加が増やした世界と米国の債務

企業や世帯の銀行からの借入金は、市場で売買される証券ではない。

銀行への預金もCD（譲渡性預金）以外は、他人に**譲渡ができる証券**とはされていない。

しかし、①政府の借入金が国債に、②企業の借入金が社債になって負債の証券になると、銀行と証券会社が作っている債券市場で売買される。

①金利が上がると、価格が下がり、

②金利が下がると、価格が上がる証券になる。

金利で価格が左右される株式も、およそ同じである。

非上場の株は売買の市場がない。他人への譲渡がむずかしい資金である。上場が認定されると、証券の売買の場である証券取引所で投資家が価格をつける金融資産になって売買される。

【株式も会社（法人）にとっては負債】

株式は、会社（法人）にとって**株主からの資本の負債**である。

株主にとっては、**資本への出資証券としての金融資産である。**

米国でデリバティブが開発された1973年からの**証券化金融の技術（セキュリタイゼーション）**を使って、住宅ローンやジャンク債の負債を集めて証券が作られ、数多く売買され、価格が変動するようになった。

とりわけ1990年くらいから金融負債と金融資産を同時に大きく増やした**証券化金融**は、小さな金利の変動に対しても不安定になってきた。オフショアの租税回避地である**タックスヘイブン**も2010年代には、世界の銀行資産を超えるくらいに大きくなってしまった（IMFの言葉：政府の捕捉《ほそく》がなく、公式な統計はない。**捕捉されていないから税がかからない**）。経済の不安定を加速し、周期的に資産バブルの発生と崩壊をもたらす証券化金融は廃止すべきだという学者も存在する。

一方で中央銀行が通貨を際限なく増刷すれば、**資産バブル崩壊のあとでも金融危機は避けることができる**とするのが主流派である。

多くのひとは無意識のうちに**主流派の仮説に依拠《いきょ》**しているので、前提を疑うことはない。経済学の主流派は政府も関与する大学制度が決めている。大学の学問は自由ではない。

経済学は、数学ではなく隠れた前提をもつ仮説である。数学にも前提があるが、数学は前提の公理を問う。**経済学は自分の前提を疑うことをしない**。数学では計算ができるが、経済学の計算ができないひとつの証拠に株価の予想ができないことがある。

過去のバブルとバブル崩壊の分析はするが、

①現在から未来への資産バブル、

②資産バブル崩壊、

③通貨下落、

④財政破産の予想はできない。

1990年代からの証券化金融の増加がもたらしたものは、金融資産と金融負債の大きな増加である。**世界の負債は2022年まで、**

①コロナのあとの日米欧のゼロ金利と、

②**マネー増発**（10兆ドル：1400兆円）が株の信用乗数（PER＝株価÷次期期待純益）を約2倍に上げたこともあって、世界のGDP（100兆ドル：1京4000兆円）の3倍以上の350兆ドル（4京9000兆円）に膨《ふく》らんでしまった。世界の平均金利が3％に上がるだけで借り手の利払いは10・5兆ドル（1470兆円：年間GDP、つまり企業の粗利益合計の10・5％）増える。これは払えない金利である（図2-2）。

負債は返済しないかぎり減らない。財政が赤字となった日米欧の負債は増え続ける方向しかない。政府と民間の負債が、世界GDPの3・5倍という臨界点《りんかいてん》を超えるまで増えてしまった現代世界では、**平均金利3％くらいから、**負債者（政府、企業、世帯のいずれか、または全部）が金利を払えなくなるという認識もまだ一般的ではない。

事実が認識されないのは、政府にとって都合が悪いからである。主流派のエコノミストは沈黙し、メディアに経済・金融・社会の分析力と予想力は乏しい。

日本を含む西側のメディアが全体主義になってしまった現在、自覚した少数者の正論を述べているひとも少数はいる。軍事・政治の分野では日本人には珍しい国際政治学者でワシントン在住30年の伊藤貫《いとうかん》氏であろう。金融・経済・社会の分野では誰だろうか。トレーダーのレイ・ダリオがそのひとりか。

第二章

巨大になって後戻りができない日・米・欧の金融資産と負債

1 日・米・欧の金融資産／負債のバランスシート

図2-1に示す日・米・欧の「金融資産／負債のバランスシート」ははじめて見るものだろうか。日銀は、これを毎季作っている。

国全体の負債（右側）と一対一で対応する金融資産（左側）である。**金融資産＝金融負債**であって、あなたの金融資産が増えたとき、どこの誰かの金融負債が同じ金額だけ増えている。銀行預金は、あなたにとって金融資産だが、銀行にとって負債であることが**金融資産＝金融負債**という金融の基本原理である。

利上げにより金利が払えない負債が増えていくと、負債が不良化する。その負債に対応する金融資産の価値は、減少する（不良債権による金融縮小、デフレの原因になる）。

負債でもっとも大きな国債は持ち手にとって金融資産である。政府にとっては過去の赤字財政から発行してきた負債である。

◎**金融資産が増えること**（マネーが増加すること）は中央銀行、銀行、事業会社、保険会社、年金基金、そして世帯のローン負債が増えることと等価である。

図2-1　日米欧の複式簿記で示す金融資産と金融負債
（日銀資金循環表：22年3月末）

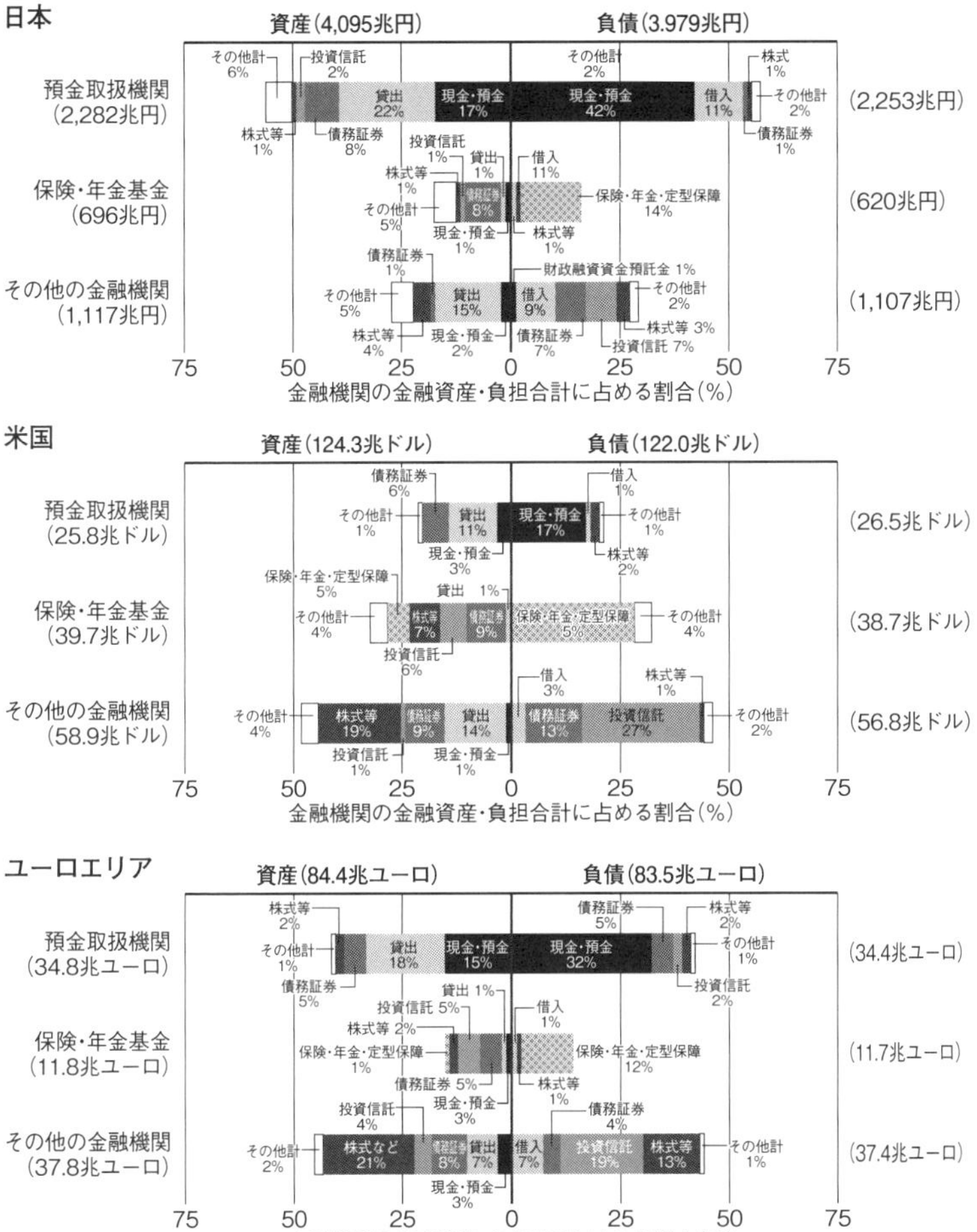

※1 日本の「その他の金融機関」は「証券投資信託」、「その他金融仲介機関」、「非仲介型金融機関」、「公的専属金融機関」の合計。
※2「その他計」は、金融資産・負債合計から、「現金・預金」、「財政融資資金預託金」（日本のみ）、「貸出／借入」、「債務証券」、「投資信託」、「株式等」、「保険・年金・定型保証」を控除した残差。
※3 米国の「預金取扱機関」が保有する「現金・預金」は、「Vault cash」及び「Reserves at Federal Reserve」を含む。

図2-1の金融資産と金融負債を対照させる**複式簿記のバランスシート**は、①右側が、負債としての**資金の源泉**を示し、②左側が、そのマネーが貸付金、債券、株式という負債証券になっていく**資金運用の形態**を示す。負債証券（債券や株）は、所有者にとって配当や金利がつく金融資産である。しかしその負債を負う証券の発行者にとっては、配当や金利を払うことを約束した負債証券、つまり借り入れである。金利と配当は**銀行や証券会社などの仲介業**を経由し、証券の所有者に払われる。銀行預金の金利が、お金を借りたひとや法人の「利払い－銀行の仲介手数料（0・3%～0・5%）」から来ることと同じである。

＊

「金融資産＝金融負債」については、**銀行・保険会社・信託銀行・年金基金・ファンドの金融機関が仲介**しているので若干の説明が必要である。

①**たとえば生命保険**は保険会社にとっては保険者が死亡したとき、あるいは病気のとき保険金を支払うべき負債である。保険会社は顧客保険料を金利がゼロの現金でもつのではなく、金利のつく国債・株式・債券で運用している。ところが国債・株式・債券は金利が上がると、価格が下がる。これが金利負担に相当する。金利が上がる分、生命保険の基金の価値は下がる。

②**投資信託も同じである**。信託会社やファンドにとって投資信託は、顧客からの預託金を預かった負債である。生命保険と同じように国債・債券・株で運用している。国債・株式・債券は、金利が上がると価格が下がる。これが金利負担に相当する。

金利が上がると、投資信託の価値は金利が上がる分、下がる。年金基金も生命保険や投資信託と同じである……以上のようにすべての「金融資産＝金融負債」は金利が上がると、若干の時期が遅れて、金利の上昇分、価値が下がっていく。**金利上昇が影響を及ぼさない「金融資産＝金融負債」はない。**固定金利のローンも切り替え時には金利が上がる。

簿記を勉強したとき不思議だった。最初、「資産＝負債だ」と教えられた。資産と負債はちがうものなのに、なぜ同じになるのか。借入金は一体どんな資産か？　**借入金1億円で1億円の土地を買ったとき、複式簿記ではどう記帳するか。**

左側に書く習慣の資産は、①土地1億円。右側に書く負債は借入金1億円である。

確かに金額が等しい。負債が資産になるのは、銀行からお金を借りて土地を買ったからだ。なるほど、これが資本主義か。**返すことを約束したローンの負債が不動産の資産になる。**住宅ローンで住宅を買えば、今はお金がなくても自分の資産になる……**返済する信用という、物的には無から資産を作れる。**これがマネーだった。問題は「返済できる信用」、この信用が大きいと、1億円の株を発行して会社も作れる。ソフトバンクの孫正義は1兆円や5兆円をたくさんの銀行から借りている（銀行側のリスク分散の協調融資）。会社の負債であっても、株式は住宅ローンのような返済はいらない。株の金利にあたる配当を株主に払い続けるだけでいい。オカネは、あなたの信用で作ることができる。手形を作って支払いができる。

次は、②現金の1億円：負債は紙に書いた株券の発行1億円。

このうち5000万円で会社にする建物を建てて、エンジニアを募集する。概要設計は私ができる。いろんなAIを作ってきたIT会社を辞めて独立したから。

残った5000万円は、機器の購入費と1年分の給料にする。足りなくなったら、プログラム開発の進捗度を示して株を増資する約束が株主とできている。私の開発技術を株主は信用している。3000万円の預金から自分も自社株を買う。

③会社の建物　5000万円：現金の支払い5000万円。
自分の人格と技術への信用で会社ができ、募集したら応募があった。

社員が5人集まった。さて5人と議論し、どんなものを作って、お金儲けするか？

プログラム開発が雇用の条件だったので、もっとも高く売れるAIのプログラム開発がいい。仕入れはいらない。技術者がいて高速のPCがあればいい。
④プログラムの仕掛品は、シリコンバレーなら完成前でも時価で評価してくれる。この評価額が会社の利益になる。仕掛品を担保にすると、シリコンバレー銀行からの借り入れもびっくりするくらいたくさんできた。50億円！　主な経費は給料だけだから十分すぎるが、まさかのために借りておこう。金利は4％、1年に2000万円でいい。超高速のスパコンも買える。これをサーバーにすればいい。株主に開発を認められて上場もできるようになった。
株の評価はいくらになるか。最低でも100億円か。社員とのレジャーにクルーザーを買ってもいい。もっと頭のいい、ずるい連中が集まるかもしれない。シリコンバレーで株価の時価総額が2年で100億円になった金満ITベンチャーも、こんなものだ。AIのITの世界では5年で1000億円や3000億円くらいならザラである。これも「米国の負債の増加」に貢献してきた。

資本主義は、返済が可能であり、かつ利益を増やすことに有効な負債の増加によって発展していく。

【日本全部の金融資産と金融負債】

日本には、**政府・法人・個人の負債が3979兆円ある**（GDPの7・2年分：前掲図2-1）。

この負債に対応するのは、日本の**4095兆円全部の金融資産である。「預金＋債券＋株」の合計**である。負債と資産の誤差は116兆円しかなく3％だから、日銀はほぼ正確に集計している。

全部の金融機関なので、B／Sを集めて集計するのはコストのかかる手間だっただろう。完成した表の利用者はすくない。本書では重要な表として利用する。なお**通貨がデジタル化される**ところした総体の集計も自動化され、瞬時に参照ができる。これは当局による**マネー管理と金融政策を適正化**させていく。通貨をデジタル化するプラスの側面を見れば、人類の集合知の善と悪は両方が進歩している。

日本では短期金利0%、10年債の上限金利1・0%（日銀は23年7月28日に1・0%上限と0・5ポイント利上げした）、全部の金利を1・0%としても負債者（政府、法人、世帯、海外）の利払いは**3979兆円×1・0%＝39兆円でしかない**。39兆円までならGDPの7・1%である。負債者（政府＋企業＋世帯）が十分払える金利であり、金融資産の不良化は起こらない。

【金利の上昇による債務の不良化】

しかし日本の長期金利が2%に上がると、政府の国債、法人の負債、世帯ローン金利の利払いの合計は**「3979兆円×2・0%＝79・6兆円」**に増え、**日本のGDPの14・3%**に達する。政府、法人、世帯の合計である日本経済は、年間2%の負債金利（79・6兆円）は支払えない。支払えない負債は不良債権になる。「金融資産＝金融負債－不良債権」だから、金融資産が減る。

金利が2%に上がったとき、①負債の大きな政府、②負債の大きな企業、③高い住宅を買ってローン負債が大きな世帯の破産が順次、起こっていく。

日銀は3%のインフレに対応して、10年債の上限金利を0・5%から1・0%に上げた（23年7月28日）。

しかし日銀は、円安での輸入物価高（エネルギー、資源、食品、海外生産商品）が主因である3％インフレの長期化に対して必要な2％への利上げは永久にできない。**日銀にとって利上げへの出口はない。**国民の実質所得〔（名目所得×（1－期待インフレ率）〕を減らすインフレを加速しやすい、**政府通貨への切り替え**があるだけだ。

【米国は政策金利が5・50％に上がっているので、破産は時間の問題である】

米国ではインフレが9％と高かった（2022年6月）。このためFRBの政策金利が5・50％へともっとも上がった米国（利上げは22年3月に始まり、5・50％は23年7月末）では、**政府・企業・世帯の全部の金融負債が122兆ドル（1京7080兆円）もあって、当然、世界最大である**（前掲図2-1）。

米国の特徴は、日本・中国・産油国など海外から30兆ドル（4200兆円）を借りていることだ。貸し手の日本、中国、産油国にとっては対外金融資産であるが、米国にとっては対外的な金融負債である。

金融資産は、全部の金融負債に対応する**124兆ドル**（1京7360兆円）である。2兆ドルは誤差脱漏。FRBの政策金利はインフレ対応のため、5・50％に上がっている。負債者（政府、企業、世帯）の今後の利払いは、少しずつだが5％に向かって上がっていく。

2023年末から2024年には、全部の負債の平均金利が5％あたりに上がっていくだろう。負債者が支払うべき金利は、**122兆ドル×5％＝6・1兆ドル**（854兆円）に増える。

米国の2021年度（22年8月期）のGDPは、23・3兆ドル（3260兆円）である。平均金利が5

%になると、**必要な利払いは６・１兆ドルであるから、米国のＧＤＰの27%にもなる**。

ＧＤＰは企業の付加価値（売上収益＝粗利益《あらりえき》）と一致するので、負債者の政府＋企業＋世帯の利払いは、全企業の粗利益（売上収益）の27%に相当する。

米国の政府・企業・世帯は、ＧＤＰの27%の金利６・１兆ドルを支払うことはできない。

世帯では、所得の27%くらいが住宅ローンの金利となり、さらにクレジットカード・ローン20%くらいと高い金利も支払うことになる。利払いのない負債は、米国の規定では**３カ月で不良債権とされ、対応する金融資産の１２４兆ドルの金融資産も不良化していく部分が増える。**

①ＧＤＰの１・４倍と国債の負債の大きな政府財政、

②平均より負債の大きな企業、

③金利が３%から６%台に上がった住宅ローン負債の大きな世帯も破産し、担保の住宅を手放す。

不動産市場には**抵当流れの投げ売りが増える**。２０２２年と２０２３年４月まで年率20%で上がってきた不動産価格は急速に下がっていくだろう。

*

２０２２年３月からの、①インフレ対応の利上げと、②金融引き締め（マネー供給量の減少）から一転し、再びＦＲＢによる大きな利下げと金融緩和（ドルの増刷）がないかぎり、**利払い不能の破産は①たぶん２０２３年末から始まり、②24年に増え、③24年末から25年初頭には最大になる。**

米国と世界の株価と不動産バブルの崩壊は、

①負債の利払い不能の増加に合わせて２０２３年末から始まり、

②2024年に増えて2025年に完成するだろう。

以上は**心理的に偏《かたよ》った悲観的な予想ではない**。①大きくなった負債の金額と、②5%台のドル金利では持続が不可能になる、米国負債の122兆ドル（1京7080兆円）を示しただけである。情緒ではなく計算である。

米国1人当たりに換算（シミュレーション）しても、5175万円の負債である。5175万円の金融資産（株、貸付金、債券）である。5%の金利（258万円／年）を払うことができるわけがない。国家、企業、世帯の全部は3億3000万人の個人が構成員である。この負債はあくまで個人換算であって、個人の実際の負債ではない。米国の政府、企業、世帯の負債の合計1京7080兆円の人口1人当たりへの換算の仮想数字である。

米国の平均金利が5%台に上がったあと、金利の上昇が全部の負債に波及していく1年後くらいから**金融危機が必然**であることがわかる。利下げしても**3・5%くらいで金融危機**になる。**利払いが必要な負債が124兆ドル**（1京7360兆円）と大きすぎるからである。

負債は、借り入れ増加より返済が多くないと減らない。返済もできないから膨《ふく》らんで破産の臨界点で破産する。以上が製造業空洞化のあと、金融立国を目指した米国が1990年から意識して作ってきた**デットベース・マネタリーシステム（DBMS：借金ベースの金融）の破産の様態《ようたい》**である。

【ユーロ19カ国と日本】

金融負債が83・5兆ユーロ（1京2552兆円）のユーロ19カ国も米国と似た資産・負債の構造であ

る。9%から10%となったインフレ対応の政策金利は現在4・25%であって、米国の金利を追っている。**金融資産の不良化の時期は米国と同じだろう**。

*

◎日本は日銀の金利が2・0%に上がらないと、米国や欧州のようにはならない。しかし対外資産1388兆円（22年5月）は**米欧同時金融危機のときに生じるドル安、ユーロ安（円高）による損が問題になる**。仮に1ドル100円の円高になると、日本がもつドルとユーロの外債では**1388兆円×29%＝402兆円**の為替差損《かわせさそん》が発生してしまう。

402兆円の含み損の金額は、日本の**自己資本200兆円の銀行部門を破産させるのに十分な損**である。日本の株と債券の金融資産も、米欧の金融資産バブルの崩壊時に同時崩壊になるだろう。これも心理的な悲観からのものではない。金融資産と負債の金額の数字と、米欧の政策金利によるものである。

*

個人の金融資産を失わない対策は、**ゴールドの買い**だけだろうか。国家には対策がない。**金はドルの下落、つまり通貨危機と反対に買われる**ので、ドル危機や金融危機のときは国際価格が上がる性質をもっている。

なお金利が上がったときに国債をもつ日銀と銀行の含み損は、その国債を満期までもてば、政府から額面の100%償還があるから損をしないという説も流布されているが、これも間違いである。前述した通り、**満期前に売らないケース**でも損は発生する。

①銀行は銀行間のレポ金融、またはコールローンの貸し借りで国債を担保に差し入れる。**金利の2%上昇で担保の国債が15%の時価**（債券市場での販売価格）**を下げたとき、15%のマージンコール**（追証）**を追加で入れないと浮き貸しになる。**

担保の評価額が不足しても追証を入れることができないときは、借りている側の銀行は一括返済しなければならない。返済ができないとデフォルトになり、銀行間の決済システムから排除されて破産する。

②金利が2%に上がったとき、売らないで1兆円のゼロ金利国債を平均8年後の満期までもっていると、**「1兆円×1・02の8乗＝1117兆円→1117兆円－1000兆円＝17兆円」という機会損失が生じる。**つまり国債を売っても売らなくても、機会損は同じである。

以上の2つから金利が上がっても、国債は満期に政府から額面の100%償還があるから損をしないという説は誤りである。

日本の長期金利が2%に上がったのに、金利ゼロ%の国債をもち続けることは、売ったときに同じ金額の**機会損失**が生じる。**金利が上がったときに**国債を売って一時的には損をしても、得た現金を2%以上の利回りで運用することが経営的に優れている（米国債を買えば約4%の利回り。ドル安／円高の為替差損がいやなら、為替差益が見込める可能性が高いスイスフラン国債：金利1・44%）。

いずれにせよ**政府の負債証券《ふさいしょうけん》の国債を1200兆円**も発行してしまった日本では、金利2%で起きる銀行危機から、国債を売れない政府も財政危機に向かう。

3%のコアインフレのなかで2%に上げるべき長期金利を、日銀が1・0%を上限とする理由がこれだ（23年7月28日の金融政策決定会合）。

【レイ・ダリオが書いた債務危機】

ヘッジファンドの大手ブリッジウォーター・アソシエイツ（運用元本16兆円）をひきいるレイ・ダリオは、**世界の債務危機を警告**している（邦訳『**巨大債務危機を理解する**』2022年）。

この『巨大債務危機を理解する』は、世界で500万部売れたとされているが誇大だろう。100万部は売れているかもしれない。邦訳の価格は5280円と高い。グラフだけが多く、文章がすくない大判の奇妙な本が机の脇にある。この本では過去の図表として、過去のバブルの発生と崩壊しか示していない。

いつも金融緩和が起点になって、市中のマネー量の増加が引き起こす**資産バブルの発生とバブル崩壊**を高い頻度で、世界中の国が経験してきたのは事実である。

本書では、世界GDPの3・5倍の債務による資産バブルの崩壊を現在のマネーから分析して予想する。

◎本質面からマネーと経済の歴史を示しながら、読者が興味を失わないように途中に歴史に関連する現代のトピックを示す方法で書いていく。

むずかしいと思えるところは飛ばしても一度は通読《つうどく》していただきたい。できれば二度、言葉と金融の概念に慣《な》れてくると理解がすすむ。ここまでくれば、あとは大丈夫。世界中で発生する金融資産の無益な損は避けることができるだろう。

＊

大手銀行への預金も危なくなっていく。しかし預金を凍結、または無効にすれば、その国の経済が崩壊し、米国の1929年から33年のようにひどい恐慌になる。

恐慌を避けるため政府は預金の1回の引き出し限度は作っても、無効にはしないと想定している。預金を無効にしない方法は、**CBDC（内容は政府通貨になると予想）のデジタル通貨**の章で述べる**日銀と銀行の国有化**しか残されていない（第十章）。日銀と銀行が同時に国債の不良化で潰れるからである。

◎**中国の大手銀行はもともと全部が国有である。**このため進行中の不動産価格の下落から、ローン債券の30％がデフォルトになっても大手銀行に破産はない。民間の理財商品以外の預金はまもられる（2017年の理財商品は900兆円：不動産への融資が多い）。代わりに**物価が下がるなかで逆に金利が上がって、所得が増えないデフレ型スタグフレーション**が2024年、25年の中国を襲う。

国立銀行ではない場合、政府は恐慌を避けるために政府通貨を銀行に入れる。しかしマネーの流通速度（債券、株、商品を買う速度）は下がるので、国のマネー量が減ったことと同じになり、

①金利は上がって、
②金融資産の国債価格は下がり、
③株と債券、そして不動産価格は再び下がるだろう。

世帯の商品需要も減るから、すでに不動産の下落危機が中国で起こっている通り「需要＜供給」になり、実質金利が上がるなかで**物価は下がってデフレ型不況**になっていくだろう。物価の下落に合わせて、名目賃金（給料の金額）も下がる。

2024年から中国の経済は、1990年の資産バブル崩壊のあとの日本のように成長率が5％台から、たぶん1％や2％台に低下していく。国家の崩壊ではない。当方も含む日本人は、いつも

情緒的に中国の経済崩壊を期待する。日本が2000年から経験している**生産年齢人口の減少による成長率の低下**がことの本質である。

＊

日本でも次回の銀行の危機（2024年末～25年）には、政府が全部の銀行を民営化前の郵貯のように国有にする方法しかない。日本の民間銀行は明治の国有銀行（第一から第百五十三）から出発した。また国有化に戻るだけだ。金利上昇による国債価格の下落で破産する**発券銀行の日銀**も国有になれば、通貨は日銀券から**財務省が発行するデジタルの政府紙幣**になる。**国債という概念もなくなって、**国債の発行は政府紙幣の発行になる。

【政府発行のデジタル通貨になると……】

◎政府通貨への切り替えは、世界中でGDPの3・5倍、4京9000兆円と大きくなりすぎた金融資産＝金融負債にすごいことを引き起こす。

政府通貨では、**経済原理では利払いのできない不良債権として消えなければならなかったマネーが残る。**一時はインフレになって銀行を救済する政府通貨の金利は上がるから、マネー量の縮小からのデフレになっていく。

◎旧円のリセット、政府デジタル通貨への切り替えのあとの2026年から27年は、①適正量の発行からはデフレ、②過剰発行からはインフレになるだろうが、まだわからない。

日本でもデジタル通貨で給料を支払う**実証実験が23年5月**から始まっている。

政府・日銀は全体を順次切り替えていく開始年を内部では26年としている。**順調なら、あと3年未満**と近い。デジタル通貨へ切り替える時期の接近はご存知だろうか。3年はすぐに来る。

【米国株と金融資産のバブル崩壊から始まって欧州に移転、日本はそのあと】

GDPの3・5倍にもなった世界の負債が大きすぎるため、インフレ対応の利上げによって払えない負債金利が大きな不良債権を生み、株価と不動産のバブルは崩壊していく。

2023年3月にシリコンバレー銀行など3行の**中規模の銀行が破産**した。これが始まりである。問題は、大規模で世界的な銀行危機がドル安と金価格上昇を伴って、いつ始まるかである。

米国より電気・ガス代と食品価格が高いインフレ率のEU（27カ国）も昨日、9回連続で金利を上げた。欧州の**短期政策金利は4・25%、6月のインフレ率は5・5%であった**（23年7月28日）。

日銀は10年債の政策金利の上限を0・5%から1%とした。世界でもっとも名目金利と実質金利が低い日本でも、生鮮を除くコアインフレは6月の3・3%から電気・ガス代の低下で3・0%に低下した。ただし電気・ガス代・ガソリンには補助金がはいっているので、**日本のコアインフレ率は約0・5ポイント高い3・5%であり、総合CPI（消費者物価総合）が3・0%に下がった米国より高くなった**（米国は23年6月）。

物価上昇率が米国より高くなったのに日銀は、7月28日に10年債の金利上限を0・5%から1・0%に引き上げただけである。

日銀と新聞は「利上げではない」といっているが利上げである。今後10年債の長期金利は、23年

7月末の0・5%付近から徐々に1・0%に向かって上がっていく。

この利上げは最初、日本よりドルへの影響が大きくなっていく。ゼロ金利の円で平均が4%付近の金利のドルを買い、「1ドル140円台のドル高=円安」を支えてきたのは低金利、ゼロ金利のジャパン・マネーだったからだ。

2 世界でひとり低金利と円安政策の日銀

植田総裁に代わった日銀は、2023年度（23年3月〜24年4月）の物価見通しを2・5%に上げたが、この予想は低すぎる。24年度は1・9%、25年度も1・6%と低く予想している。電気やガスのエネルギーへの補助金分を引くと2023年約3・5%、24年2・9%。25年2・6%くらいになる。**長期金利を1・0%以上に上げないための根拠にすることが、日銀の低い物価予想の目的である。**

見かけ上はCPIの上昇率を約0・5ポイントは下げるエネルギー補助金を延長しても、23年度3・0%、24年度2・5%とすれば、利上げの必要が出る。このため日銀は、国家破産をさせないという結論から逆算した低い物価予想を出している。

【円安とは米国へのマネー供給の増加である】

日本が利上げをすれば、日米の金利差で買われてきた米国債は、日本の銀行からの買いが減り売りも出てくる。その結果、**円高/ドル安**になり、海外からの資金流入が必要な米国が困る。**日銀の**

低金利策では、米国にマネーを供給する目的が60%以上あるだろう。

銀行間の売買なので一般の目には触れない国債の売買の市場（公社債市場）は、世界の金融資産と負債が**GDPの3・5倍**（350兆ドル：4京9000兆円）もあるので、**わずかな金利の変化で激しく動いている。**

1%の金利上昇が世界の負債をもつ側に490兆円の利払いを増加させる。0・5%の金利変化でも重大な理由がこれである。米欧日の金利のわずかな変化が新聞の毎日のニュースになる。

日本の金利は、日銀が1200兆円ある既発《きはつ》の国債の価格を下げないため、イールドカーブ・コントロール（YCC）の方法をとって**長期金利を抑える金融抑圧**をしてきた。

しかし日銀は、さすがに3%の**コアコア・インフレ（生鮮とエネルギーを除く）**の長期化を見て、23年7月28日に長期金利を0・5%から1・0%上限に利上げした。

（注）**イールド（利益）カーブ**とは、低い短期金利と高い長期金利を期間で横に並べたグラフである。中央銀行は一般に短期金利にしか介入しない。長期金利に上限目標をつけ、長期国債の売買に介入するときを**イールドカーブ・コントロール**という。日銀が本来なら関与しない長期国債を買うYCCを実行している目的は、長期金利を上げないことである。

【金利の上昇と国債価格の下落】

日本では**政府の負債である国債が1200兆円と大きい。**

1ポイントの金利上昇につき7%（83兆円）も既発国債の価格が下がる。

国債価格が下落すれば、

①50％の国債をもつ日銀、
②40％の国債をもつ国内銀行、
③長期債が多い生損保《せいそんぽ》、
④政府系金融（ゆうちょ、年金運用のＧＰＩＦ）、
⑤10％の円国債をもつ外銀の資産の損になる。

長期金利が誘導上限の１％に上がると、日銀が50％の41・5兆円、国内金融機関が40％の33・2兆円、外銀が10％の8・3兆円も含み損になる。銀行間の貸し借りの重大な問題になっていく。

【金利上昇と国債価格の下落の関係式】

日本の長短国債の平均満期は8年である。2022年までの平均金利が0・1％付近の国債の金利が1％に上がった場合、国債の価格は以下のように下がる。**1200兆円×〔(1＋0・001)の8乗÷(1＋0・01)の8乗〕＝1200×(1・008÷1・083)＝1117兆円**……83兆円＝7％下落、金利が2％に上がると168兆円（14％）下がって銀行の全自己資本が失われ、銀行Ｂ／Ｓは破産状態になっていく。

日銀が金融市場の金利を放置すれば、3％台のコアコア・インフレ（コアは核のインフレの意味）に対応し、市場の長期金利は2％に上がるだろう。

2024年のいずれかの時期に長期金利が2％に上がると、**2倍の168兆円の含み損が既発の円国債1200兆円をもつ金融機関に発生する。**（注）日銀の政策金利は目標である。実際の金利は、債券市場における国債の銀行間の売買価格で決まる。

市場だけでは3％のインフレに対応できず、売られる国債価格は下がって金利は上がろうとしていく。日銀が国債買い支えという、**利下げ介入**（**市場が売る価格より高い価格で買う**こと）を続けないかぎり、政府財政は破産する。（注）日銀がインフレを参照するときは、短期変動が大きいことがある生鮮食品とエネルギー価格を除く、一般物価のコアコア・インフレを使うことが多い。

3　世界の負債350兆ドル（4京9000兆円）の利払いは不可能

①米国の短期金利の誘導目標は**5・25％〜5・50％**（長短の平均金利は23年7月4・03％）

②ユーロは**4・25％**、

③日本は短期金利0％〜0・1％、長期政策金利は**上限が1・0％**に上がった（23年7月28日：日銀政策決定会合）。

④10年前からバブルだった住宅価格が下がっている中国では、1年もの貸出金利が3・55％、5年もの金利は4・2％と高い。

中国の住宅販売面積は、**販売価格を下げても前年比28％も減っている**（2022年）。不動産バブルの崩壊が世界一早く来た中国では、住宅価格統計の発表に政府が関与するので、現場の価格はわかりにくい。しかし**販売面積の急減は事実**だから、中国不動産のバブル崩壊がわかる。

＊

世界の総債務額において加重平均の金利は3・5％付近であり、世界の合計負債350兆ドルの利払いは時間の経過とともに、「**350兆ドル×3・5%＝12・25兆ドル**（1715兆円）」に接近していく（2023年7月時点）。

米国では、23年3月に金利の上昇から預金取り付けが起こり、中規模の銀行の破産があった。

◎大規模な銀行破産がまだ起こっていないのは、銀行の公開されない密室で**年度の利払い分の追い貸しか、利払いと返済の猶予《ゆうよ》（期限の飛ばし）**が行われているからだ。コロナのあとの負債が大きすぎ、長短の負債の平均4％に上がった金利（23年7月）は払えないから、これがわかる。

金融市場の金利の上昇から、**銀行に生じる不良債権の認定は任意な基準**で行われている。常に、あたかも中国のように世界中で実際の不良債権額よりすくない。

この弥縫策《びほうさく》をいつまで続けることができるかという問題になる。

2023年末から、

①1・5％以上の大きな利下げと、

②量的緩和（減らしてきたマネー量の増加）への逆転がないかぎり、

最長でも2年、最短ならあと6カ月だろうか。

現在の世界は利上げと金融引き締めであるから中庸なところで、1年後の2024年6月からか。

大きな利下げ（米国では1・5ポイント以上）がないかぎり、

①過大な負債をもつ会社、

②高価な住宅を買ったローン世帯が利払いできなくなることが「負債額×金利＝利払いの困難」から確定している。

ＦＲＢは**２０２４年、25年には想定されるドル安**を押して、どこまで利下げができるだろうか。

【金融資産＝金融負債の原理】

銀行への預金が銀行の負債であるように、**金融資産＝金融負債**である。

金融資産は、国債を代表としてマネーを借りたグループが将来、利払いと満期返済ができるという期待から価値をもっている。

経済学的な期待（ルーカス的期待）は過去から現在までの傾向を将来に延長したものだから、予想ができなかった構造変化が起こると裏切られる。実は未来の計算は、たとえばＧＤＰ潜在成長力のようにあやふやである。

◎金融資産の価値は、それに対応した**負債の期待《きたい》返済《へんさい》価値《かち》**である。数学的な返済価値ではなく、ひとびとの期待が市場で形成される主観にすぎない予想としての返済価値である。

心理的な期待の変化により金融資産の価値は、株価のように変動している。株価が生き物であって動くのではない。**株価を評価する投資家の心理**が生き物の心のように動いている。美しかったチューリップの花も１カ月後には美しさをなくす。美しかったひとも20年後にどうなっているかわからない。

【株式は企業の資本という負債である】

株価の時価総額は、

①企業における将来の期待純益を、
②現在の金利＋市場の心理的なリスク率（株式益回り＝ほぼ3％〜7％を激しく変動）で割り引いた現在価値である。（注）株価＝次期期待純益×PER倍率＝次期期待純益÷株式益回り∴次期純益と株式益回りは両方が期待値なので、株価の変動は2乗に大きくなる。

経済学で使う「期待」は、一般の予想と言い換《か》えても同じである。

期待純益、金利、リスク率の全部が情報と時間で変化するので、株価は秒単位で動く。

インフレから市場の金利が上がると、金融資産の受取金利は増える。その金利は借金ある会社と個人の利払いであるから、分母の期待益回りは上がって株価は下がる傾向になる。2010年代から2020年のリーマン危機とコロナを経て、約3倍に増加した企業負債の金利が一

図2-2　世界の債務はGDPの3.5倍の350兆ドル
債務＝政府＋企業＋世帯の合計債務

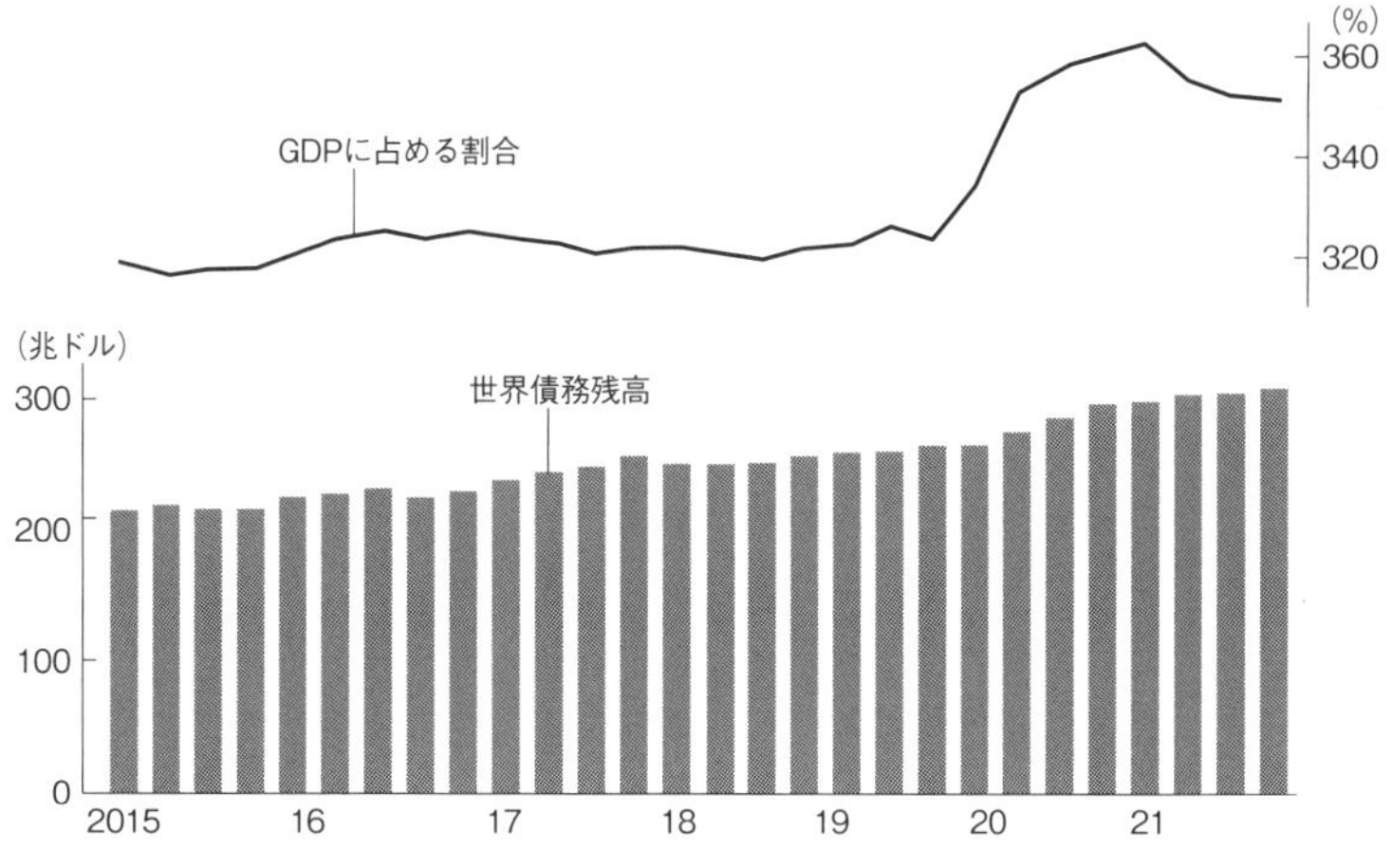

出所：国際金融協会（IIF）

定線以上に上がると債券と貸付金が不良化し、金融資産の価値は下がるという利上げのディレンマがある。

米国が金融危機へ向かう臨界点は、**金利5%あたりだろう**。**日本では2%、欧州でも5%あたりだろう**。

【米欧の世帯における住宅ローン恐慌前の状況】

インフレ対策としてFRBが短期金利を2022年3月の0・25%から5・25%〜5・50%に上げた米国では今、これが起こっている（2023年7月）。

米ドルは世界一発行額の大きな通貨である。現在はFRBが引き締めているマネー・サプライでは21兆ドル（2940兆円：M2：23年5月：円の約2倍）である。債券と株を含む金融資産の全体では、マネー・サプライの6倍の124兆ドル（1京7360兆円）であり、日本の4・3倍である（前掲図2−1）。

・米国は、**金融資産＝金融負債の超大国**である。

・124兆ドルという**米国GDPの6倍に達する巨大負債**で、フーバーダムの貯水のように、マネーが溢れた国だ。米国の金利の上昇は短い時間をおいて世界に及ぶ。

米国では、企業と世帯の利払い額が金利0・25%だった21年と比べて、平均金利4%では月を追って16倍に向かって増えていく。会計では、それが計算されていない。**会計は過去の結果を勘定科《かんじょうか》目《もく》に分けて集計**したものだから、金融資産の約20%の縮小がB／Sにあらわれるには、正当に評価しても約1年はかかる。

【米国の世帯の大きな負債】

平均的な米国の世帯で「住宅ローン＋大きなクレジットカード・ローン＋3台の自動車ローン＋学資ローン」の合計負債が５４８０万円である。**平均金利が６％上がると利払いが１年に３２８万円、1カ月27万円付近になる。**２０２３年末から２０２４年には、①米国（金利5・25％）と欧州（金利4・25％）で負債の大きな企業、②変動金利の住宅ローン＋自動車ローン＋クレジットカード・ローンが大きな利払いができない**世帯の倒産も増える**ことは確定している。米国で利用が多い安易なカード・ローンの金利は20％と高い。

日本でもカード・ローンの金利は15％と破格に高い。カード・ローンは家計《かけい》破産《はさん》への一本道だろう。この金利が20％と高いのは、**返済の延滞率と自己破産率が高い**ためである。

なお米国世帯の負債は、GDP23・3兆ドル（２０２１年度）の90％を占める**21兆ドル**（２９４０兆円：FREDセントルイス連銀のデータ）である。**１億世帯の平均で２９４０万円の負債**になるが、約50％の世帯は負債がないから、**負債のある世帯の平均負債は５４８０万円**だろう。たぶん**50万円／月に増える返済と金利**は、株・住宅を売って支払わねばならない。

前述のように米国では**３カ月利払いがされないと**、不良債権扱いになるのが原則である。担保の住宅が接収される。抵当流れ（フォアクロージャ）の住宅が市場に出始めると、銀行に換金のため安く売られるから、住宅価格は下がっていく。現在は６％台の住宅ローン金利が再び２０２１年の３％

台に向かって下がらないかぎり、2024年から確実に起こることである。

2022年まで**住宅価格が米国と同じように高騰していた欧州の住宅ローンの事情も米国と同じ**だが、英国はインフレが米国よりヒドい状況だ（インフレ率9・6％：短期金利5・25％）。

英国ではこれから1年半で240万世帯が6％のローン金利に切り替わっていく。ドイツ・オランダの住宅ローンの事情は英国と同じである。

欧州と米国の債券価格と不動産ローン不良債権の急増が重なって、広範囲で深い金融危機が24年8月ころから起こるだろう。まとめれば**米国、欧州、中国の住宅ローンの先行きは悲惨《ひさん》**である。

日本だけは住宅ローンの変動金利が0・3％付近、全期間固定金利は1・3％程度と世界一低い。東京以外では、日本の住宅価格の上昇は小さかったから、ローン破産は部分的にしか増えない。住宅が小さくて価格が低く、住宅価格の上昇が米欧や中国より低かった日本の国土に感謝。住宅ローンの破産は住宅を失うから。

【株式も劣後債という負債、株主にとっては金融資産】

株式は、会社の負債とは意識されていない資本であり、金融資産と考えているひとが多い。

しかし**株式は、**

・所有者の株主にとって**価格変動のあるリスク資産**であって、

・発行した会社にとっては、**金利と同じ程度の利益配当が必要な負債**である。

（**会社の解散までは返済がいらないので劣後債《れつごさい》**という。優先債は返済期限のある債券）。

ある大手上場会社のCEOは株価が過剰に上がると、企業は困ることになると語っていた。理由は、上がった株価の時価に対して、①配当率（資本の金利）を上げ、②配当の一種である自社株買いを多額にして株価を一層上げることを株主に迫られるからだ。

◎株式を発行した法人にとっては、**会社解散のときしか返済のいらない劣後債**という負債である。所有者は株主であるが、株券を発行して売った会社にとっては負債である。

2023年6月時点で**世界の株価総額は102・5兆ドル**（1京4350兆円）であり、世界のGDPのちょうど1年分である。しかしGDPが世界シェアで25%の**米国の株価時価総額**は44・5兆ドル（6230兆円）と43%を占め、米国GDPの2倍もある。**米国株の評価は世界平均に対して43%は高い**。日本の株価の時価総額は840兆円であり、GDPの1・5倍である（23年8月）。

GDPは企業の付加価値（粗利益）の総計であり、その国で**1年間に販売された商品・サービスの付加価値**と一致する。投資顧問業バークシャー・ハサウェイをひきいるウォーレン・バフェットは「**米国でGDP**（23・3兆ドル：3260兆円）**以上の株価の時価総額はバブル**」だと2020年まで語っていた。

バフェットは、いつ**見解の根本部分**を変えたのか？　過去のバフェットの見解なら、米国の23年8月初旬の株価は約2倍は高いバブルとしていたはずだ（**株価時価総額÷その国GDP＝バフェット指数では1倍を限度としていた**）。

【現代の金融はデット・ベース・マネタリー・システム（借金ベースのマネー増加）】

1990年以降、証券化商品の増加がもたらしたものが負債の証券化として増えた**デット・ベース・マネタリー・システム**（DBMS：借金ベースの通貨増加システム）である。

DBMSは、金利がゼロか1・5％以下のとき**天井知らずで急激に増加**する。しかし一定線以上に**金利が上がると崩壊**する。現在のGDPの3・5倍の負債だと、金利の一定線はどこか。**米国約5％、日本約2・0％、欧州では4・0％付近だろう**。

世界の負債は世界GDP（100兆ドル）の3・5倍だから、負債の金利が上がると利払いができなくなり、1年後くらいから不良債権になる。**FRBの利上げから最長でも2年で崩壊**に向かうだろう。FRBが大きな利下げができず、現在の金利が続くかぎり確実なことである。

（注）**近い未来の織り込みという金融の現象**：不良債権がまだ、銀行B／Sの表面にあらわれていない時期の**借金がベースのマネー・システム**（DBMS）ではFRBが利上げをしても、3カ月から6カ月後にピークアウトすると市場が予測しているときは、その利下げが実行されない前に織り込んで、株価が上がる。現在の米国株の14日連騰がそれである。2023年7月末の株価上昇がこれである。

ここで通貨価値の根本を検討するため、戦後の29年間、**金兌換制だったドルの下落の歴史**をさかのぼる。29年は約30年、金融・経済の担い手の過去記憶が一巡する一世代だったことが、ここでもわかる。ひとは、**過去からの記憶に照らして現在を認知し、未来を予想**する。社会の共通記憶（集合知、社会の空気）のサイクルは、社会の中心になってはたらく一世代の30年である。**社会の集合知は約30年で循環**する。

マネー価値の認識は、個人ではなく社会が行う。**市場とは社会の集合知**である。社会は、①共通の価値観、②文化（判断と行動の様式）、③法と制度で階層化された集団である。個人の通貨の価値、株価の認識、美の認識にも社会の共通認識が混入している。**社会がないところには**通貨、株価、商品、美術、芸術、学問、言語もない。

4　FRBの金準備（1944年）

ブレトンウッズ会議の1944年にFRBにどれくらい金があったか、公式にはあきらかにされていない。銀行は、肝心なことほど外部に隠す。確かな筋での推計では2万6000トンから3万トン。本書では多く見て3万トンとする。

しかし中央銀行がもつ金の量は、通貨発行にとってあまり重要な意味をもたない。それより**「金と交換する」という米国政府の世界への約束が世界の銀行から信用されることが大切だからである**。

銀行から借金する審査のとき、現在の預金や現金の持ち高より約定の期間に返済ができるどうかが重んじられることと同じだ。発行したドルとの交換要求が多くなって金が不足すれば、FRB（連邦準備銀行）が市場から金を調達すればいい。

明治15年に誕生した日銀の金準備制（**金兌換通貨**）の円でも、金との交換要求はほとんどなかった。金を信用し、日本政府を信用しないと、「非国民」とみなされたせいかもしれないが……。

FRBに対しても**米国の経常収支が黒字だった1950年代までは、対米輸出で受け取ったドル**

紙幣と金の交換要求はすくなかった。

中国、日本、ドイツのように経常収支が長年黒字の国は、対外負債はなく逆に対外資産をもつ国になる。黒字国は、赤字の米国のように赤字マネーのドルを世界にばらまかず、逆にドルの外貨準備と対外資産を増やす。

【金兌換の通貨の歴史】

13世紀から18世紀、中世ヨーロッパの金匠銀行《きんしょうぎんこう》（英国ではゴールドスミス）は、貴族への貸付金として発行された金の預かり証（これが都市国家の通貨として使われた）の発行額に対して、数世紀の経験から10％付近の金準備高があれば十分としていた。

この銀行には宗教的な差別を受けるユダヤ人が多かった。金の細工師だった金匠のサインと、引き渡す金の重量が記された金証券のまま、**都市国家のマネー**として流通した。都市国家の貴族と市民に、過剰な金証券の発行が認識されていないときは、金（代替物が銀）への交換要求がすくない。中世の西欧は、近代の国民国家以前の、地方貴族の領主がいる都市国家だった。貴族である諸侯は地主として市民を支配していた。精神を支配していた教会は、都市国家において上位に位置する精神界のものだった。

領主や貴族なら、およそ例外なく行う奢侈《しゃし》、築城、軍の雇用で、**金匠から都市国家の通貨になっていた金証券を10％くらいの高い金利を払って借りていた。**

日本の江戸時代の国である藩《はん》に境界の壁はなかったが、中世イタリアの都市国家では東方の蛮族といった外敵の侵略や、強盗団を防ぐ壁が周囲をとりかこんでいた。イタリアには城郭都市が多く残っていて、観光地になっている。

都市国家は、日本では江戸時代までの藩に相当する。藩では、幕府《ばくふ》の小判、銀貨、銅貨の**両替商が銀行の機能**を果たしていた。偽造や、金を溶かして目方を減らす改鋳《かいちゅう》も多かったからである。紙幣に相当するものとしては、藩の財政（税収 - 支出）を赤字にすることが多かった藩札《はんさつ》があった。藩の財政の危機と再建のサイクルは頻繁《ひんぱん》に起こっていた。

中世都市国家の金匠が金庫にもつ準備率は機密だった。貴族への貸付金として発行した金証券の総量の10％程度しか金庫にないと市場に知られると、取り付けが起こって一夜で破産し、詐欺師として領主に裁かれ、市の中央にある広場で公開の縛り首や斬首《ざんしゅ》になっていたからである。

16世紀フランス・ユマニスムの勃興前、中世の刑は広場で残酷な拷問《ごうもん》と斬首が日常的であった。これは楽しみのすくない市民への公開娯楽だった。古代ローマにおける真剣をもった公開闘技場コロシアムと同じである（名著『中世の秋』：ホイジンガ）

【銀行の資産に対する預金者からの信用の意味】


世界の銀行も、金利の上昇による国債や債券の下落と、回収が不能になった不良債権を認定したあとの、**自己資産の時価のあり高**を公開したがらない。

事実をいえば、日本の金融危機（１９９７年）だったときの銀行の不良債権を政府は１００兆円としたが、当方の試算では全部の銀行が潰れる２００兆円はあった。

銀行の自主的な不良債権の認定は国が変わっても、その程度のものだ。**貸出金の優良／不良の認**《にん》

定基準《ていきじゅん》は現在でもアイマイであってグレーゾーンが大きい。公開される不良債権の2倍、ヒドいときは、3倍はあると見て間違いない。

【重要】銀行の貸出金と債権の割引現在価値（NPV）の計算による時価評価はいつも不正確である。

銀行を監督する政府当局は預金者に不安を与えないために、銀行の不良債権は実態よりすくなく認定・発表する。現在の米国・欧州・中国がこれである。このため金融危機はないとされている。政府が金融危機のおそれがあるといえば、預金の取り付けになるからだ。

本書では、**実態を数字で正確に**示すことを方針にしている。

資産は健全、預金は100%安心という心理的な信用で成立している機関が銀行である。

準備通貨、または自己資産がない、あるいは自己資本より不良債権が多いと知られると、不安を感じた預金者から取り付けが起こり一夜で瓦解する。

銀行にある金利のつかない現金の支払い準備金は、預金よりはるかにすくない。

何かの噂《うわさ》から取り付けが起こると、資産内容が健全な銀行も潰れる。

資産の多くはすぐに現金化できない内外の国債・債券・貸付金になっている。

＊

たとえばB／S上の資本が14兆円と、もっとも健全とされている三菱UFJであっても、総資産・総負債が386兆円である。日銀への預金（金利ゼロの当座預金）と現金は110兆円である。

銀行にとっては短期負債である**要求払いの預金が225兆円**だから、全額の引き出しには対応ができない（22年3月期：決算短信）。またドル国債を含む総資産（貸付金と証券）の386兆円のいずれかの証券に14兆円（3・8％）の現金回収ができない不良債権があれば、資本はゼロになる。銀行にとっては、利益を出し続けて**預金は安心という顧客からの信用をまもることが命である。**利益への長期の信用がなくなると、銀行システムは崩壊する。銀行は不良債権の自己認定を甘くして利益を出している。監督する金融庁と日銀も加担《かたん》している。

（注）経理担当をしていたとき、借りていた銀行に大蔵当局の検査があった。当時の基準では設備投資の借入金は、確か7年間で**「税引き後の利益＋減価償却の営業キャッシュ・フロー」**で返済しなければならなかった。銀行の貸し付け担当が休日に焦って電話をかけてきて、「大蔵省が来ているので、お休みの日にすみませんが、7年で利益償還の計画書を作ってもらえませんか」というので、結論から逆算して作った書類を提出した。銀行の優良債権と不良債権の区分は、その程度のアイマイなものであり、現在も同じだろう。長期借入金を追い出しがなく営業キャッシュ・フローだけで100％償還《しょうかん》できるところはマレだろう。

【通貨の金兌換（交換）制度】

戦前の世界の通貨は、それぞれが金兌換制だった。金の国際価格に対して、①その国の金が安いとき、②あるいは通貨レートが低いときは、金が海外に流出するので金兌換が停止される時期があった（1917〜30年の日本、1919〜25年の英国、1917〜18年のアメリカ）。レートの低い兌換紙幣は、価格が高くなった金と交換され、海外に金が流出するからである。戦前の日本の金価格は、海外より低く、輸出を振興《しんこう》するため円の通貨レートも低かった。

貿易に使う国際通貨は、世界が信用していた通貨だった金兌換の英国ポンドと米ドルだった。ひとびとはポンド紙幣《しへい》とドル紙幣を信用したのではなく、**中央銀行の準備通貨の金**を信用した。

金兌換制度は、中央銀行がもつ金の**部分準備制**《ぶぶんじゅんびせい》によって支えられていた。兌換券通貨の発行量より、金との交換要求がはるかにすくなかったからだ。兌換券通貨は金証券の金ETFと同じと考えていい。（注）部分準備制：通貨の総発行高に対して10％から40％の金しかもたないこと。

【準備通貨の意味】

◎準備（リザーブ）とは通貨を発行するとき、通貨の価値を保証する担保《たんぽ》**である。**米国のFRBは連《れん》邦準備銀行《ぼうじゅんびぎんこう》（Federal Reserve Bank）という。

金証券を通貨として発行し、金庫に金を保管していた中世イタリアのBANCOが銀行の語源である。日本では金より銀の産出が多かった。このため金行《きんこう》とはいわず銀行という。

スミソニアン体制が崩壊した1973年以前は、**FRBが金準備をもっていたから連邦準備銀行**という。

現在、FRBはIMFによると8133トンの金をもっているとされている。これは、もうドルとの交換用の準備金《じゅんびきん》ではない。FRBは1973年からは準備銀行ではない。名前だけは連邦準備銀行、つまりFRBである。

【金兌換の通貨】

金兌換制度《きんだかんせいど》**では、金の持ち高の総量より多くの通貨（金兌換証券**《きんだかんしょうけん》**）を発行する。**

金との交換を要求するひとが、すくないからである。伝統的に通貨発行高の40％の金準備が暗黙《あんもく》の基準とされていた。暗黙というのは、金の準備率は決して公開されなかったからである。

日銀が設立されたのは、1882年（明治15年）だった。**松方正義**《まつかたまさよし》が政府の派遣で渡仏し、**ロスチャイルド家**（アルフォンス・ド・ロスチャイルド：第二代当主）と家臣のレオン・セイから近代の銀行制度と、銀から金に移行しつつあった欧州の金準備制の通貨発行を学び、設立したものである。目的は海外交易《かいがいこうえき》に必要な国際通貨との交換性を確保することだった。ロスチャイルド家の銀行は、**1882年に日銀作りに関与し、1913年には米国のFRB作りの主体になった**。

欧州、米国、日本の中央銀行は、政府ではなく**国際銀行資本が出資して作った**。だから通貨として発行する銀行券は、本書の後半部デジタル通貨の項で示す**政府紙幣ではなく銀行券**である。円には「日本銀行券」と記してある。

第三章 円の発祥から戦後まで

1 円の140年

維新政府は、**戊辰戦争《ぼしんせんそう》（1868年）と西南戦争（1877年）の戦費として4800万両を発行した。この政府紙幣**（太政官札《だじょうかんさつ》）によってコメが3倍に上がったインフレに苦しんでいた。戦争のあとは、どの国も戦争費用からのインフレになる。維新の1両はいろいろな計算があるが、現代では30万円くらいに相当する。総額で14・4兆円くらい。図3-1に示すように印刷には精巧さがなく偽札が多かった。**国際通貨の米ドルや英ポンドとの交換性はなかった。**

政府紙幣とは、国債と同じように政府が発行する紙幣である。中央銀行または銀行が発行する通貨は銀行券であるが、政府が発行する通貨は政府通貨となる。18世紀の産業革命の資本主義で大きくなった米欧の国際銀行家は、政府通貨を通貨として認めなかった（その代表がロスチャイルドやJPモルガン商会）。

国際通貨との交換性がないと、物々交換のバーターでしか海外と貿易ができない。幕末の幕府と薩長が武器の輸入するときは、**金（または銀）**を使っていた。国際通貨は、金や銀だった。金の裏付けのない太政官札は、海外では無価値な通貨だった。円とドルの交換が自然に見えるインフラになっている現在からは信じがたいが、**海外との貿易の条件は円とドルとの交換を銀行が行うことである**。

最近の事例ではウクライナ戦争のとき、バイデンはルーブルを20 0カ国が加盟している**国際送金回線のSWIFT**から排除し、ドルとルーブルの交換を切った。このためロシアは西側との貿易が公然とできなくなったことからもわかる。

幕末の黒船による1859年からの不平等条約で、関税の自主権がなかった日本の貿易は**金と銀**で行っていた。近代工業、大砲・戦艦の兵器産業がなかった日本側の輸入の超過で、貿易は赤字になった。大判・小判だった金は、米国に大量に流出した。「黒船」の目的はベネチアの貿易商だった**マルコ・ポーロ**（13世紀）の昔から伝説的な黄金の国とされていたジパングの金だった。この時期、日本からの金の流出額は531万両と推計されている（東北学院大学：髙橋秀悦『幕末・金貨流出の経済学』）。小判1両の金の重量は37・5グラムだったから、2億グラムであり20トンに相当する。現在の価格（1グラム9900円）では、約2兆円に相当するものだった。

維新政府が発行した政府通貨の太政官札（不換紙幣《ふかんしへい》）は、コメが3倍になるインフレを起こした。維新の内戦であれ、戦争ではGDPに相

図3-1　明治15年の日銀設立：太政官札の回収と金兌換の1円の発行

太政官札の1両（政府紙幣）

1グラムの金と兌換できた1円

20円金貨

当するマネーを使うので、戦後はお定まりのインフレになる。人類の歴史では、懲りずに繰り返してきたことだ。ウクライナ戦争でも同じである。

国債でもあった政府紙幣の**太政官札の過剰発行（4800万両）から起こったインフレ**を収める目的で、日銀が設立された。1882年（明治15年）に円は金兌換として、**「金1グラム≒1ドル＝1円」**とされた。同年からの金兌換の新円によって、明治日本は円で貿易ができるようになった。

明治・大正・昭和を経て1945年に敗戦し、日銀の設立から67年後の1949年には、占領軍によって金1グラムが405円、1ドルが360円とされた。戦前は1ドルが2円だった。戦争は、国の経済力であるGDPの2倍を使った総力戦だった。戦争費用の大量発行のため、ドルに対する円の価値は180分の1に下がった。

日本は、GDPの2倍の**戦時国債（4000億ドル）を発行**し、日銀が国債を買って**円を大量に増発**していた。第二次世界大戦では英国も日本と同じGDPの2倍、米国はGDPの1倍を戦争費用に使い、国債を発行していた。

2　1945年の敗戦と円

戦前の**日本のGDPは2000億ドル**（当時の円では4000億円：現代への換算では80兆円）だったとされている。国家総力戦で敗戦国となった国では、一般に**GDP（商品の生産量）が50％に下がる**。ウクライナが1年半も戦争を継続できているのは、米国とNATOからの武器とマネー支援があるからだ（23年7月時点）。ウクライナ戦争は、**米・欧によるロシアとの代理戦争**である。GDPが50％に下がると戦争は継続できない。それが結果はわかっている無理な反転攻勢《はんてんこうせい》である（23年6月から8月）。大失敗だったが、西側メディアはウクライナ軍の健闘を報じる。

◎**戦後の1949年には、戦前の1ドル2円が360円に下がった。**ドルとの交換の数字が大きくなることは錯覚しやすいが、**物価との関係において円の価値の低下**である。

戦前の1万円の国債の価値は、数字では同じ1万円であっても、戦後の実質的な価値（＝商品の購買力）は、4年のハイパーインフレで180分1に切り下がった。これが、①戦争でのGDPの50％破壊と、②GDPの2倍の円増発から起きた**国債・銀行預金・円の同時の紙くず化だった**。戦前の1万円額面の円国債も、戦後の物価への換算では180分の1の55円に下がった（1949年）。国債の下落率と、通貨の下落率は連動する。

図3-2　1946年発行の100円札

◎中央銀行が国債を買って同額の通貨を発行するから、金の裏付けがない通貨は、**国債価値＝信用通貨の通貨価値**になる。明治でも現代の世界でも、通貨価値の同じ原理であるが、これも知られていない。金の裏付けがあるときは、いくら多く発行しても**金価格＝金の裏付けがある通貨価値**になる。**信用通貨の価値**は、物価の上昇率に反比例して下がることを認識していただきたい。一方で金価格はインフレ時に上がるから、金の裏付けがある通貨の価値をインフレ率に比例して上

げる。金から見れば、物価の上昇は最大2％くらいに抑制される。

現在は物価統計では約4％、世帯の感覚的には10％付近のインフレだから、国債と連動する信用通貨の1万円の価値は感覚的に約9000円に下がっている。こうした信用通貨の価値の低下を補うのが原理的には金利である。海外に行ったときに物価が以前の2倍に感じるのは、円が2分の1に下がったからだ。生活の感覚とズレる物価統計との関係では、日本の銀行預金は2％くらいでなければならない（実質金利マイナス2％）。

一方で米国では、銀行預金であるMMF（公社債投資信託）が5％付近である。日本の銀行預金はほぼゼロなので、円で金利がつくドルを買って米銀に流出し、**145円台のドル高／円安**になっている（23年8月）。外為市場では、売りが超過する通貨は下がり、買いが超過する通貨は上がる。通貨の売買にもっとも大きく関連するのは、**実質金利**である（その国の名目金利－その国の期待物価上昇率）。こうした**原理的な説明を**政府と日銀は行わない。

金融政策にとって都合が悪いからであるが、FX（外国為替証拠金取引）の投資家は、こうした信用通貨の原理を常識として知っておかねばならない。期待インフレ率と金利の変化で、信用通貨のレートは動く。

【信用通貨】

戦争のときやそのあとのように国債を全部日銀が買い取れば、国債と通貨の発行額に上限がなくなる。日銀やFRBが国債を買って発行する**金兌換ではない信用通貨の紙幣**は、数字を書き換えて発行できる。ゼロを2つ加えて数字を１００倍にすれば、紙幣は同じ枚数であっても１００倍の金額のマネーを発行したことになる。経済学では**貨幣数量説**という。

古典派のフィッシャーの等式が、これを示している。

M（マネー・サプライ）×V（通貨の流通速度）＝P（物価上昇率）×T（経済取引量）

マネー・サプライとは民間（企業と世帯）と自治体の預金、**通貨の流通速度**は預金の回転率、物価上昇はインフレ率、経済取引量は商品生産の数量を示し、実質ＧＤＰと等しい。

日銀が円をいくら増発しても破産しない結果が2年や3年の期間をおいて、**「通貨増発率×流通速度（V）」**に正比例するインフレである。たとえば通貨の量が１００倍になり、流通速度が2倍に上がると、通貨1単位の価値（購買力）が２００分1に下がり、物価は２００倍に上がるインフレである（これが日本の１９４５〜49年だった）。

いったん通貨増発からのインフレに火がつくと、次にひとびとは物価が上がる前に不要不急なものまで買おうとする。この買い占めが**貨幣（＝預金通貨である）の流通速度（V）**を上げ、1年目2倍、2年目4倍、3年目8倍、4年目16倍という**ハイパーインフレ**になる。**現代の事例はトルコとアルゼンチン**。トルコの物価は前年比で約40％上がっている。アルゼンチンは物価上昇が１００％である。

信用通貨とは、国債の返済の可能性（＝国債の将来価値）を信用の担保にした通貨を指す。リーマン危機のあと米国（オバマ政権）では、政府が1兆ドルと書いた1枚のプラチナのコインを作ってＦＲＢに買わせれば、1兆ドル（１４０兆円）が発行できると、結構、真面目に検討されたことがある。しかし実行はされなかった。代わりにＦＲＢは国債を買って1兆ドルを発行した。プラチナコインと同じだった。このプラチナコインの事例も、経済学には書かれない。**信用通貨の虚妄さ**がわかるから。

日本の戦後では、新紙幣の100円札の印刷が間にあわなかった。政府は戦前の旧紙幣に印紙のような証紙を貼らせ、約180分の1に購買力を切り下げた円にした（亡くなった母に聞いた）。

数字上において戦前の100万円は、戦後も100万円のままだった。しかし戦後約200倍に上がった物価に対する100万円の実質の価値（商品の購買力）は、200分の1の5000円に下がっていた。**国民は、戦前に貯めていた実質預金を99・5％失った**。紙幣の数字は同じなのに通貨の増発によって物価が上がって、紙幣の購買力が下がる経済現象がインフレである。

◎終戦の1945年からドルとの交換レートが決まった1949年までに、**220倍に物価が上がるインフレ**が起こっていた。戦前は1000円だったものが4年で18万円相当に上がったが、1949年に**ドッジ・ラインのデフレ政策（均衡予算、生産の回復、通貨量の削減）**を政府（池田勇人蔵相）が採用し、戦後4年のハイパーインフレは収まった。

この強烈な緊縮経済により、物価の上昇率はゼロ％に下がった。しかしデフレ型の不況がおそった。池田大蔵大臣の「貧乏人は麦飯を食えばいい」という国会での発言がひどく問題にされた。国会ではホンネを言えば非難される。国会は官僚が書いたタテマエを答える場だから、政治家の言葉は国民の心に響かない。一方で池田大蔵大臣の答弁は国民の心に痛く響いたが、国民はそれを否定したかった。池田大臣は1960年に総理大臣になり、7年で所得倍増を実現した。

この後、日本は**朝鮮戦争からの特需**（1950～53）をきっかけにして戦後復興から高度成長を果たす。鉱工業生産は1950年22％、51年35％、52年10％、53年は22％も増えた。1951年には戦前の生産水準に戻った。

3 戦後の目標は米国だった

米国は日本に食糧の支援をした。**ガリオア・エロア資金によるインフラ建設のマネー**の援助もした。1ドルを**生産力より低い円安の360円の固定レート**にして、輸出を振興《しんこう》させた。

当時の米国には圧倒的な経済力の高さによる余裕と寛容もあった。1960年代までの貧困な日本人にとって、豊さが溢れる米国文化は**夢の世界**だった。

政治では、**米国が自民党を通じて支配する**仕組みが日米安保の岸信介首相のときから始まり、今も続いている。日本は英国と並び、親米で1位の国家グループである。米国に追いつくことが戦後経済の目標だった。米国との差が意識されてきた。

事業が成功した証としてマンハッタンにオフィスを作ることは、戦中世代の企業の夢だった。**マディソン街のソニービル**が典型である。現在、没落の感もあるがサウジアラビアの企業Olayan《オラーヤン》の所有になっている。ソニーにとっての意味を失ったからだろうか、あるいは単にムダだったからか。

【1960年から始まった日本経済の成長】

空襲と焼夷弾《しょういだん》の廃墟《はいきょ》、ヒロシマとナガサキの原爆から立ち上がった敗戦から**44年後の1989年には、1人当たりGDPで米国を超えた。**①終身雇用で賃金は徐々にしか上がらないが、②設備投資が大きく、③長期的な利益を求める**日本的経営は世界一**とされた。
確かに米国流の経営は、目先の利益を減らす設備投資がすくない。現在も3カ月決算で短期的な株主利益（株価）を重んじる。（注）1995年からは株価高騰でPCとアプリを含む設備投資が増えている。

多くの人に1980年代後半の資産バブルは認識されず、日本は前途洋々に見えていた。佐賀県の唐津には洋々閣という名旅館がある。**日本経済は3倍くらい過大評価されていた**。株と不動産の価格は、5年で3倍に上がる資産バブルが起こっていた。皇居の面積の土地価格で、カリフォルニア州が買えるとされていたからすさまじい（1989年）。

◎1990年1月4日の大発会《だいはっかい》から日本経済では、株と不動産の資産バブルが約3分の1の価格に向かって崩壊し、活発だった国内の設備投資は減って、そのあと**30年成長しなくなった**（資産バブル崩壊は1990〜97年、ほぼゼロ成長は1990〜2020年）。

人通りがないゴーストタウンの越後湯沢のタワーマンションは、資産バブル末期の1989年前後に作られた。当時はいくらだったか。1500万円くらいだろうが、**今は1軒が100万円でなく10万円**という。ただし管理費が1年に20万円くらいかかる。粗末だが、仕事場の別宅風にときどき行くのも温泉があるならいいかなと思うが、あれこれ考えるとおっくうで果たしていない。

①国家と産業のビジョンは見失われ、②1980年代まで企業を成長させていた設備投資は減って、③多くの企業が長期の設備投資と経営目標を作ることができなくなっていた。その後33年、**追いつく対象を失った日本**には、まだ国家的な目標がない。目標とビジョンと戦略がない国家や企業は、成長しない。（注）2020年代からはスイスを目標にすればいいと思う。

成長のための投資には、現在を我慢しなければならない。ただ我慢をしても、事業の利益はなかった。①40カ月（キチン循環）、②10年（ジュグラー循環）、③20年（クズネッツ循環）、④60年のコンドラチェフの**景気サイクル**に流されるだけになった。国家（政府＋企業＋世帯）も同じである。
岸田内閣は「骨太の方針」を行っている。内容を見て、これが骨太かと思うだろう。

インターネットとAIは、中東で戦後発見された安価な石油革命から60年サイクルで起こったコンドラチェフの波（技術革新の波）だろう。

伊藤博文から100代目の岸田首相は**「新資本主義」**と**「所得倍増」**と言って2021年（令和3年）に登場したが、内容と方法がないと非難され、めぼしいことは行ってはいない。新資本主義と所得倍増の具体プランはない。

国民は**政権政党の国家目標のなさ**を許容しているように見える。マイナンバー、性自認の差別をなくすLGBTQ法、国防費2倍（5年で43兆円）では寒くなる。
立派な日本語があるのに、LGBTQなどのアルファベットや英語を使うときは、ほぼ100％政府にごまかしの意図がある。西暦を使わず、頑固《がんこ》に平成や令和とは言うのに……財務省によって20兆円の増税が計画されているだろう（2025年以降）。

将来の日本に期待を寄せているのは、国民の何％だろう。米国の支配を脱して独立し、国土と企業の買収を受け、中国の属国にならないことが寒い希望か……30代以下の世代にとって**世の中の未来は明るいのか**と案じる。

海外から来た人の多くは日本の美しい自然と風土、温順な気候、伝統と洗練された文化、世界一と思える和食、街路の清潔さ、丁寧で礼節のあるやさしいひとびと、車が来なくても赤信号では全員が止まって待ち、落とした携帯や財布すら戻ってくる日本を最高だという。来日したボクシングの世界チャンピオンやトレーナーは全員、日本贔屓《びいき》になると聞いた。日本人の平均所得と、非正規の時間給を問わないならそうだろう。政府は25年遅れて賃金上昇の必要を言うようになった。

【中国の失業率の高さと賃金が低い日本】

不動産バブルが崩壊している中国では、16歳から24歳の失業率を政府は19・7%としている。**若い世代の失業率は46・5%**という驚愕の数字になっている（北京大学の統計：23年7月）。1週間に1時間はたらけば失業者とされないのが、中国政府の基準である。中国の物価上昇は2%だった。現在のゼロ%は失業者の多さのためだ。雇用保険は部分的にしか完備していない。

中国の経済統計は、住宅価格や銀行の不良債権、倒産、物価を含めて判断がむずかしい。14億の人口はひとつの国としては大きすぎると言ったのは当代一の顕学《けんがく》**中国学者の吉川幸次郎**だったが、確かに22の省と5自治区、4つの直轄市、2つの特別行政区によって、別の国に見えるくらい事情がちがう。**中国情報では、どの時期の、どの地域の、誰が発言したかを判断しなければならない**。中国政府が国民の個人管理にデジタル機器を多用するのは、平均での把握が困難だからである。

日本では失業率が2・3%と低い。その代わり時間賃金格差の大きい34歳以下の**非正規雇用が25%から30%**である（2010年：厚労省）。全体の非正規率は36%と高い（2022年厚労省）。

日本に米欧の**同一労働・同一賃金の原則**はまだない。時間賃金の低い非正規雇用は海外より問題になる。3人に1人（36%）の**2100万人に増えてきた賃金の低い非正規の人たち**は将来にどんな希望をもっているだろうか。正社員になるのが希望では哀《かな》しすぎる。

現在、米国の最低賃金は1時間2091円。円安の要素を入れれば2500円、日本のパートは1004円である。**1995年の1ドル84円のとき、日本の所得は米国より高かった。その後28年、米国の2分の1以下**になり、韓国にも抜かれた。正規雇用の韓国の賃金平均は年収で4・5万ドル（630万円）、日本は4万ドル（560万円）である（2021年：JETRO）。

4　2012年からの円の過小評価、ドルの過大評価

生産性と賃金問題より大きいのは、**円が過小評価され、ゼロ金利の日本**が約5％の金利があるドル債を買っているためドルが過大評価されていることだ（2012年以降の11年）。日本は、どこまで米国への忠誠を続けるつもりか？　いや、日本人が忠実なのではない。政治家と官僚が忠実なのである。

①生鮮食品とエネルギーを除く**コアコア・インフレ率が4・0％**（23年7月総務省物価統計）に上がっても、②短期金利ゼロを上げることができず、③1ドル140円台の円安にしている植田日銀も米国に忠実である。円安の原因は**日米の実質の金利差**である。

◎**米ドルと4％の金利差があれば**、銀行や生損保がドルを買うに決まっている。低い金利の政策は、比較金利が常に日本より1・5％から4・5％高い米ドルの国債を買うことを日銀が奨励してい

る。日本の銀行においておけばゼロ金利だから。

赤字の米ドルの2022年から23年は、日本のドル買いで支えられている部分が大きい（50％くらいか）。日本は**年に15兆円から20兆円ドル買い（＝円売り）を超過**させ、円安にしてきた。外為レートでの円安とは「円売り／ドル買いの超過」であり、日本マネーが米国に流出することである。

価格変動が大きな生鮮とエネルギーを除く**コアコア・インフレ率で3・0％以上が続けば**、金利は2％に上げる必要がある。既発国債1200兆円の**流通時価が15％も下落**するので、短期金利0・1％、長期1・0％を上限にして上げることができない。

2013年4月からの、①ゼロ金利と、②約500兆円の異次元緩和のとき**「インフレになっても（利上げの）出口なし」**と言われていた。それから10年、本当に**「出口なし」**になった。

◎1％以上への利上げは、銀行危機や財政危機を引き起こす覚悟がないとできない。国債の下落危機によって国債をもつ銀行と日銀の「資本の危機」になるからである。

【インフレでも日銀が米国、欧州のような利上げはできない】

発行額面が100万円の国債（10年満期でゼロ金利）は、金利が2％に上がったとき8年の残存期間があるものは、**「100万円÷（1＋2％）の8乗＝100÷1・17≒売却の時価が85万円」**に下がる。

長期・短期の国債の平均残存期間（デュレーション）が8年である1200兆円の既発国債（日銀と金融機関がもつ）の時価は、1020兆円へと17％下がる。国債をもつ日銀と金融機関には、**「帳簿価格1200兆円－時価1020兆円＝180兆円」の含み損失**が出る。

180兆円の含み損は、日銀と金融機関の自己資本をマイナスにして債務超過に陥らせる。

日銀と金融機関は、政府が発行する2％金利の国債を買うマネー余力がなくなる。政府は年間30兆円から40兆円の財政赤字（＝政府のマネー不足）だから、新規国債が発行できないと**財政資金が払えずデフォルト**になる。国債がデフォルトになると、円はたぶん1ドル280円に暴落する。

（注）実際に金利が2％に上がると、国債以外の株式・社債・ローン債券も国債と一緒に下がるから、金融機関の損失は400兆円以上になる。

こういった事態が想定されるから日銀は、**インフレ3％であっても長期金利を1・0％以上には上げることができない**。2・0％から銀行危機と政府の財政危機になる。2013年に始まった超金融緩和は、2023年、24年も続く。植田日銀は2025年まで短期金利ゼロ％から、銀行危機が穏やかな長期金利1・5％以下の低金利を続ける予定であるが……どうだろうか。

【実質的な財政破産、リアルタイムの事例】

中央銀行と政府の同時破産は、増加発行した通貨が外為市場でどんどん下がるときである。現代の事例はトルコだ。

リーマン危機前の2007年にトルコリラは95円だった。現在は5・2円である。

リラは16年で17分の1に下がった。トルコ中央銀行も自己資本が無関係な政府機関であるから、政府のように続いているが、実質的に破産している。

原因は40％から80％のインフレのなか、**金利を17・5％と低く**抑えて通貨を増発しているからである。

40%の物価上昇に見合う金利は、**40%付近**でなければならない。17年間、その地位にあるエルドアン大統領は「利下げをしてリラを下げれば輸出が増えて、インフレの物価も下がるからよくなる。通貨は、貿易が黒字になれば上がる」という特異な経済学をもっている。

2023年1月には最低賃金を55%、7月には追加で34%引き上げたので物価が40%上がっても、トルコ国民はフランスのような暴動を起こしていない。フランスは移民暴動である。トルコの店頭の商品には価格がついていない。毎日上がるので、書き換えるのは面倒だから。

トルコリラは、2011年の98円から今日は5・3円と18分の1に下がった（23年8月3日）。日本から行くと「リラに対する円高」のためトルコの物価は破格に安い。移住者が増えているという。一度だけ行ったが、世界最高の親日国がトルコであった。

観光地で女子高生に見える黒いヒジャーブ（スカーフ）の団体の少女が、**「日本人ですか。一緒に写真をとってもいいですか」**と英語で話しかけてきた。これには驚いた。99%がイスラム教（スンニ派）の国である。サミュエル・ハンチントンの『文明の衝突《しょうとつ》』は、日本とイスラムにはないだろう。日本人は海外に親切である。あまり外国人を共同体の仲間にはしないが。

【世界から見た消費財と不動産の物価水準】

国際的な物価の基準を示す**ビッグマックの価格**では、スイスがもっとも高く1個925円、米国700円、アラブ首長国676円、ユーロ圏20カ国657円、シンガポール585円、中国490円、タイ482円、日本450円、トルコ175円。

ハイパーインフレでトルコのリラは下がっているので物価上昇率が年40%あっても、50%安くなった円で見ても、トルコの物価は安い。トルコへ行くと、円なら日本の約2倍の生活水準になる。

ビッグマック指数は購買力平価の逆数である。トルコへスイスが925円、これは大変だ。

逆にスイスでは、円で1000万円の所得があっても年収400万円くらいの生活水準に下がる。スイスの世界的に有名なオーディオ機器は、アンプ1台が400万円や1000万円くらいと高い。品質は100万円のクラスである。ロレックスもチーズも高い。

米国では2000万円（14万ドル）の年収がないと、日本での1000万円並の生活ができない。**日本の物価と所得が低すぎるのか。米国の物価と所得が高すぎるのか、どちらだろう**。ビッグマックが700円、乾いた饅頭《まんじゅう》のようにポロポロと不味い寿司パックが2000円。この差は、長期ではドルレートが下がり、円レートが上がって調整されることが経済の原理である。

ドルレート140円では、米国の物価が2倍、米国の所得も2倍高すぎると考えている。1ドルが70円に下がり、円が2倍になれば、日米のビッグマックの価格が均衡《きんこう》する。

◎2012年から円に対して2・25倍高くなった実効レートの米ドルによって、米国の物価は安くなった。円から見ると、2・25倍に上がったインフレだった。一方で日本の国内物価は、消費税の5％増税以外0％からマイナスだった。変動相場の為替レートはこういった悪戯をする。

＊

平均が1年2％のインフレだった米国の20年では、ドルの円に対する価値はドル高と逆に、**「1÷1・02の20乗＝1÷1・49＝0・67≒80円付近」**に下がることが経済合理的である。

インフレ通貨は購買力が下がる。そのなかで逆に2倍のドル高／円安になった原因は、異次元緩和の11年間、**ゼロ金利の円でドルを超過買い**してきたからである。

米国の住宅価格と消費財の物価は日本の約2倍、ものによっては3倍になった。ハワイのラーメン18ドル（2500円）も異常な高さである。1ドル110円付近のころは50万円だった米国旅行も同じ内容で約100万円である。

世界の金融成金《なりきん》から買われるマンハッタンのタワーマンションの最上階は、1・7億ドル（6部屋766平米：230億円）。日本人や中国人が買う千代田区の2LDK（75平米）が2億7800万円付近。面積当たりの価格が約10倍で、一戸の価格は80倍。千代田区が安いのではない。マンハッタンが8倍高い。通貨を売買する外為市場で、**ドルが約2倍は過剰に評価**されていることを示す一例である。

2023年の米国は、金融資産と所得の巨大な格差による株価と不動産のバブルである。

国際金融会社JPモルガンの一般社員の報酬は、米国に比較して低い日本法人でも700万円から6500万円である。マネージング・ディレクターの年収は、ボーナス込みで7000万円以上になる。約2倍のバブル所得である。バブルとは、消費財のインフレだけではなく所得と株と資産を含むハイパーインフレである。

インフレは、外見だけでは物価の上昇に見える。しかし隠れた本質は、実質GDP（=商品生産量=企業と世帯の実質所得+減価償却費=実質消費+貯蓄）に対して、**増刷されすぎた通貨の1単位の価値が下落**することである。過去も現在も未来も同じである。

＊

◎その国で**流通する通貨量**が、その国の物価上昇率を引いた**実質経済取引の総量**（=実質GDP）に対して増えすぎると、商品と資産の名目価格は上がる。
これを示すのが古典派のフィッシャーの等式、前述の**「M（マネー・サプライの量）×V（そのマネーの流通速度）＝P（物価水準）×T（経済取引量）」**である。
米国の金融業やITのような生産性の上昇以上に幹部社員の賃金（労働の物価）が激しく上昇（事例のJPモルガンの年収7000万円）するのは、ドルのマネー価値の低下による**「バブル賃金」**である。マンハッタンは極端だが、フロリダの同じ面積の高級住宅で米国が日本の3倍なら、米国人の名目賃金が3倍であっても日本人と等しい。株・不動産・化石燃料・金・鉱物資源など2倍に上がった価格に対しては、通貨の価値が2分の1に低下している。

工場が操業度を上げれば供給を増やすことのできる**加工消費財の物価は、有限な資源・資産**のようには上がらない。供給量に限界がある、**株、不動産、金・鉱物資源・化石燃料の価格**は数倍に高騰する。

年0・6％（80万人）の人口減が起きている日本の不動産は住宅への需要数が40万戸は減るので人口の維持、または増加している国（米国と他国）のように上がらない。
中国は、日本のおよそ15年遅れで人口減となった（2022年から）。このためリーマン危機のあと4兆元（当時は57兆円）あった経済対策費によってバブルになった不動産価格の下落が起こり、不動産で2位の恒大《こうだい》集団の破産になった。赤字が11兆円、負債が37兆円というからすさまじい。

米国の**白人家族の出生率**は、日本のように下がっている。しかしアジア、南米、中東からの移民家族が多く、出生率は高いので総人口は増えている。米国は人口増加の面でも**二重国家**である。

1985年から89年の12月までの日本とそっくりの**米欧の株と不動産のバブル**が起こっているの

が、2023年8月現在である。米欧の株価と不動産は、**2倍から3倍過剰な評価**だろう。

5　資産のバブルはその最中には見えない

元FRB議長がグリーンスパンが2008年9月のリーマン危機後に言ったように**「バブルのなかではバブルはわからない」**。非合理に高い価格と認識されてないから、通貨が増刷されたとき、高い株と不動産の買いが増えてバブルが一層、昂進《こうしん》する。

経済学では、株価、不動産、金融商品の価格は資産の価格とされ、消費財のインフレ（消費者物価のCPI）の要素になっていない。株価・不動産の資産価格、ITと金融業の所得が2倍、3倍に上がっても、消費財の上昇が4%程度以下のときは、政府・中央銀行はインフレを認識せず通貨の増発を続ける。

バブル崩壊は2024年と25年に、日本を含む世界経済にもっとも重大な結果をもたらすことになるだろう。その前後に起こる中央銀行と投資家の合作である**集団心理の現象**を詳しく解剖《かいぼう》する。**バブルは投資家の心理が生んで、その心理の臨界点で崩壊する現象**である。好きだった男性を突然、きらいになってしまう女性の心理に似ている。

平均の株価指数が評価指標のPER（株価収益率）20倍を超え、住宅価格が20%上がっても、中央銀行は、日銀が現在行っているように先行きの**期待GDP成長率は低い**といって金融緩和を続ける。このため**資産価格が非合理に上がってバブル**になる。日本の80年代後期のバブルも、プラザ合意のあとの円高不況に対する金融緩和から起こった。

遅行指標《ちこうしひょう》（あとで上がる）の不動産の賃料は、持ち家でも帰属家賃としてインフレの要素とされている。事実、２０２１年の後半からの米国では賃料が賃金上昇と同じ率の５％／年で上がって、消費財の価格上昇の大きな要素になっている。しかし**消費財のインフレの認識**は、低金利＋マネー量の増加に１年以上は遅れる。ＦＲＢが低い金利でマネー量を増やすときは、まだインフレは認識されていない。このため低い金利とマネーの増発を約２年続け、全体的な資産バブルの経済になって現在に至っている。これが**２０２０年のコロナのあと３年の米国と欧州**である。日本の株価は米国や欧州と同じように上がったが、東京以外の不動産価格は、さほど上がっていない。

株価・不動産・金価格が上がるなかでも、国の有効需要《ゆうこうじゅよう》であるＧＤＰの約60％から70％を占める消費財の物価が大きく上がらないと、**中央銀行は低い金利で通貨の増発を続ける**。

資産バブルになって消費財の価格が９％や10％の上昇になると、あわてて利上げと金融引き締めをする。

23年８月25日、世界の注目を浴びた**ジャクソン・ホール会議**で、主役のＦＲＢのパウエル議長が「米国のインフレはしつこい。**インフレが２％以下とＦＲＢが確認できるまで利下げはしない**」と発言した。これは２０２４年の米国バブルの崩壊を示唆している。

◎利上げから**１年から１年半くらいの時間**をおいて資産バブルは崩壊する。金利は物価に遅れて上がり、物価上昇が収まったあとも高いままが続く。この実質金利（名目金利は米国で５％付近−期待物価上昇率は米国で２・３％＝実質金利２・７％：23年６月）の高金利が株と不動産のバブルを崩壊させる。

資産バブルが崩壊しない**実質金利ゼロ％**は、米国では現在、**名目金利で２・７％**である。

しかしＦＲＢの政策金利（名目金利）は**５・25％から５・50％**と高い。ＦＲＢがインフレ目標を２

％としているからである。

＊

◎世界の歴史で数え切れないくらい繰り返してきた資産バブルは、**１００％崩壊してきた。今回は例外になる**という経済・金融的な新しい要素と条件はない。

９％の消費財のインフレに対して、米国ＦＲＢの利上げが始まったのは、２０２２年３月からだった。ＦＲＢは、その１年４カ月後の23年７月に追加の０・25％の利上げをしたので、短期金利（ＦＦレート）の誘導目標は５・25％から５・50％と高い。10年満期国債の価格が示す長期金利は４・６％に上がってきた（23年８月下旬）。ＦＲＢの利上げと原油価格の低下から、米国の生鮮食品を除くコア物価は４・８％上昇に、全品目の加重平均の総合ＣＰＩは３・０％に下がった（10カ月後の23年６月）。ただし**原油価格が下がりＯＰＥＣの国家収入**が減ってくると、23年８月のように減産するのが通例である。22年７月には１バーレル１２０

図3-3　米国S&P500の株価と2年債の短期金利の逆相関

一般に株価と金利は、逆相関する。金利が上がる期待のときは株価が下がり、金利が下がる期待のときは、金利が下がる預金から株を買う人が増えて、株価は上がる傾向がある。

金利政策は、FRBが先行きの物価上昇傾向を判断して、決めている。物価上昇率が上がる傾向のときは、金利が上がるから、株価は下がる、物価上昇率が下がる傾向のときは、金利低下が期待され、株価は上がる傾向がある。

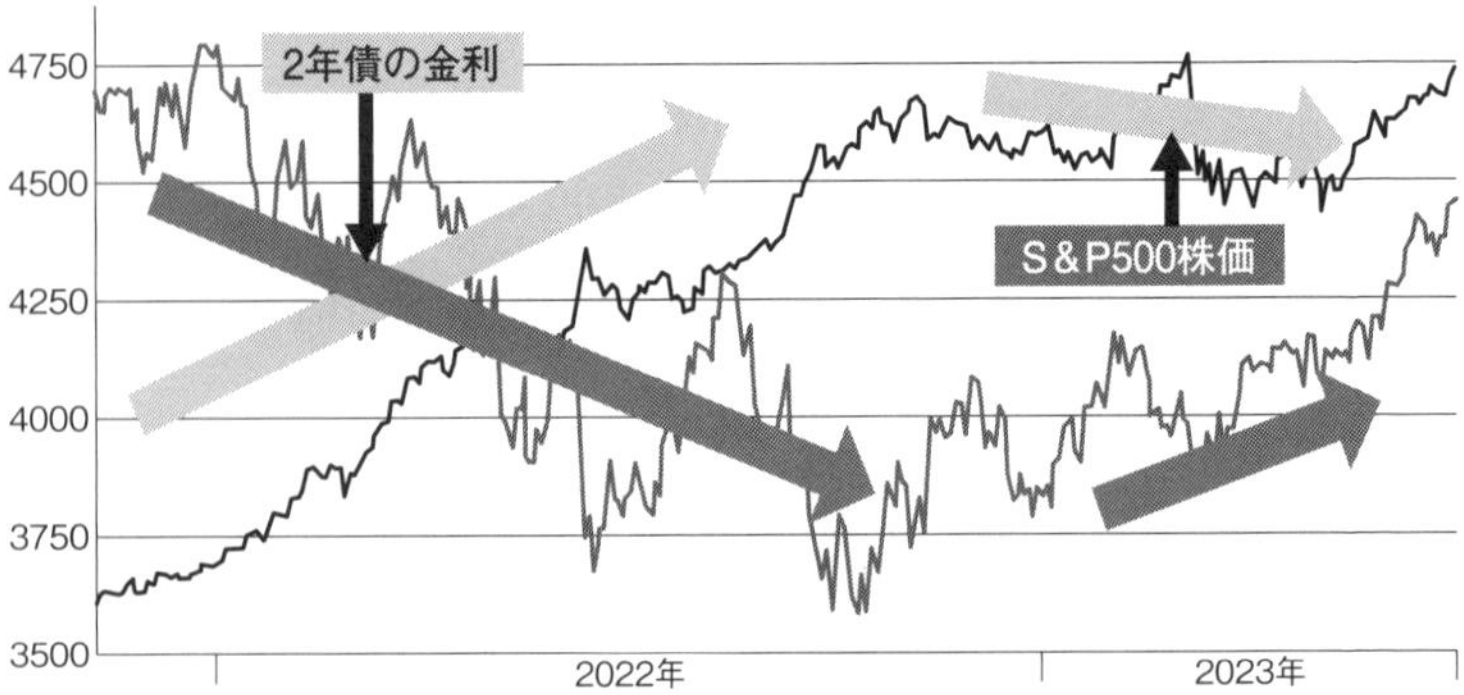

出所：Refinitiv DATASTREAM

郵便はがき

料金受取人払郵便

牛込局承認

9026

差出有効期間
2025年8月19
日まで
切手はいりません

162-8790

東京都新宿区矢来町114番地
神楽坂高橋ビル5F

株式会社ビジネス社

愛読者係 行

ご住所 〒 TEL:　(　　)　　FAX:　(　　)			
フリガナ お名前		年齢	性別 男・女
ご職業	メールアドレスまたはFAX メールまたはFAXによる新刊案内をご希望の方は、ご記入下さい。		
お買い上げ日・書店名 年　月　日	市区 町村		書店

ご購読ありがとうございました。今後の出版企画の参考に
致したいと存じますので、ぜひご意見をお聞かせください。

書籍名

お買い求めの動機

1　書店で見て　　2　新聞広告（紙名　　　　　　　　　　）

3　書評・新刊紹介（掲載紙名　　　　　　　　　　）

4　知人・同僚のすすめ　　5　上司、先生のすすめ　　6　その他

本書の装幀（カバー），デザインなどに関するご感想

1　洒落ていた　　2　めだっていた　　3　タイトルがよい

4　まあまあ　　5　よくない　　6　その他(　　　　　　　　　　)

本書の定価についてご意見をお聞かせください

1　高い　　2　安い　　3　手ごろ　　4　その他(　　　　　　　　　　)

本書についてご意見をお聞かせください

どんな出版をご希望ですか（著者、テーマなど）

ドルと高かったが、その後70ドルや80ドルに下がってきた原油が再び上がると、また物価は上がる（ドバイ価格）。原油価格の2023年の均衡点は85ドルあたりか。今日の原油は1バーレル81ドル付近である（23年8月中旬）。

米国物価上昇のピークは**22年6月の9％だった**。約1年で6ポイント下がっている。しかしFRBのインフレ目標は2％台である。**金融市場の投資家たち**は、米国の利上げは23年7月の5・5％で止まって年末には下がると期待し、23年8月はまだ株を買って上げている。経済学の期待とは、市場における**投資家や銀行の集合的な心理的予想**である。

現在の世界の株式相場では、**6カ月先くらいの金利が下がると投資家が期待**すると、株が買われ株価は上がる性格がある。これがマネーの過剰が生んだ**「織《お》り込《こ》み相場」**である（図3-3）。

◎米国、日本、欧州の株式投資家のたぶん80％には、現在の米国株価が2倍は高いバブルという認識はない。その証拠に2023年末から2024年の春までに今より20％高くなるという予想も多い。歴史を調べると、バブル崩壊の臨界点が来ても、いつもバブルとは認識されなかった。

①株価のピークから10％～15％くらい下がって上がる気配が見えない時期から、株価バブルの崩壊ではないかという見方が増える。しかしそのときも**下がるときに買う逆張り**が起こって、反発することが多い。すると株式市場では、あぁ、バブルではなかったとなる。

②逆張りが増え、反発して株価が上がり、そのあと、また一層大きく下がるときは、前回の底値を下回ることが多い。そのころになって、次第に、**株価バブルの崩壊が認識**される。実質金利が上がると、およそ3回の株価の上下を繰り返して、株価は暴落することが多かった（古いテクニカル分析では三尊の天井という。下げの局面で株価が上がる仏の顔も3度はあるという意味だ）。

今回の、米国の代表的な株価指数のS&P500社は、2022年10月の3600を底値にして、**22年12月から4回（0・25%×4回＝1%）の追加の利上げがあっても、**23年8月初旬の4480まで、**10カ月で880（24%）**という高い上昇率を示した。これが利上げのあとも、しばらく上がる典型的な金融相場、つまりバブル相場の特徴である。

①今回の米国株価のピークを仮に23年9月上旬とすると、FRBの政策上限金利が高い5・50%を続けたときは、米国株のバブル崩壊は早くなって12月ころだろうか。

②FRBが23年11月前後に、利下げをする期待があるときは、株価バブル崩壊は24年の年明けか、3月ころになるだろうか。ここでは敢えて推計を示した。

あたるか、あたらないかではなく、金利との関係では、そうなる確率が高いと判断されるということである。

日本の株では、東証での売買高（1日平均3・5兆円）の70%が米国ファンドのタックスヘイブン（オフショア）からのものなので、**米国株の動きが一瞬遅れて波及して**決まっている。

23年8月、米国系ファンドは、日本株を利益確定のため売り越している。**日経平均が3万2000円を超えても日本人投資家の買いは増えているが**、ガイジンの売りに負けて上がらない。**日本株の分析と予想には、米国株の分析が必要**であるから、この項で書いた。

第四章 ドル基軸の通貨体制を作ったブレトンウッズ会議

1　1944年のブレトンウッズ会議が出発点だった

ドイツ・イタリア・日本の敗戦がおよそ決定していた1944年。連合国の蔵相会議（45カ国）が開かれて、米国ニューハンプシャー州**ブレトンウッズ**で戦後の貿易に使う基軸通貨を決めた。**英国代表のケインズは、世界銀行を作って金兌換制のバンコールを発行することを提案**した。米国代表ホワイト財務次官補は、金兌換制とするドルを国際通貨にすることを提案した。ロシアの元バレリーナの夫人をともなって会議に出席していた、周囲を華やかにする世界的スターのケインズは敗れた。45カ国のうち多数派が米ドル支持だった。失意のケインズは、その直後に亡くなった。

◎ケインズによる提案のバンコールだったら、現在30兆ドル（4200兆円）の対外負債で繁栄する米国経済はなかった。歴史の転換点は、こうしたところにあらわれる。

頭脳が並外れて明晰《めいせき》なケインズは、言葉に皮肉《ひにく》を効かせる人だった。**国際通貨のバンコールでは金兌換制**を主張した。しかし英国内の通貨として金はダメだと言って、戦争のときに増加発行できる**ポンドの信用通貨論**を述べていた。

「金はひとびとが熱狂する馬鹿げた金属」と金を貶《おとし》めているが、著作を読むと、ホンネでは信用通貨を信用していない。金兌換のバンコールの主張にケインズの通貨へのホンネがあらわれている。金の価値を信用しないなら、国際通貨としてバンコールの提案はしない。

ホワイト案が採用された背景となったのは、戦後の米国経済と軍事力が圧倒的だったからだ。ブレトンウッズ会議も超限戦だった。ケインズのバンコールの提案は、**ＩＭＦのＳＤＲ（特別引き出し権）のように**インターナショナル（国と国をまたぐもの）だった。しかしインドという**巨大植民地**を失いつつあり、戦後は経済の基盤が弱くなる英国の提案とみなされた（インドの独立は１９４７年。独立運動は１００年前から始まっていたが、第二次世界大戦で決定的になった）。

◎**米ドルのように国際通貨の発行国、自国の経済があるときは、その通貨は発行国の経常収支が赤字ではないという条件をもたねばならない（経済学者トリフィン）**。

これがドル基軸体制の成立《せいりつ》与件《よけん》だった。１９６０年代になると、米国はこれをまもることができなくなっていた。その後も80年、経常収支の赤字解消という基軸通貨の条件を作れないままドル基軸の通貨体制は、国際銀行資本に支えられ続いてきた。

図4-1　1944年のブレトンウッズでの会議に臨むケインズの写真

◎原因は、国際的な外為銀行がドルを買ってきたからだ。ドル基軸を支えてきたのは、ドルを超過して受け取る**経常収支の黒字国**による赤字通貨のドル買いだった。

ドル基軸通貨制の初期は、金1オンス（31・1グラム）を35ドルと引き換えに交換できるとした。これが一般には**ドル金本位制**とよばれる。

第二次世界大戦は、枢軸国《すうじくこく》と連合国の貿易が分離したブロック経済の衝突から起こっていた。戦後は、世界の関税を下げ、ドル基軸通貨よる自由貿易を米国がリーダーになって推進し、世界経済を安定・発展させることを目的にしていた。

ソ連圏と中国には革命が起こって共産主義になり、戦後もユーラシアの東西でブロック経済は続いた。敗戦の日本・ドイツ・イタリアは一転して、金兌換のドルを基軸通貨とする西側についた。資本主義内での国際通貨の選択肢は米ドルしかなかった。

戦勝国が作った国連では、敗戦国のドイツ・日本・イタリアに対して78年後の今も敵国条項があって死文化されていない。敗戦は国家の主権がなくなることである。

2　ベトナム戦争が米ドルの信用の分水嶺になった

1964年から米国は、共産主義の南下を止める名目、実際は軍需産業の利益のため**ベトナム戦争を始める。結果として政府の戦費支出が増加し、経常収支が赤字**になった。1975年までの10年で1400億ドルの軍事費が増加した。現在の金価格に換算した通貨価値で**57倍の8兆ドル、1**

120兆円に相当する。兵器と物資の購入費と輸送費、兵士の報酬・軍人年金・傷病医療費、演習費であって、戦争は政府の最大の公共事業である。

戦費の支出からインフレになって一時は景気がよくなる。しかし**戦争のあとの国民に残るのは過大な国債とインフレ**である。現在の価値で1120兆円となるベトナム戦費の増加のため、黒字だった財政と貿易がともに赤字になった米国は、**国家（経済の主体は政府＋企業＋世帯）の経常収支が赤字**に転落した。武器・弾薬と戦争物資の輸入が増えたからである。経常収支の赤字とは、米国から海外へ**ドルの超過払い**が増えることである。

【米国からの金の流出】

一方、戦後の貿易が米国と逆に黒字になったドイツ・フランス・スイス・日本には、外貨であるドルが貯まった。

経済を100年の歴史で見る習慣がある**ドイツ人、フランス人、英国人、スイス人**は、自国にはいってきたドルの価値が低下していると考え、FRBに対し価値が下がらない金1オンスと、価値が下がる35ドルの交換を要求した。**限界なくドルの価値を信仰している日本政府**と被占領国の日本人は、金との交換は要求しなかった。

米国の**FRBは、1971年までドルと金の交換を実行した**。しかし1944年には3万トンあったFRBの金は西欧に流出し、8133トンに減っていた（1971年）。大統領はニクソンだった。議会に**「金委員会」**を作って答申を求めた。

金委員会は以下のように答申した。

①金はドルの価値を保証している重要な金属である。

②米国の金がなくなると、ドルの価値は暴落し、米国は困難に陥る。

ニクソンは「**金とドルの交換停止**（金1オンスを35ドルと交換することの停止）」を一方的に発令した（1971年）。米国による金の支払い停止は、FRBの枯渇《こかつ》した金の支配不能、つまり**金のデフォルト**だった。世界は動揺したが、**ドルを金に換える気がなかった日本**は、金の裏打ちのない基軸通貨の意味もわかっていなかった。

日本人にとってドルは絶対であり、1971年から半世紀たった現在も同じである。このため構想されているBRICSデジタル通貨への評価と予想ができていない。米国経済と株価の好調と対照的に、中国の不動産市場の崩壊が強調される空気のなかにある。金利上昇による米国の122兆ドル（1京7080兆円：GDPの5・3倍）の**負債のなかの不良債権**は、話題にすらならない。**米国経済と金融を分析するエコノミスト**は日本にはいない。

日本の銀行は米国との金利差が4％もあるので、金利がつかない円を売ってドル債（国債、株、MMF）を**3カ月で12兆円も買い越して**ドル高と米国バブルを支えている。**金利が高い通貨は弱い通貨**であるという通貨の本質に考えが及ばない。

1971年12月に**10カ国蔵相会議**が招集され、米国は金1オンスを38ドルに引き上げて、ドルを8％切り下げた。

2年間のスミソニアン体制の円も、ブレトンウッズ体制での1ドル360円から308円に切り上げられた。その後2年、**世界の金市場で金価格の上昇が止まらず、FRBからはドルとの交換に**

よる金の流出が続いた。

金交換停止のあとの**信用通貨のドルレートと、金の価格には逆相関の関係**がある。ドルレートが下がると金が上がり、ドルレートが上がると金価格は下がる。ただしこれはアナログの傾向であって、デジタルな数式の関係ではない。

【ドルの下落が原因で変動相場制が始まった】

1973年に金1オンス38ドルとして、ドルを8%切り下げただけのスミソニアン体制は、FRBの外にある市場での金価格上昇のため崩壊した。

ドルと金の29年の関係が切れた。金融理論では、米国が金をデフォルトしたことになるが、デフォルトとは理解されてはいない。（注）デフォルトは債務の支払いができないことをいう。金兌換通貨では、金を渡せなくなったときがデフォルトである。これは金本位とされる戦前には頻繁に起こっていた。

◎金という**価値のアンカー（錨《いかり》）**を失った世界の通貨は固定相場から、お互いのレートが日々の通貨の売買で

図4-2　1971年金・ドル交換停止を発表するニクソン

動く**変動相場制（フロート制：浮き舟の制度）**に移行した。

国際通貨は、1944年～71年のブレトンウッズ体制のドル以前は金だった。金の裏付けがない**信用通貨での変動相場制は5000年の世界史ではじめてだった**。この認識も世界と日本にはない。代わりに**「金本位はダメな制度だった」という、ケインズが淵源《えんげん》の偽説《ぎせつ》**が日本と世界を支配している。なぜ金はダメですか？　と問うと、①金本位の通貨は金の生産量に左右され、不景気のとき中央銀行が増刷できない、②このため金融危機とデフレになるという、これもまた偽説であることが認識されていない答えが返ってくる。

＊

〔金ペッグ制〕圧縮して述べるが、この返答も誤りである。米国が失敗した金と交換できる兌換通貨ではなく、①現在の**国債準備制から金準備制**に変えて、②市場の金価格に応じて通貨が変動する**金ペッグの通貨**にすればいい。仮に金融危機で通貨の増発が必要なときは、中央銀行の金は同じ量で40％の準備率を30％、20％と下げれば、通貨は増刷できる。銀行は、中央銀行への準備預金（＝**当座預金**）を元に**信用乗数**で貸付金を創造する。現在と同じ仕組みである。

金ペッグ制なら貿易商品である原油や資源、穀物などのコモディティが上がると、金も一緒に上がる。金価格と一緒に金ペッグの通貨も上がる仕組みである。これなら、通貨の過剰発行による、ひどいインフレと資産や株のバブル経済はなくなる。

＊

変動相場の原理への知識がないため、その後50年、現在にいたるまで変動相場の各国通貨レートが何を原因に株価のように激しく動くか、その通貨理論はなく、ひとびとも知らない。

あとで述べる**ペトロダラー制を知る人もマレ**である。

変動相場は、金との関係が切れた信用通貨のドルが価値の安定した基軸ではなくなったことを意味する。基軸通貨はキー・カレンシー、つまり**価値の固定軸**になる通貨である。

米国は、ドルが**金と無関係な信用通貨**になっても、ドル基軸通貨のシステムが独占的にもたらす国益（**＝米国の利益と同じ金額は、ドル・ドル債券・ドル国債をもつ他国の損になる**）を失いたくなかった。

経常収支の赤字から海外へのドル支払いが超過しても、米国はドルを増発するだけで済む。ドルの増刷（**＝紙幣＋預金通貨の増加**）は、中央銀行のＦＲＢと銀行が行っている。

銀行も、①国債や債券を買うこと、②そして企業や世帯への貸付金の増加としてドルを増刷できる。企業と世帯のマネー・サプライ（**M2の預金**）は、ＦＲＢと銀行が創造したマネーである。

通貨の基礎理論を知らない自民党議員が国会で発言したような**「通貨は無から創造ができる」**ものではない。国家の負債である国債の返済信用を担保にするのが通貨の増刷である。このため国債の金利が上がって既発国債の価格が下がると、国債の価格に連動して通貨の価値（**世界の通貨の加重平均に対する実効レート**）も下がる。一般の国債と通貨価値にも、重大な認識の齟齬《そご》がある。

米国では通貨の預金が20・7兆ドル（**2900兆円：2023年5月**）、**日本では1239兆円ある。**日本は基軸通貨国であったことがない。海外へのドルの増発で得ている米国の特別な利益を理解できないかもしれない。

台湾・韓国・満州国が植民地だった時代を考えればわかる。戦前の日本は、円や軍の通貨である軍票を発行するだけで台湾、韓国、満州国の資源、産物、労働を得ることができていた。これが**植民地へ及ぶ基軸通貨の特権**である。

【欧州20カ国の統一通貨ユーロの成立】

13世紀に始まった国際貿易の歴史から、国際通貨の金と金融が本能でわかっている欧州では、**「米国はドルを渡すだけで世界の商品を輸入できる」**と米国を非難していた（**特に西欧のリーダーだった反米のド・ゴール将軍のフランス**。フランスは伝統的に自国を米国より上と考える）。

金・ドルの交換停止のあと貿易黒字国は生産した商品を失った（＝輸出して）代わりに金と交換ができないドルを得た。貿易が赤字のドルは下がる通貨だった。日本では今も、この国際金融の原理が理解されていないように見える。

金融の関係者には**「ドル基軸はこれからも続く。ほかに適当な通貨はない」**と国際金融の原理への音痴《おんち》の言葉を述べているエコノミストが多い。これは、過去も今後も日本国に大きな損害を与える。

日本の経済学者・官僚・銀行・政治家の頭は今も被占領国である。米ドルを絶対的ではなく、相対的な通貨と見るドイツ人、フランス人、中国人、ロシア人の頭を、政治家・財務省・エコノミスト・銀行にはもってほしい。本書の提案のひとつがこれである。

1999年のユーロの誕生は欧州がユーロという共通通貨を作って、**長期的には価値が下がるドル圏から離脱**したことが理由である（1999年～：20カ国）。欧州、特にドイツ、フランス、スイスは、伝統的に政府の国債、つまり財政への信用の担保《たんぽ》しかない信用通貨を信用していない。

フランスには、**ジョン・ロー**の王立銀行が金の裏付けがなかった詐欺の信用通貨をミズリー州でとれた金と兌換《だかん》するといって、大量発行した歴史がある（1719〜1720）。当時のフランス人にとって、見たことがないものが新大陸のアメリカの金だった。

ドイツでは、第一次世界大戦あとの**物価1兆倍**の歴史がある。日本の戦後で起こった物価250倍のインフレは、歴史的には近い74年前であったが、政府・日銀と銀行預金の円はGDPの2・2倍の国債を発行し、500兆円の円を増発しても信用されている。

日本人はヨーロッパ人、ロシア人、中国人より歴史健忘症である。たぶん過去の制度や認識の持続を信用しない生々流転《せいせいるてん》の世界観をもっているからだろうか。**国やアメリカが行うことは仕方がない**No Way……これである。

小林秀雄は、戦争協力を指弾《しだん》された戦後に語った。「頭のいい人は、転向すればいいだろう。自分は（過去の記憶と書いたものが残っていて頭が悪いから）転向しない」。原稿を書く職業をなくした小林秀雄は、趣味で集めていた骨董の鑑識を出入りしていた古物商に学び、古物商をやって戦後の生計をつないだ。『真贋《しんがん》』というエッセーもある。吉田茂の秘書官として占領軍と交渉し、新憲法も翻訳して、ポルシェに乗り軽井沢ゴルフ倶楽部に通っていた白洲次郎の夫人の白洲正子は、小林の骨董の弟子だった。小林の周辺に残っていた背筋がまっすぐな日本人は少なくなったようだ。

ユーロ誕生以前は、**ドイツと隣国のフランスの貿易でもドルを使う**という不都合があった。ドイツもフランスも欧州の域内貿易のた

図4-3　世界最初に詐欺的な信用通貨を発行したジョン・ロー

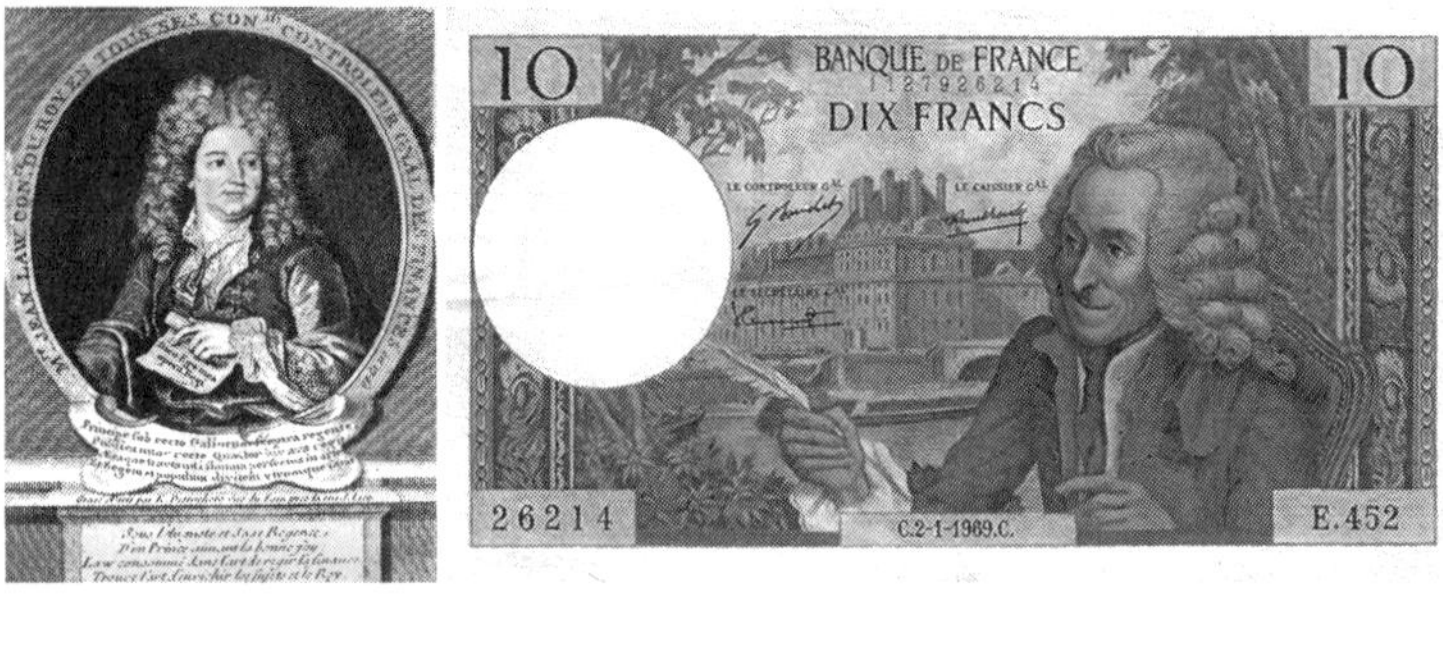

めに、大西洋の彼方で印刷されるドルの外貨準備が必要だった。

【変動相場制におけるドル基軸通貨の仕組み】

①一方、**基軸通貨発行国では、輸入決済のための外貨準備の必要がなくなる**。

②米国が40年もの長期間貿易赤字であってもドルを増刷して支払えば、相手国は基軸通貨だからと受け取る。（注）ドル基軸通貨は**ドルを買う世界の銀行システム**（＝国際金融資本）**が決めた**ものだ。

③米国は信用通貨ドルの発行国なので、外貨準備はいらない。ドルが海外で通用する外貨だから。

米国は、輸出を増やし輸入を減らして貿易を黒字にする産業界の努力がいらず、**FRBと銀行がコンピュータのキーを叩いてドルの増刷を続ければいい**。1000億ドル貸し付ければ、1000億ドルの預金通貨ができる。

④米国の経常収支の赤字がいくら多額に続いても、ドルを増発して海外に渡せばいい。

以上の4項が赤字の米国ではなく、逆にドルを貯めた貿易黒字国がドルの下落リスクに晒《さら》される、**米国だけの基軸通貨の特権**である。

外為市場の自然では、経常収支が長期にわたって赤字なら通貨は下がる。

他方、経常収支の黒字国の通貨は上がる。これが**変動相場を成り立たせる原理**である。

3 金・ドル交換停止後のペトロダラーの通貨システム

金ドル交換停止のあと、変動相場になったドルに経済学者のトリフィンが指摘した**「ドルの相対価値が変わる変動相場の基軸通貨」という矛盾《むじゅん》**のなかで、基軸通貨の地位を保つことができるのかという問題がある。

難問である。たぶんもう答えはわかってきた読者の皆さんであっても、その仕組みをイマジネーションで構想できるだろうか？

米国をその後50年も繁栄させる解《かい》を与えたのは、ニクソン政権の国務長官キッシンジャーだった。今年、100歳をむかえている。頭脳は健在であり、中国の習近平主席と会談をもっている。運動力と筋力は衰えるが、脳の言語能力は70歳以降も発達することが医学的にも検証されているが、やはり金さん銀さんと同じ100歳には驚く。

習近平は「1971年の米中国交回復の立て役者」としてキッシンジャーを丁重に遇した（23年7月）。中国は、過去の恩義と不義を長期間忘れない国民性の国である。キッシンジャーがこの時期、何のために習近平に面会を求めたのかわからない。しかしウクライナ戦争への見解から推測ができる。好き嫌いは別だが、習近平はプーチンにウクライナ戦争の停戦を進言できる人物である。

大陸ではない島国文化の日本人には、海外と外交を**感情で判断しすぎる国民性**が根づいてきた。キッシンジャーのように**利害と理性で判断**すべきものが、外交と国と国の関係である。理性での判断を確立しないと、日本の今後は暗くなる。外交は親善ではない。外務省はどう考えているか。

このユダヤ系ドイツ人の国際政治学者はなお健在で**「ウクライナ戦争の停戦交渉（領土分割とウクライナの中立化）」**を呼びかけている。年内（23年12月まで）に和平交渉が開始されるとまで言っている。

日本人の政治家と官僚には米国依存しかない。1950年までの2000年の伝統がムラ社会であったため、**リアルポリティックスで動いている国際関係**には感度がはたらかない。キッシンジャーはちがう。

ロシアとウクライナの軍が対峙《たいじ》したままの停戦（終戦ではない）は、6月からの反転攻撃の失敗から近いのではないか（23年秋という説もある）。

他方では、**ウクライナ西部の領土獲得を狙っているNATOポーランド**の参戦の画策もある。90%の工業生産の東部工業地帯を占拠され、軍事で劣勢で、しかも経済を破壊されたウクライナが戦争を続けることは経済的にムリである。本書が発売されるころ、**停戦への動き**が見えるかもしれない。続くとすれば、戦闘機も提供しているポーランドの思惑であろう。

＊

ニクソンが1971年に「金ドル交換停止」を発令したときと、ほぼ同時だった。**キッシンジャーは、金の価値の裏付けがなくてもドルが基軸通貨を続ける手段を考え、国務長官として実行した。**

産油国のリーダーはもっとも多く原油を輸出するサウジアラビ

図4-4　ニクソン、キッシンジャーとサウジのヤマニ石油相

アであり、国家元首はファイサル国王だった。キッシンジャーはサウジに出かけ、当時の産油国のリーダー・ファイサル（石油の担当はヤマニ石油相）に左記の提案をする。

①サウジの近代化インフラを米国が作り、**王家の体制を民主革命からまもるため米軍がサウジに駐留する。**

（注）王族の不安は民主革命で追放または惨殺されることである。キッシンジャーは、政治的な関係から王族の内心の不安をよく知っていて、米軍が王政をまもることを提案した。シェークスピアも言ったように**王冠にはいつ滅ぼされるかという不安を抱えている。**王の立場にならないと、この不安はわからない。日本の首相も同じだ。このため次期候補とされる人の忠誠を争わせ、お互いの信用を消耗させる。習近平やプーチンも同じである。

②**米軍が駐留する交換条件としてサウジは、原油をドルで売る（ワシントン・リヤド密約）**。これがペトロダラー制であり、原油の購買ができる通貨としてのドルであった。ほかの産油国もサウジに従うだろう。

ファイサル国王はキッシンジャーの提案を受けいれ、ほかの産油国もサウジに従った。当時の米軍の力は圧倒的だった。

◎ペトロダラーは**米国とサウジの王家の密約（ワシントン・リヤド密約）**で生まれ、条約の内容が公開されることはなかったが、世界は察知した。

ただし世界は、戦後のドルが基軸通貨でありえたのは**金ドル交換制による金への信用**のためであり、米国の経済力と軍事力だけからではないことは理解していなかったようである。

◎キッシンジャーは、**金に代わって石油を担保にするドル**にした。ドル紙幣そのものは何も変わらない。しかしこの1974年にドルの価値を保証するものが、金から石油に変わった。

歴史の霞《かすみ》の彼方《かなた》にも見えるブレトンウッズ体制から27年（経済の一世代）が経過していた。ドル基軸は、世界の仕組みとして「自然なもの」になっていた。戦後も10％くらいの基軸通貨だった英国ポンドのように、**通貨の価値信用の認識には一定期間続く慣性《かんせい》がある**。ひとの意識に手乗り文鳥のような「刷り込み」がはたらくからだ。

米国の信用通貨のドルが原油の通貨ペトロダラーになると、どうなるのか。

世界は、**原油を必需のエネルギーとして産油国から輸入**しなければならない。

以下の三段論法になる。

①前提：原油と資源は**米ドルでしか買うことができない**（これがワシントン・リヤド密約）。

②展開：米国以外の国が米ドルを得るには**経常収支を黒字**にして**（輸出＞輸入）**、ドルの外貨準備を貯めておかねばならない。

③結論：ドルを外貨準備として貯めることは、輸出で得たドル全部を輸入に使わず、**米銀または FRBに預金するか、米国債を買うことになる**。

＊

米国は1960年代から経常収支が赤字で、日欧（特に日本とドイツ）の先進国と中国、東南アジア含む海外に**63年、ドルを超過払いしている**。海外に渡ったドルが売られれば、ドルは下落を続け、通貨信用を失う。基軸通貨の役割から落ち、米国の特権的な国益はなくなる。

原油の輸入支払いが目的の外貨準備のまま米銀とFRBに預金されれば、海外に出たドルは売られず、米国の銀行に還流する。**海外がもつ外貨準備のドルは米銀に預金される**。この仕組みが**ペト**

ロダラー基軸通貨制であり、キッシンジャーが構想したものだった。この企画のペーパーを書いていたのは、国務省とＣＩＡの合同チームだろうか。わからない。

◎金ドル交換停止のあと、１９７４年からの米ドルはペトロダラーとして世界の基軸通貨を続けた。

原油以外のエネルギーと金属資源、穀物も原油にならってドルで売られ続けている。

戦後のドル覇権は、**戦前の英ポンドの50％覇権**より強力だった。ドルを使う世界貿易が米国のＧＤＰ成長より大きく増えたからである。貿易が増えれば、海外のドル需要も増える。米国経済は２％成長だった。**世界経済の５％成長が米ドルを強化する方向**にはたらいた。海外の他力《たりき》で成立したのが変動相場のドル基軸体制だった。その海外とは、**①１９９４年までは日本とドイツと産油国、②１９９４年以降は中国と日本と産油国**だった。どれくらい強調しても強調しすぎることはない。

4 ペトロダラーは外に出たドルの米銀への還流の仕組み

資源・エネルギーがない国の経済を、貿易を黒字にする加工貿易で育てた日本人の多くは**「ペトロダラー制におけるドルの米国還流の仕組み」**までは知らず、ドル基軸の通貨制度を自然のものとして受けいれてきた。しかしそれは、**経常収支が赤字である米国の特権的な国益の確保という目的がある人工の制度**であった。

赤字の米国から海外に渡ったドルが、①Ｕターンして米銀に還流してくるペトロダラーの仕組みに甘んじて、②これ以降、米国は国家経済として必要な**対外的な経常収支の均衡《きんこう》と黒字化**をめざさない国になった。

＊

図4-5に第二次石油危機の1980年から2022年までの、**1日当たりのドルで買われた石油の金額**を示す。2000年からは80年代、90年代の4倍に向かって大きく増え、ドル基軸を支えていた。2022年は石油が約2倍に高騰したので1日平均80億ドル、**年間では2・9兆ドル**（400兆円）の巨額になっている。

日本には、海外からのエネルギー・資源・食料の輸入のため貿易の黒字（輸出＞輸入）が必要だった。輸入ができず、国産の農業だけでは5000万人しか生きられない（**食料の輸入が停止すれば、イモの栽培も間に合わない**）。

1960年代、70年代に政府は貿易の黒字化をリードし、産業界は第二の「欲しがりません、勝つまでは」と努力した。**イソップの寓《ぐう》話《わ》**のように米国はキリギリス、日本は輸出

図4-5　ペトロダラーの金額（1日当たり：1980〜2022）

週刊エコノミスト誌　23.7.14　市岡繁男氏作成

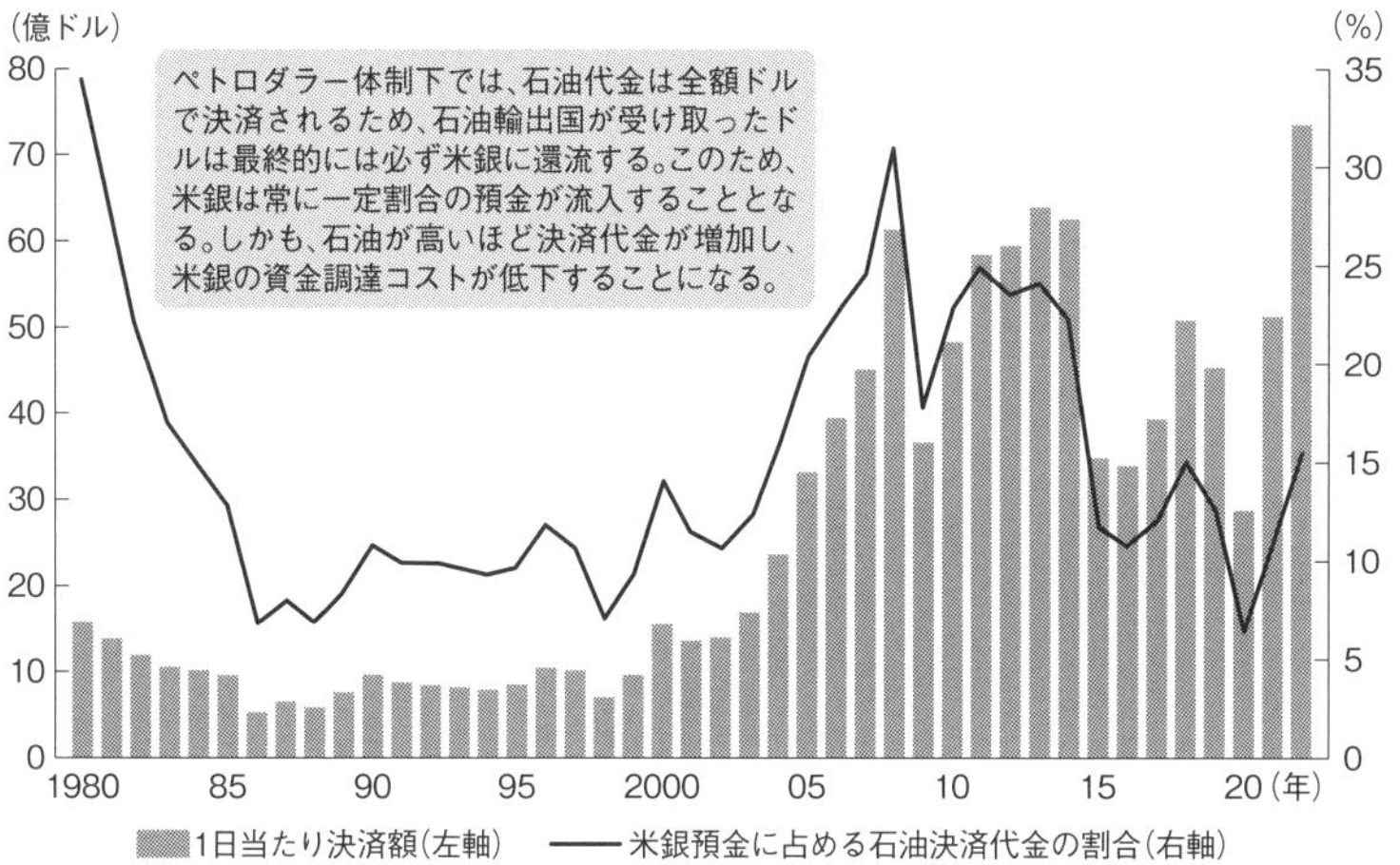

（億ドル）
（%）
ペトロダラー体制下では、石油代金は全額ドルで決済されるため、石油輸出国が受け取ったドルは最終的には必ず米銀に還流する。このため、米銀は常に一定割合の預金が流入することとなる。しかも、石油が高いほど決済代金が増加し、米銀の資金調達コストが低下することになる。
80
70
60
50
40
30
20
10
0
35
30
25
20
15
10
5
0
1980
85
90
95
2000
05
10
15
20（年）
1日当たり決済額（左軸）
米銀預金に占める石油決済代金の割合（右軸）

注：石油決済資金＝世界の石油・同製品輸出量＋米国の石油生産量－米国の石油輸出量。石油・同製品輸出額は全てドルで決済される前提

出所：Energy Institute、FRBのデータを基に著者作成

商品を米国に献上して、代わりに下がるドルを集めるアリだった。

＊

米国から渡されたものは。**長期的には価値が下がるドル・国債・債券**だった。現在、日本の所有として40年で貯まった**約１３００兆円の対外資産**がある。日本が営々と貯めてきたドル建ての対外資産である（80％はドル建て、20％はユーロ建てか）。

日本は、金属資源とエネルギーの１００％、食糧の60％を輸入に頼る。**日本には、国民の命をまもる食糧の安全保障がない**。政治家は国防について語るが、国民の命の安全保障（国産農業）は言わない。なぜだろうか？　ぜひ一緒に考えていただきたい。**食糧攻め**は古来、戦争だった。

米国は逆であり食糧以外は構造的な輸入大国であって、世界にドルをばらまいて食糧とエネルギー以外の商品は十分に作らず、商品は輸入し、対外負債を増やし続けた。

・このため**米国の対外負債**は、30兆ドル（４２００兆円）、

・**海外が常時もつ外貨準備**は、12兆ドル（１６８０兆円：２０２１年）に増えてきた。

＊

◎米国は約40年、経常収支が構造的な赤字を続け、日本とは逆に**ドルが還流するペトロダラーのマネーシステム**によって、対外的な借金で経済を成り立たせる構造になってしまった。

①しかし、世界の産油国が輸出の60％を**新興のBRICS通貨**で売るようになると、

②ペトロダラーの**ドル還流システム**が崩れるから、

③まず**米銀とノンバンクが破産**し、次に海外が3分の1から4分の1を買っている米国債を売っている**米国の政府財政も破産**する。

唯一の対策は、対外負債のドルの2分の1への切り下げである。これは後述する。

【世界の国際収支の構造】

国際収支の教科書は読んでいても、実際の構造を知っている人は少ない。

もちろん、密かな米国の通貨戦略である**ペトロダラーの仕組みと原理**を書いた本は、世界に類書がない。本書で詳しく書く理由は他にないからである。

①**経常収支の黒字**＝金融収支《きんゆうしゅうし》の赤字となり、経常収支の黒字国にはいってきたドルの流出（＝金融収支の赤字）が米国への貸し付けなって、対外資産になる。これがドルとドル債保有の増加になる（中国、日本、ドイツ、産油国、ロシア、東南アジア、資源輸出国）。

②**経常収支の赤字**＝金融収支では黒字になり、経常収支で海外に支払ったドルが還流する。

これは経常収支の黒字国からの米国の借り入れになって、米国のドル建ての対外負債は増加する（米国、英国の2国）。

*

①米国以外の経常収支の黒字国にとってはドル買いになり、

②米国の経常収支の赤字は、黒字国へのドル売りの超過、つまり対外負債の増加になる。

これが戦後の世界貿易がGDPの増加率より大きく拡大してきた、国際収支の仕組みである。黒字国のドル買いと赤字国のドル売りは均衡《きんこう》し、**世界の国際収支尻《こくさいしゅうしじり》はゼロ**になる。

経常収支を国際収支と誤解している人もいるが、これも誤りである。国際収支は、黒字が米国に流出する金融収支（マネーの流れ）を含むのでゼロになる。**国際収支＝経常収支＋金融収支（マネーの流入がマイナス。流出がプラス）である。**商品とマネーの流れは、逆方向である。日本が米国に車を輸出すると、米国から金の信用の裏付けのない信用通貨のドルが来る。

*

18世紀まで金が国際通貨だった重商主義《じゅうしょうしゅぎ》の時代は、

①経常収支の黒字国では金（または銀）が増え、

②赤字国では金が減っていた。国家の金が枯渇すると、輸入ができなくなった。

金は信用通貨のようには**印刷ができない**。このため貿易赤字は減って均衡に向かっていた。

金の輸入は、海外から金を借りて、その後の貿易を黒字にして金を得て返済することだった。

一方、**信用通貨での貿易では**、その通貨が外為市場の銀行に買われる間は、貿易の赤字を続けることができる。

◎しかし金または金兌換通貨で貿易していた19世紀までの**近代重商主義の時代**には、**国家の金が枯渇すると輸入の決済ができず**、輸入は減って自動的に貿易は均衡していた。

*

金は国際通貨として不足するという声が常に上がる。この説も間違いである。金の需要が増え、金の流通する速度が上がって1オンス単位の価格が上がると、金が増えたことと同じ効果になる。

金1トンが1年に100回流通し価格も上がれば、100トン金×（1＋価格上昇率）が流通することと同じ経済効果である。金価格が10倍になっても10倍の金が流通することと同じ効果である。マネー・サプライは、**マネーの流通速度（預金の回転速度）が上がると、**マネーが増えたことと同じ経済効果をもつ。原理は、ストックのマネー量×流通速度（＝預金の回転率）＝マネーの流通量である。**金の価格が上がることが、**経済的には金が増えることと同じ効果をもつと考えることのできる人はマレである。増やす、減らすはメートル原器のような絶対軸のない相対的な概念であり、経済学では実質GDPに対する金の金額が基準になる。

しかし日本の2000年代のように、**預金のGDPに対する信用通貨の回転率が下がって滞留《たいりゅう》すれば、**日銀が増発したストックのマネー量（マネタリーベース＝日銀当座預金の金額）がいくら増えていても、流通量（＝日銀の外の商取引の量）が減ったことと同じになって需要が増えない物価は下がる。

これが日本の1997年から**普通はインフレになるゼロ金利**であるのに、25年のデフレになった原因である。日銀はマネタリーベース（日銀の当座預金）を、1年分のGDP（商品の付加価値生産額）に相当する500兆円増やしたが、国内ではマネーの流通が増えなかった。

【日銀の異次元緩和が政府目標の2%インフレにならなかった原因】

2000年代の日本では、マネーの回転率と銀行の信用乗数（貸付金÷日銀当座預金）が極端に下がって商品需要と設備投資は増えず、マレなことだが**円の増刷のなかでデフレ**になった。アインシュタインのように慧眼《けいがん》すぎるケインズは、この経済現象を**「流動性《りゅうどうせい》の罠《わな》」**と言っていた。

2013年から日銀が銀行・郵貯・生命保険から国債を買って、マネタリーベース（日銀が発行する基礎的マネー）を**500兆円増やしても、企業の借入金が投資される速度である流通速度が大きく下がった**ため、GDPの経済は浮揚《ふよう》しなかった。

＊

銀行が国債を日銀に売って（日銀が国債を買って）、日銀内の当座預金は537兆円に増えた（日銀営《にちぎんえい》業毎旬報告《ぎょうまいじゅんほうこく》：23年7月）。この537兆円のマネーが貸付金に回らず、よどんだプールのように滞留した。日本からのドル買いを増やすだけだった。

異次元緩和のマネー約500兆円のうち、推計230兆円はドルの買い増しになったであろう（対外資産の増加額がドルの買い増し分に相当する）。

◎マネー流通速度が低下し、預金に滞留することを**流動性の罠**（ケインズの命名）という。日本は、金融危機の1998年ころから**流動性の罠**にかかっていた（クルーグマンの指摘）。

物価の下がる期待ができる経済では、あとで買うほうが得になるので預金が増えても使われず滞留する。

日銀が国債を買って**マネタリーベース**（日銀当座預金＋現金紙幣）を増やしても、GDPを成長させる設備投資は増えず、マネーは銀行やタンス預金に滞留し、比較金利（イールド）の高い米ドルの買いになって、1年に20兆円〜30兆円が流出した。**現在も米国へのジャパンマネーの流出が続いていることの結果が1ドル145円台の円安である**（23年8月中旬）。円安とは、外為市場で「ゼロ金利の円売り↓3％から5％の金利がつくドル買い」が増えることである。

日銀が金利を上げれば円安は収まって円高になるが、**金利2％からは1200兆円の長短の円国**

債が約15％下がって財政が破産に向かう。日銀が抱える「ゼロ金利からの出口なし」のディレンマ（両立しない矛盾）がこれである。

「マネーパワー＝マネーの量×流通速度（預金の回転率）」である。川の流れる速度が上がると水量が増えることと同じだ。しかし金は嵩張《かさば》って重く、流通には不便である。輸送船をおそって奪う海賊団のおそれもある。太平洋や大西洋に警察はいない。

このため金ＥＴＦと同じ金証券である**金兌換通貨**で代用した。これが1オンス35ドルで金と交換できる１９７１年までのドルだった。金の量は１００％金ペッグのマネーでも、その流通速度を制限しない。経験的に推奨される中央銀行の金準備率は40％あたりである。

マネーの流通量＝経済と金融商品の売買額の総体＝ＧＤＰ＋金融商品の売買額＝マネー・サプライのストック量×流通速度である。マネー・サプライのストックの量が同じであっても流通速度（経済的財の取引量）を上げれば、経済と金融商品価格はマネー不足なく成長する。金準備制がデフレを招くという説は金が滞留したときである。これは信用通貨の流動性の罠と同じである。金を滞留させないためには「物価上昇＞金価格上昇」とすればいい。信用通貨で日米欧の中央銀行が採用している物価上昇２％原理と同じである。なお制度としては、**金兌換**ではなく金ペッグとするほうが優れている。

5　米国は世界のマネーのブラックホールになった

中国、日本、ドイツ、産油国、ＡＳＥＡＮの5カ国、そしてエネルギーと金属資源の輸出の超過国がドルの保有を増やす。つまり米国債とドル社債・ドル株の買いを増やす。米国は、**対外負債30**

兆ドル（４２００兆円）を吸い込むブラックホールになっている。つまり海外に出たドルが、米銀に還流する資金循環《しきんじゅんかん》が成立している。米国と英国以外の世界は経常収支の黒字国である、

①日本の政府、金融機関、企業、個人は、工場とドル証券を（国債、社債、株）を対外資産として**国の合計では１３３６兆円もっている**（財務省の対外資産：２０２２年末）。対外負債は９１９兆円、対外純資産は４１６兆円ある。大部分（80％）は米国への純貸し付けである。

②ドルペッグの通貨の香港を除く中国は**対外資産を７・７兆ドル**、対外負債を４・９兆ドルもっている。対外純資産は２・85兆ドル（３８２兆円）である。

③ドイツの対外純資産は**３８９兆円相当**であるが、ユーロ内が多くドル買いは少ない。

④**資源・エネルギー輸出のノルウェーの**対外純資産は１５６兆円である。

⑤**ロシアの対外純資産は１０２兆円**（２０２２年末）であるが、60兆円くらいは米欧の銀行がロシアが引き出せないよう預金を凍結している。

米国の対外純負債（**対外負債－対外資産**）**は15兆ドル（２１３７兆円）もある（２０２２年末**）。

・米国の対外総負債は、**30兆ドル**（４２００兆円）である。

・米国には、世界の対外純資産と逆の**ドル建ての純負債15兆ドル**（２１３７兆円）がある。

米国の対外純負債は、ほぼ米国の1年分のＧＤＰに相当する。この純負債の金額の大きさは、**返済が不可能**である。

日本でも仮にＧＤＰの1年分（日本では５５０兆円）の対外純負債があれば、返済できない。対外純負債が返せない国は通貨が暴落する。

しかしドルは暴落せず、２０２２年秋から**23年には逆に上がる傾向**が見える。

一方で貿易は赤字になったが、経常収支はまだ黒字の日本は、145円台の円安になった。ドル高／円安の原因は、ドルの金利が**日本より約4％も高い**からである。

＊

◎1971年からの日本、ドイツ、産油国、資源輸出国、1994年からの開放経済になった中国も、ドル基軸体制を支えてきた米国のパートナーだった。ドルの今後は、右記の経常収支黒字国が2024年以降もドルを買い続けるかどうかにかかっている。

海外からのドル買いは、中国、ロシアに見るように今後は増える方向ではない。

今はまだ**世界一低い金利の日本が平均4％くらいの金利のドル買いをしている**から、日米物価レートからの理論的な均衡水準1ドル70円から2倍のドル高、2倍の円安になっている。

しかし、このドル買い／円売りは、2023年の水準で**1年に50兆円と、日本の経常収支の黒字の4倍も大きい**。つまり**日米の金利差だけによる投機的**で過剰なドル買い／円売りであり、逆転して急激な円高／ドル安にもなりやすい。日米金利差が現在の4％から3％、2％へ下がっていくと簡単に円高／ドル安になる。

外為市場で海外（中国、日本、ロシア、スイス、EU、産油国、韓国、台湾、東南アジアとタックスヘイブン）からの、ドル売りの合計が増えると、ドルは下落、円は高騰、ドル売りがひどくなるとドルは暴落、円は暴騰する。

【23年8月は過剰なドル高／円安】

米国の反中国の政策から**中国がドル買いを減らす**と、ドルへの影響は甚大《じんだい》である。

植田日銀の利上げで日本からのドル買いが減っても、同じ影響をおよぼす。

現在は4%〜5%の日米金利差があるから、円が売られ、ドルが買われている。**ドル買いと同額になる日本の円売り**が、1ドル135円〜143円の円安の原因である。近年のドル/円は、**2020年で106円付近**だった。22年10月にはドル買い円売りが増え152円の超円安になった。23年8月12日も144・9円という150円に近い過剰なドル高/円安である。

2023年の7月は、円の売り越し(=同額のドル買い越し)**が1週間で1・2兆円**に増え、23年3月の7000億円平均に対して70%も多い。年間換算では、**1・2兆円×52週=62・4兆円**という巨額になる。このドル買い/円売りが現在のドルを上げ、**8月12日は145円の円安**にした。1年の想定水準では62兆円のジャパンマネーが米国に行っている。これは2カ月は持続できない過剰なドル買いである。

＊

日米の金利差が0・5%(2020年)から**4%へ拡大し**(2023年)、日本からの円売り/ドル買いが1990年代のように拡大したことが原因である。**買いが減って売りが増える通貨は下がる。逆なら上がるという単純なことだ**。これが通貨レートの変動である。

①2021年から米国の制裁的な規制で、対米輸出が増えなくなってきた中国が3・4兆ドルの外貨準備から、少しずつドル売りに向かっている。

②2022年から赤字通貨のドル買いを一手に引き受けているのは、**金利が0・1%から0・6%と低い日本**である。日銀は、3%インフレによる国債市場の金利の上昇を抑えている(金融抑圧という。GDPの200%の戦争国債を抱えた英国が戦後に実行して、英国は長期で没落した)。

＊

米国は、**中国と日本からの借金で株価を上げて繁栄**している。40年の累計では、①1300兆円も米国に貸し、②ドルの借用証を売らず、③米銀の金庫にしまい込み、④自国が貧乏になったのが**数字だけの対外資産**（米国債、証券、ドル預金）を1300兆円も貯めた日本である。

30兆ドル（4200兆円）の海外からの借金の増加による米国の繁栄は、いつまでも続けることはできない。膨らんだ対外負債のドルの金利が上がって、1年から1年半後からは金利が払えず、対外デフォルトする。わかりきったことだ。なぜドル国債、ドル債、ドル株を増やしている日本の銀行は、この計算をしていないのか。ここも不思議なことだ。内部では米国債の担当が計算しているのに、外部には公表しないのか？

ドル基軸体制には、こういった不思議なことが多い。根本は**日本人がグリーンバックのドルを円より価値ある通貨と見ている**ことである。米国が**ドルの対外負債30兆ドル**（4200兆円）をもつ金融負債国であることは見ていない。**永久に返済できない借金を自国通貨で抱えた国家**が米国である。

米国にとってドル金利が4％に上がると対外利払いがむずかしくなり、ドルの2分の1への切り下げしかない。これが2024年の後半にあるかもしれない、**第二のプラザ合意**である（ドルの2分の1への協調切り下げ）。国債の売買が約3倍に増えた国際金融の水流は今、レートの水面下で激動している。

6　2度の石油危機（1973年、1980年）

変動相場の原理とその展開を理解したあとは、通貨の歴史をペトロダラー制がキッシンジャーによって作られた石油危機まで約50年さかのぼる。

米国がペトロダラーを確立した時期の1973年10月にはパレスチナをめぐり、アラブ側のエジプトとシリアがイスラエルを攻め、第四次中東戦争が起こった。アメリカの仲介で1カ月で停戦したが、エジプトはイスラエルにシナイ半島の返還を迫った。

サウジがリーダーである**アラブ石油国輸出国機構**（OAPEC、現在はOPEC23カ国の供給者組織になっている）**は、イスラエル支援国**（西側）**へ石油供給の停止または制限する「石油戦略」をとった**ため、原油価格は、まず2ドルから8ドルと4倍に高騰した。

◎これが世界を震撼《しんかん》させ物価を30％上げた**「第一次石油危機」**であった。**1バーレル（159リットル＝ドラム缶）は6倍の16ドル**に上がった。16ドルでも今日の81・6ドルと比べれば安い。しかし1950年代の中東に米国が石油を発見したときは、1バーレルが1ドルという安さだった。

中東の石油には、**石油メジャー**（精製・卸会社）**によるオイルラッシュ**が起こった。石油は戦後の家電と自動車の普及で世界需要が増え続け、将来は価格が上がることも約束されていた。ラクダの砂漠遊牧民の部族国家だったアラブでは、159リットル（1バーレル）で1ドルから2ドルと、当時はタダだった日本の水より破格に安かった。①この石油の争奪戦と、②ユダヤ人のロスチャイルドから借金のある**英国によって、パレスチナの領土を奪って作られたイスラエルの誕生**（バルフォア宣言1917年）から始まりと終わりのない中東戦争を生んでいる。

金満のシンガポールや香港のような金融都市ドバイには、怖くなるくらい高い828メートルのブルジュ・ハリファが建つが、一方では石油が出る前の時代の文化として、二人で並ぶといっぱいになるくらい通路が狭い土壁の村落が残されている。ドバイは真珠が唯一の輸出品である海岸の漁村だった。**真珠が無尽蔵な原油に変わった**。20年での変化だった。訪れると信じられない都市が、部分的にはマンハッタンを超える摩天楼のドバイである。「世界一」が好きな国民である。

しかし1973年の第一次石油危機のとき、中東の原油は45年で枯渇《こかつ》すると言われた。この石油枯渇論は、**米国と欧州の石油の7大メジャー（仲介物流の大商社）**が石油価格を上げるための方便（ウソ）だった。2023年で50年経った。枯渇していないどころか、2010年からは米国で地下水による**高圧《こうあつ》破《は》砕法《さいほう》**が開発され、米国とカナダの**シェールオイル生産**の分が増えている。

バイデンが自然保護の観点から水質汚染の恐れがあるとして、米国のシェールオイル増産を止めたことが、2022年2月末からのウクライナ戦争からのロシア産禁輸と絡んで、**22年6月の1バーレル120ドルへの原油価格高騰**の原因になった。

現在は、75ドル付近に下がっていて高騰した電気代も下がっている（23年8月初旬）。しかし、サウジとロシアが**対西側戦争の武器として大幅に減産**すれば、世界で**1日1億バーレルの固定需要**を減らせないかぎり石油は上がる。1日1億バーレルの世界需要3％、300万バーレルの減産で、今の2倍の150ドルになる。100万バーレル（需要の1％）減産で85ドルあたりか。8月中旬は86ドルに上がってきた。今も原油価格が世界の物価を決めている。

産油国と利害が一体化した米欧7大エネルギー・メジャーと軍需産業は、自己利益のためにたびたびウソを作って広げてきた。中東の終わりなき戦争がこれである。

政府と兵器産業（軍産共同体：ネオコン）の癒着《ゆちゃく》が戦争を引き起こす原因になることと同じだ。兵器産業をなくせば、武器を使う戦争と武器が背景の超限戦も起こらない。国有化前の石油の世界流通は、**米欧のエネルギー・メジャー（国際石油資本）**が一元的に支配してきた。エクソンモービル、ロイヤル・ダッチ・シェル、ブリティッシュ・ペトロリウム、シェブロン、トタル、日本の商社……。エネルギー・メジャーは、第一次石油危機による価格の高騰で生産国とともに莫大な利益を得ている。世界への原油の販売はドルで行われる。**1973年と1980年の2度の石油の高騰**から、原油貿易のドル需要が急増し、ドル基軸通貨の体制は一層強化された。国際戦略は、エネルギー・メジャー、国際金融資本、軍産共同体の利益のために作られる。コロナパンデミックは、米英の医薬産業の利益が目的だろう。（注）およそ2000年代からは産油国が原油生産を国有化し、石油メジャーの支配力は多少劣化したが続いている。

◎先進国が高騰した石油を買うため、米ドルを大量に買う必要に迫られたからである。**産油国が得たペトロダラーは米銀とFRBへの預金**として還流した。米銀はその約3分の1を世界に再投資した。日本の株も米国のファンドが**250兆円**もっている。

第一次石油危機で、ほかの先進国が6倍に高騰した石油代金のドル支払いで損をする分、**米国から海外に出たオイルマネーが米銀に還流する仕組み**が作られていた。

国際金融におけるペトロダラーの動きで米国は中東の原油価格の高騰によって、自国の商品輸出が増えたかのような、**米銀への負債のキャッシュ・フローの増加**があった。この国際的なドルマネーの還流によって原油価格を上げたＯＰＥＣの生産制限が、どんな目的で実行されたか推測できる。

米ドルの強化である。

*

ウクライナ戦争もそうであるが、**戦争は単純な原因で起こるものではない。**

国土と命を破壊する軍事には、軍事行動と戦闘のバックに、

①軍需産業による政府への販売利益、

②資源・石油産業の支配と高騰の利益、

③国際金融資本による株と資産買収と利益、

④CIAやペンタゴンのフェイクの諜報《ちょうほう》、

⑤メディアによる国民の世論操作のためのプロパガンダがともなっている。

諜報とは、敵国を無条件に悪として自軍の正義の攻撃を有利にする目的をもった操作情報である。

大学対抗のラグビーでも敵の学校は不正なプレーをする悪に、自分の学校のチームは善に見える。心理の構造はこれと同じだ。

戦争への国民世論は相手を悪としないと高まらない。ウクライナがいつもプーチンの戦争犯罪を説く理由は、ロシアを悪として自国民の戦意を高揚させる目的以外ではない。西側のメディアと政治は日本を含み、ゼレンスキーの**「鬼畜《きちく》プーチン」**のプロパガンダに乗っている。ゼレンスキーは傀儡《かいらい》である。米国が戦争するためには、議会の賛成が必要である。議会は世論で動く。

戦争犯罪や侵略の事実はどうでもいい。戦争犯罪だ、西側の民主主義をまもるといって、悪のプーチン独裁主義を糾弾《きゅうだん》するプロパガンダを言いつのる。米国と西側から戦争支援金と武器をもらう

ことが、**ゼレンスキーの政治俳優としての役割**である。

政治家になった北野武のような喜劇俳優であるから、スタッフが書いた台詞《せりふ》を暗記し、迫真《はくしん》の演技でしゃべるのはうまい。彼にとっては**米国CIAというディレクター**がシナリオを書いて演技指導をしている映画の撮影だろう。ウクライナには音楽やスポーツで才能がある人が多い。子供たちの多くは整った顔立ちで美しい。ただしコカイン密売と人身売買も多い。

米国の今回のウクライナ戦争の目的は、プーチンを倒して資源・エネルギーのオリガルヒに、エリツィンの時代（1991〜99）のように食い込んで利権を得ることである。バイデンとブリンケンは、ロシアの独裁主義から民主主義をまもるというウソをついている。**戦争の目的は、資源とエネルギーである。この生産・物流・販売の支配権の獲得以外ではない**。米国の戦争が他国の民主主義をまもる戦争であった試しはないが、政治家は真相を隠し、ウソをつくことが役割である。

プーチンは前大統領エリツィンのスタッフだった。1991年のソ連崩壊のあと、

①美名のグローバル化を掲げたクリントン政権とエネルギー・メジャー、米国金融が、

②**国家崩壊によるアパシー**（**規範がない国家**）**になったロシア**で、米国金融資本と石油メジャーがいかにひどいことをして搾取《さくしゅ》したかを現場で知っている。

プーチンによってロシアは再興したが、米国勢力を排除したため米国の敵になった。

日本の北方領土の返還交渉でも、以上の現代史を知っていないと話にならない。事実、数十年も話になっていない。プーチンのホンネは、**親日ではないが反日でもないと思っている**。しかし**米軍が支配している日本に対しては反日**である。外務省が以上の事実を知ったうえで首相がプーチンと外交交渉に臨め

ば返還への道も拓《ひら》ける。プーチンはスパイだった。本能的に二重人格の側面をもつ。スパイでは二重人格とホンネとタテマエの言動が仕事である。プーチンは見る角度でちがう面が見える複雑な人間である。

【イラン革命と金価格の高騰　1979年～80年：第二次石油危機】

1979年には、イランの内戦だった民主革命（ホメイニ師を立てたイスラム革命）で親米のパーレビ国王が追放された。米国は**国王が米銀に預けていた巨額のドル預金とゴールド**を差し押さえ、ホメイニ師の革命政府に渡さなかった。産油国は、この革命のときも生産の制限をして原油の価格を13ドルから32ドルに上げた。これが**第二次石油危機**になった。

この民主革命のあと33年、**イランは米国と敵対する国**になった。このとき中東の他の産油国の王族が「いざとなれば、**米国と西側の銀行がオイルマネーのドル預金を差し押さえて没収**するかもしれない」という懸念を抱き、自国に保管できる金の現物《げんぶつ》をオイルマネーで買った。

産油国の買いで、金の売買市場（ロンドンのロスチャイルドが主宰する黄金の間、現在は金先物のCMEが主導）では金の現物が不足した。1オンス（31・1グラム）が現在の12分の1の160ドル付近だった価格は、1979年に3・7倍の595ドル、1980年には瞬

図4-6　イラン革命（1979年）
原油と金価格高騰：第二次石油危機

間で５・５倍の最高価格８９０ドル（円では１グラム６９４５円）に急騰した。

２０２３年８月現在の**国際金市場での卸価格は、１９５０ドル付近**である。円では単位が１グラムなので、小売りマージン約１・５％＋消費税10％に円安が重なり、９７００円から９８５０円あたりで波動している。金はドル価格で見ないと傾向がわからなくなる。ドル安／円高で日本での金の価格は下がり、ドル高／円安では上がるからだ。

鉱山から年間約３６００トンしか採掘《さいくつ》されない金は、１９７９〜80年のように市場の**需要が急に増えると、４倍、５倍に急騰をする時期**がある。鉱山の金は15万トンで、現在のペースで掘って42年分しかないとされる。１トンの金鉱石からとれる金は、毎年減っていて5グラムから10グラム程度と少なくなった。１オンスの産金コストは、２０１６年の底だった８５０ドルが23年に１３００ドルへと１・５倍に上がり、金価格を上げる要素になっている。

（注）金の生産量は、携帯電話やＰＣなどの電子回路や宝飾品からのリサイクルが約１０００トンあり、**年間４６００トン**くらいである（２０２２年）。１位の中国が３７０トン、２位豪州３３０トン、３位ロシア３００トン、４位の米国が１８０トン生産している。需要で大きく変動するのは、金融投資用のゴールドバーであり、需要は多い年度で１７００トン、少ない年度は１０００トン台である。１０００トンを割ることはマレである。**投資用のゴールドバー需要が１３００トンを超える年度は、金価格が上がる。ファンドが短期売買しているものが多い金ＥＴＦ**（金証券）**の需要がマイナスになる年度は、金価格は上がらないか、下がる傾向がある。**

なおゴールドバーでいったん保有されたものが市場に出てくることは少なく、長期保有される性質がある。

【重要な外交ほど密約である】

キッシンジャー外交から**ペトロダラー**になったドルは、穀物や金属などの資源価格と原油やLNG（海上輸送ができる液化天然ガス）の価格が上がると、国際的な需要が増える。このため資源・エネルギー価格が上がるとき、原理から下がるべき**ドルのレート**が、逆に上がることが多い。**他方、円は**資源・エネルギー価格が高騰すると、貿易が赤字になるので下がる傾向がある。

金兌換制の廃止のあと、ペトロダラーの仕組みを作ったキッシンジャーは外交の天才だろう。**米国から出たドルが米銀に還流するペトロダラー制度の構想**（イマジネーション）は、50歳ころの彼の頭に浮かんだもの以外ではない。

◎密約だった**ペトロダラー制**は、産油国の23カ国のオイルドルが米国に還流するシステムだった。外交の妥結は相手国との約束である。重要なものほど**国民世論への配慮から密約**で交わされる。沖縄の**米軍基地に核ミサイル**があることも密約である。政府は否定する。しかし存在する。日本海に潜水している原子力潜水艦は、日本に寄港するときも核ミサイルを載せている。

核戦争は間違いやシステムの誤操作からも、いつ起こるかわからない。米軍の核ミサイルはその報復の準備である。日本以外の世界では常識である。**世界の常識は日本の非常識**と言ったのは誰だったか。

日本で明らかにされないのは、まもられることのない非核三原則（もたず、作らず、もちこませず）が、①まだ死文ではないこと、②国民には核への心理的アレルギーが世界一強いからだろう。

政府は、タテマエを言って実態は隠す。通貨にも、古代からタテマエとホンネがある。

フランス人国際政治学者**エマニュエル・トッド**が奨《すす》めるように、日本は自前の核武装をしないと米国から独立できない。しかし米国は「日本とドイツは核武装させてはならない国」としておくことを外交の基本にしている。核兵器で独立し、独自の外交は行わせないということである。

インドのガンジーが唱えた**非武装中立は理想ではあるが夢想**である。インドも核兵器をもっている。イランの核武装も、ウラン濃縮度が90％以上に高まっていて至近距離にある。核保有国は米国、中国、ロシア、英国、フランス、イスラエル、インド、パキスタン、北朝鮮である。イラン、シリア、ミャンマーは保有疑惑国である。

中国と北朝鮮は核武装し、核ミサイルの照準を日本の都市と米軍の基地にあわせている。これが現実。日本も原発の**核燃料濃縮**はできていて、米国のＯＫが出れば約４週で核爆弾を作ることができる。核ミサイルや原子力潜水艦を作るには、３年の時間がかかるだろう。

第五章 金兌換停止後の通貨の53年：1970〜2023

1 増加を続けるオフショア金融、世界の銀行より多いマネー量

変動相場において通貨レートの大きな変動こそが国際・国内経済を左右してきたことを知るべきである。本書で通貨について書く理由がこれである。**ドルの変動は世界経済を、各国の通貨の変動は各国の経済を転換させる。**

1980年代の初期だったか。はじめてスイスに行ったとき、日米欧の通貨レートが1時間ごとの定時ニュースの冒頭であることに驚いた。多国籍通貨での金融大国のスイス（人口870万人の都市国家）にとって、ドル、円、マルク、英ポンドとスイスフランの相対的な通貨レートは、**物価や金利より経済の重い問題**だった。当時の日本では、ドル、マルク、円のニュースは小さかった。スイスフランのニュースはなかった。スイス人は変動相場の世界の通貨レートを毎日見ていた。スイスは無税のオフショア金融の国である。ロンドンのシティ、ウォール街、香港、シンガポール、ドバイもオフショア金融である、

【いまだ巨大化を続ける闇のオフショア金融】

タックスヘイブン（オフショアにある租税回避地）を仮想的な本拠地にした**プライベートバンクが多いスイス**には、

①中東の王族のオイルマネー（ドル）と、

②中国共産党幹部の隠しマネーの流入が多い。

タックスヘイブン内で上がった利益は非課税である。ただし本国に送金すれば、普通はその国の税率で課税される。タックスヘイブンのマネーが増え続けている原因は、世界の金融資産が上位0・01％（1万人に1人）、**世界では80万人へのマネーの集中がすすんだ**からである。100億円以上の金融資産をもつ人で、タックスヘイブンに運用口座をもたない人はマレである。

世界のファンド、金融機関の投資マネーの多くがタックスヘイブンのプライベートバンクにある。窓口になるプライベートバンクは、スイス、ロンドンのシティ、香港、シンガポール、米国内にはテネシー州、オハイオ州、ワイオミング州、サウスダコタ州、ネバダ州、アラスカ州、デラウエア州など13の州にタックスヘイブンがある。世界のタックヘイブンのマネー量は不明である。

マイアミに行くと、タックスヘイブンの島に行く、純白の大きな客船が停泊している。タックスヘイブンの島が多いカリブ海は雲が少なく輝く太陽の下で紺碧《こんぺき》で透明だ。トランプの宮殿マー・アー・ラゴもマイアミの海岸に面している。俳優・女優、歌手、有名プロスポーツ選手、企業のオーナーの別荘が多い。全米から退役富裕者の移住が多いマイアミは1929年の大恐慌のときから、金利変化の循環で繰り返す米国不動産が激しく上がって下がるバブルの発祥地である。フロリダとテキサスは、米国のもうひとつの国家に見える。米国の国土は日本の25倍だから、欧州のように5つの国であってもいい。

【世界100カ所のオフショア金融】

世界のタックスヘイブンには、世界の銀行資産より大きな18兆ドル（2520兆円相当：2010年時点：13年後の現在は2倍の5000兆円規模だろう）のマネーがあるという（IMF：ニコラス・シャクソン『タックスヘイブンの闇』2012年）。

シャクソンにとって身の危険があった調査から13年後の現在も、世界100カ所に達するタックスヘイブンの実態は、知られていない。タックスヘイブンは、世界の政治家や富裕者の金融資産の秘匿の場だったからである。**現在は35兆ドル（4900兆円）に増えているだろう。**

図5-1　タックスヘイブンのケイマン島
世界の富裕者と銀行の金融資産がある

日本の金融資産（現金・預金と債券4095兆円：日銀の集計）より多い**4900兆円がタックスヘイブンから世界に投資**されている。銀行預金は金庫でじっとしているのではない。金利と配当を求めて投資・運用される。預金のままなら、金利はわずかしかつかない。しかも年2％くらい弁護士や会計士の管理手数料がかかる（2％といっても100兆円だから巨大）。

2016年に法律事務所モサック・フォンセカが流出させた**パナマ文書**によると、21万社1150万件の口座があることが明らかになった。多くの政治家、会社CEOや役員、株長者、不動産資産家の名前があった。

タックスヘイブンの弁護士を仮の社長にして、ごく小さな資本金のペーパーカンパニーを作る。弁護士が書類を作る。海外からの所得は米銀を通じてタックスヘイブンの銀行に入れる。管理弁護士への手数料は約2%。この時点で課税を逃れることができる。**タックスヘイブン内では株や債券の売買益への課税もない**。自国で使うときは、タックスヘイブンの国際銀行口座のクレジットカードを利用する。世界中で使える。**自国にマネーをもってこないかぎり所得に課税されない**ことが多い。相続などで明らかになれば課税される。多くの富裕者が米国、スイス、ロンドン、香港、シンガポールの**プライベートバンク経由**でそういった方法をとっている。プライベートバンクに口座開設を斡旋した仲介業（金融業や金融コンサルタント）には、預託金の約2%が手数料としてはいる仕組みもある。

富裕者ではない当方も海外で所得があったとき、とても少ない金額だったが、この方法をとったことがある。仕組みはスイスで聞いた。病院専門の税理士も数人が来ていた。

ある創業経営者は言っていた。「自分の資産は給料で作ったものではない。40%もある高い税金を払う給料では資産は作ることはできません。不動産を安く買い続けて売らずにいる。長期では値上がりしてきた。これが今の資産です」……資産作りでは世界共通の真理だろう。

オフショアのタックスヘイブンには、日本の3大メガバンク、生保、ファンドなどの黒い目の投資家もいる。

日本国内の金利ゼロ%では、マネー運用と貸付金の利益がない。運用利益のない金融業は成立しない。大手銀行の運用資産に対する人件費、建物、コンピュータの業務経費は約0・5%である。最低でも1・5%に回さねばならない。危機のない平時でも、不良債権は融資の1%くらい発生するからである。

◎東証の株式売買は1日に3・5兆円くらいあるが、**2000年代から60～70%**はガイジン・ファンドの売買になっている。23年4月、5月、6月に日経平均を突然、25%上げたのも、約12兆円のガイジン・ファンドによる買い越しだった。6月18日以降、買い越しが減って売り越しの週があると、上がらなくなった。そのほとんどが**ケイマン島など英国領やプエルトリコの島に多い世界のタックスヘイブン**（100カ所）から来ている。

日本人のマネーもまじっているだろう（プライベートバンクを通じて10％の490億円か？）。送金と貯金はデジタルの通信回線で行うので、**コンピュータ本体を仮想的にカリブ海の島に置けば**、マネーを島にとどめておくかぎり課税を逃れることができる。国際金融資本の**プライベートバンク部門**がこれである。

現代のマネーは紙幣ではなく、ハードディスクのデジタル信号であって目に見えない。預金、株券、国債は100％デジタル化され、通信回線で瞬時に送金する。スマホは財布になる。

タックスヘイブンの預金とマネー運用がもっとも多いのは、**米国のメガテック5社**である。現金は株価時価総額の10％から20％はあるだろう。

・アップル　（株価時価総額3兆ドル：420兆円）
・アルファベット（グーグル）　（1・5兆ドル：210兆円）
・マイクロソフト　（2・5兆ドル：350兆円）
・メタ（フェイスブック）　（0・7兆ドル：98兆円）
・アマゾン　（1・3兆ドル：182兆円）

合計の株価時価総額が1260兆円となった世界企業のマネーのほとんどが、世界から課税を逃れるタックスヘイブンにある。もっとも儲けているメガテックの所得に対する**課税率は5％から10％**だろう。

アップル1社の企業価値＝時価総額420兆円は、日本のGDPの80％、トヨタの10・5倍である。アップルは国家並みになった（ただしこの株価は3倍のバブルだろう）。

世界に約6000本あるヘッジファンド（預託運用元本4兆ドル：560兆円）の仮想的な本拠地は、ほぼ全部オフショアのタックスヘイブンである。インデックスファンド（運用総額3000兆円）の本拠もタックスヘイブンである。

どの国の金融機関やファンドが日本株を買っているのか公開されていないが、ほとんど（80％）は**米国系のファンド**である。20％くらいが欧州系で資源国ノルウェーの政府系ファンドであるSWFだろう。ノルウェーのSWFは国家ファンドであり、日本の年金運用のGPIF（200兆円）に相当する。

通信回線で瞬間移動するマネーに国境や関税はない。それがわれわれの住んでいる世界である。もっとも早くグローバル化したマネーの移動とファイナンス（金融）では、すでに各国で異なる課税率しか国籍の意味はない。株式投資家が留意すべきことである。

なお人民元は今も金融投資・通貨投資での海外への流出（貿易を除く）は、特定の範囲に規制している。人民元で投機的な売買を禁じるためである。

しかし最終章で示す2025年、26年と決まっている**米ドルのデジタル通貨化**（CBDC）では、旧ドルが一定期間をおいて無効になるので自主的に100％が新通貨に交換され、タックスヘイブンマネーである**推計30兆ドル（4200兆円）があぶり出される**。富裕者とメガテックのマネー、30兆ドルの1年の運用利益を4％としても、**課税＝30兆ドル×4％×20％＝2400億ドル（33・6兆円）**が米国の新しい税収になる。米国の財政赤字は、2400億ドル（財政赤字1兆ドルの24％）は減るだろうが、財政の赤字の100％解消にはならない。

＊

国内の雰囲気だけで日本の株価も動かない。上場会社のCEOが会社の経営計画を説明する相手は海外ファンドの日本支店である。30代のファンドマネジャーも運用マネーを動かすから、本人ではなく**立場の権限**がある。ファンドマネジャーは**立場の権限を自分の権威と誤解**する。株主は会社のCEOの上に立つ。ゲンキンな世の中では階級的な立場よりお金が上だろう。相手が国家のときですら「メキシコは債券を買って俺が助けてやった」という態度がある。

2 ドル・ユーロ・円・人民元の実効レート（2010〜23）

◎実効《じっこう》レートは貿易額で加重平均した通貨レートを指す。わが国では米ドルに対してだけ円安や円高とされることが一般的だ。本来は、**世界の通貨に対しての実効レート**でなければならない。

わが国で外貨と言えばドルがおよそ100％イメージされているので、ドルに対する円レートしか語られない。日本人と政治家の多くにとって国際と世界は米国の背後にあるものであり、外貨はドルだけとされている。世界200カ国は、オリンピックの極彩色の民族衣装でしか見えない。

米国が世界のGDPの25％を占めて1位（戦後は米国のGDPは世界の40％だった）、日本が15％を占めて2位のときは不都合が大きくなかった。日本の資産バブルが崩壊し、ソ連が崩壊して東欧が独立し、中国が開放経済になって急成長した1990年以降の世界は**「多極化」**した。

われわれには**多極化した世界**へのイメージが乏しい。ロシアとウクライナ戦争も、メディアを通じて米国の戦争プロパガンダ情報でしか見ていない（この片側情報を偏向情報という）。

メディアにとって**CIA（2・1万人）や国家安全保障局**（NSA：3万人）が米国と西側の世論を操作するために小出しにしているリーク情報は、もっとも高い位置にある。この奥の院に迫る取材はない。安倍元首相暗殺事件で警察庁（8000人）と奈良県警（2400人）の幹部職員による世論操作の目的をもったリークを、その意図に沿って、そのまま載せるメディアと同じである。

メディアは、異なるソースから裏取りをしなければならない義務を読者に対して負っているが、この裏取りが消えてしまった。ウクライナ有利の戦況報道でも同じである。**CIAのプロパガンダである操作情報を垂れ流している。**ウクライナが有利であるはずがない。日米欧の主流メディアは、共通に政府によって操作される政府広報になっている。国際報道で公正をまもっているメディアは中東カタールのアルジャジーラか。ウクライナ戦争は和平がないままに秋には停止するかもしれない。

3　変動相場のなかの米ドルの下落

図5-2に示す**4大通貨の実効レート**の変動と原因を語るには、大量の文字と数字が必要である。紙幅に限界があるので圧縮する。（注）**実効レート**は貿易額の加重平均で世界の通貨の指数を計算したものである。ドル／円での関係ではなく、世界の通貨に対するレートの位置がわかる。

1973年は、

①戦後の金ドル交換体制が**米国の金の枯渇によって崩壊した。**

②同時に第一次石油危機によって**資源・エネルギーの高騰が起こった。**

③**世界が変動相場になった**という、単独でも重大な変化が3つ重なって引き起こされ、戦後

歴史の転換点になった年だった。

しかし日本ではこの時期の認識が薄い。理由は**金ドル交換停止と第一次石油危機、そしてドル変動相場制の関連を見ていなかった**からである。ドルだけしか見えなかった。私もそうだった。金、石油、スイスフラン、タックスヘイブンは遠い世界のものだった。目の前で、30%上がった物価の意味すらわからなかった。経済が成長期の70年代は賃金も物価に比例して上がっていたからだ。

【1971年から1979年のドル暴落】

金兌換と固定相場の末期にあたる1971年には、世界の通貨に対する実効レートが155と歴史上もっとも高かった米ドルが変動相場制になると、1979年からの第二次石油危機まで105へと一直線に下落した（図5-2）。ドルの実効レート低下はドルの実質価値（商品と資産の購買力）の下落である。**物価が上がった2度の石油危機の期間、経常収支が赤字の米国経済の凋落《ちょうらく》**を示していた。

この間、世界経済で比重が重くなったのは、

・欧州では、クラフトマンの伝統からの高品質な製造業の**ドイツ経済、**

・アジアでは省エネ、小型化、高品質化を図った**日本経済**だった。

ドイツ人と日本人は、世界で特異な文化（国民に共通の価値観）をもつのかもしれない。短期間で経済成長する潜在力をもっている。しかしこの時期から、半世紀経った2023年の**日・独の双方の潜在成長力**は衰微《すいび》したように見える。いかがだろうか。

日本経済の輸出成長力を示す**黒字通貨の円は、1973年の60から、5年後の1978年は11**

0へと83%上がっている。逆に貿易が赤字を続ける米ドルはペトロダラーの還流システムを作っても、輸出競争に負ける赤字通貨だった。

米国の製造業が日独に負けたのは**米国がエネルギーを多消費する粗放《そほう》農業的な工業**だったからである。ほぼ100%が移民労働の手によるものだから工業や建築が荒い。日本では、緻密《ちみつ》な日本人が生産のムリ・ムダ・ムラをなくし、在庫レス緻密なサプライチェーンの**トヨタ生産方式**を確立し、各社に広がっていた。米国では、サプライチェーンのシステムである**ディスカウントのDC型流通業だけが発達した**。すべてが大型の商品であり、原油価格が6倍に上がったなかでエネルギー多消費の米国製造業は凋落した。

アップルの製品企画と設計は米国（中国人、インド人、ロシア人も多い）であるが、生産は中華圏（中国・香港・台湾）で行っている。米国はアップルのiPhoneを輸入する。iPhoneは10億台普及し、1億台のWindowsPCを10倍も超える生産量で

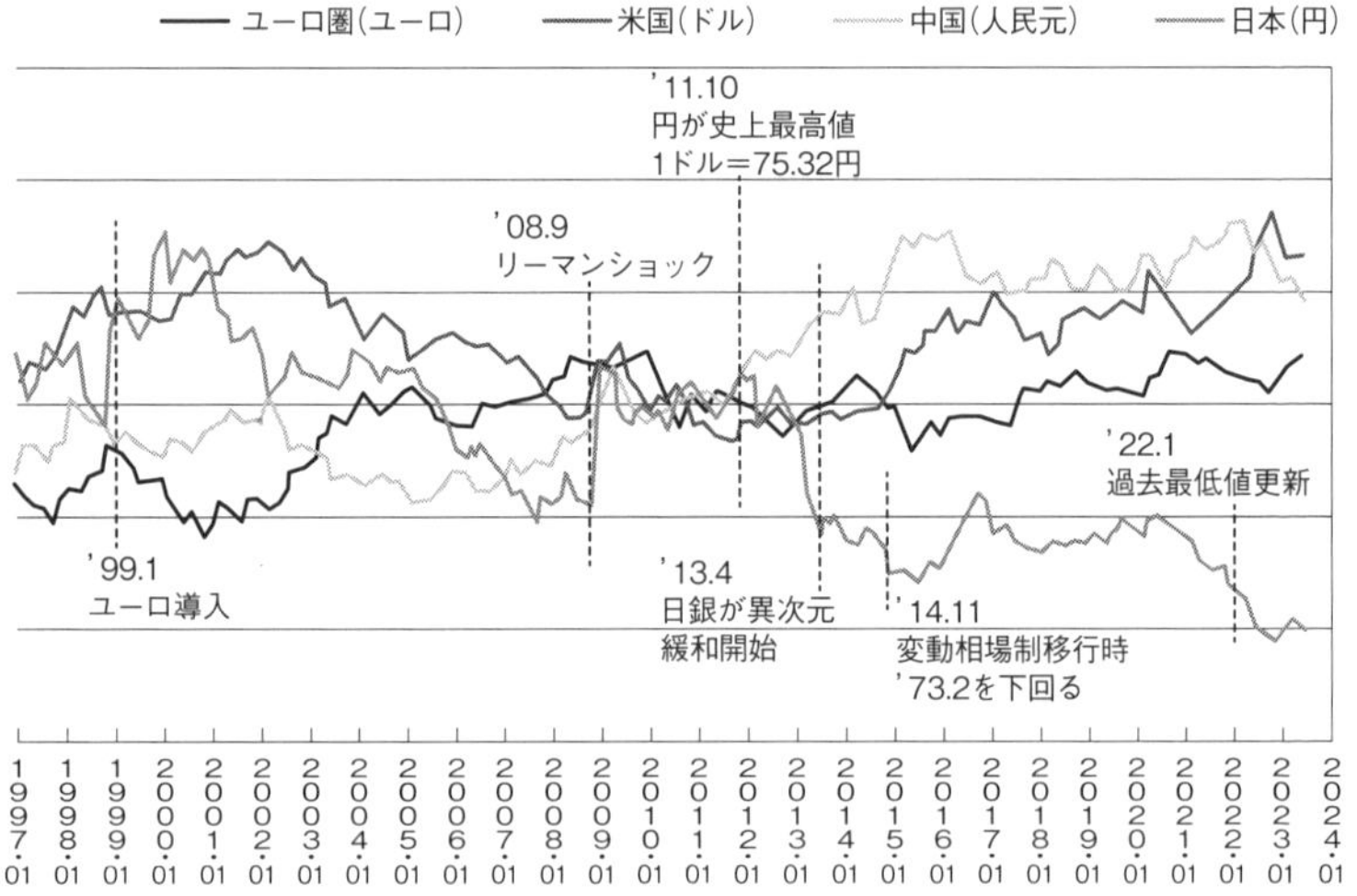

出所：BIS（国際決算銀行）HP、毎日新聞2014.12.19（年表事項）

ある。**外交では敵対する中国と台湾**は、経済と金融では香港のように一体である。

DC型流通業：**店舗の上流のDC（ディストリビューション・センター）から国内、海外に発注し**、販売用在庫をストックして店舗に必要量を補充するシステムをもつ小売業である。8％から10％のコストがかかる卸を介さないので、その分、仕入価格は安くなって、価格競争力が高まる。加えて生産コストが低い海外で商品開発を行って価格を下げる。

米国は、1970年代に貿易と経常収支の赤字が大きくなった。車、機械、住宅、ビル、ラスベガスの5000室のホテル、身体などすべてが大きく、エネルギーで2倍は多消費である。米国は政府が赤字、経常収支と貿易も赤字、世帯も企業も資金収支で大きな赤字。国中が借金過多だが、株価の2倍、3倍のバブルで助かっている。

今回の株価と不動産のバブルが2025年ま

図5-2　世界の通貨に対する実効レートの指数（1770～2022）

消費者物価指数ベースの実質実効為替レート（月平均、2010年＝100）

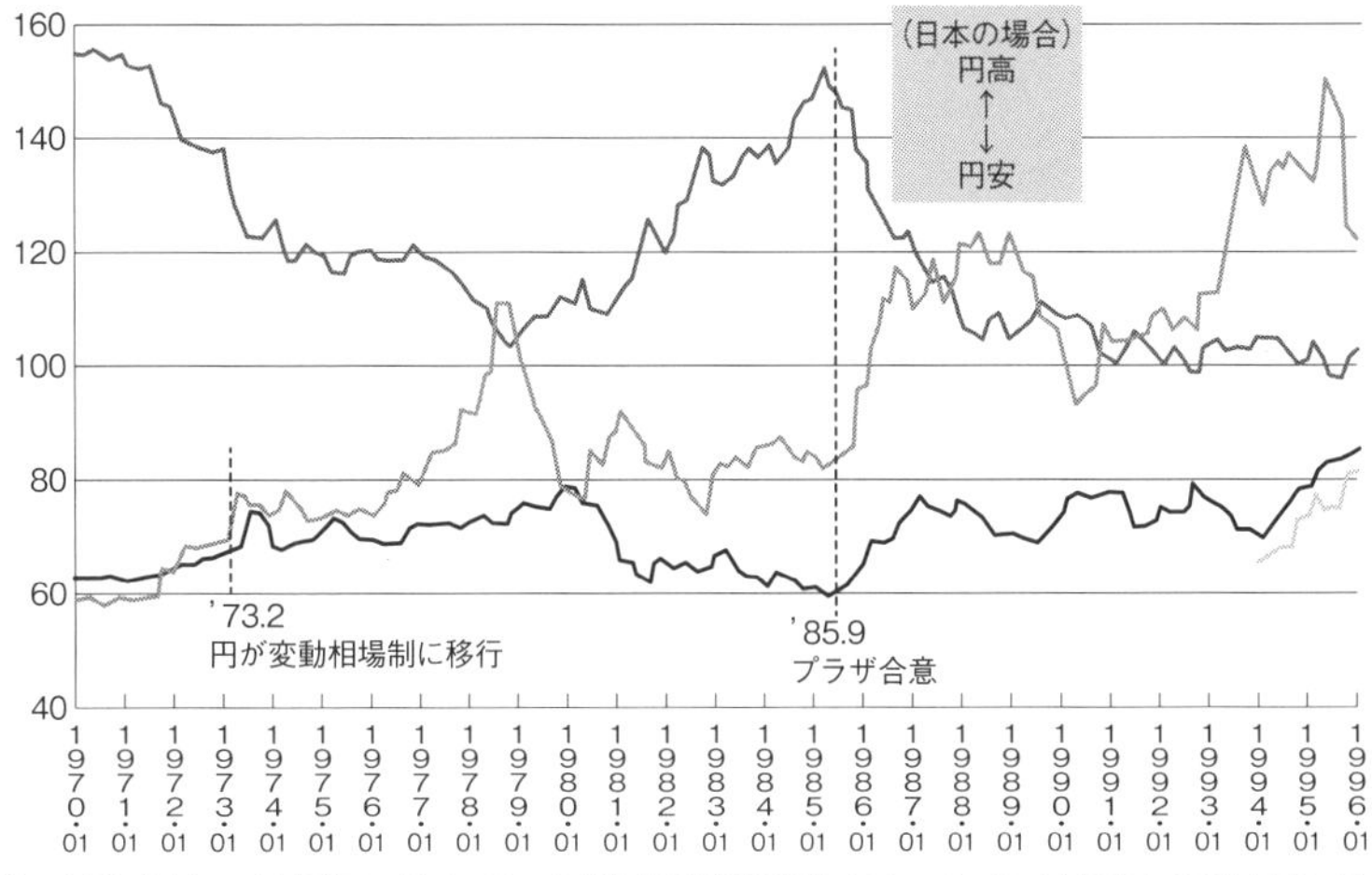

注：対象バスケットはブロードベース。ただし1993年以前はナローベース（中国なしの27カ国）に接続。2020年基準値から基準転換。

でに破裂すれば、米国経済のいいところがなくなる。

日本は、政府の赤字、過多な国債、低い所得、生産性の伸びの低さ、円安が問題。国民性はいい。政治家とメディアはダメ、大学の世界的なレベルも高いとは言いにくい。日本のエリートの知的水準は、世界的に高いとは言えないが、**国民の倫理と民度は世界一高い**。民度とは奇妙な言葉だが、**国民の平和的な知的水準、文化、礼儀、行動様式**である。

【今後の日本に必要な国家の仕組み】

肝心な政治と行政（通貨行政の日銀も含む）には、任期制の選挙で選ばれた**有識者や上級公務員試験合格者に政治・行政の検察員の権限**を与えることとする。そして国政には北欧風オンブズマンの制度を作ることが必要だろう。

政治家と官僚は利権を失うので抵抗するが、行政と政治はマシになる。今の政治と行政に「出口がない」からだ。行政権限の民間と癒着を生んでいる天下りの監視。これだけでも行政は国民向きになる。それに大きな社会と経済に行政の実質権限をもつ事務次官、マネー権限をもつ日銀総裁と政策委員の選挙制度が必要だろう。

◎**官僚の行政を規定する行政法**は、「法の下に法の規制を受けながら、現実に国家目的の積極的な実現をめざして行われる、全体として統一性をもった継続的な形成的国家活動」（法学者田中二郎東大教授の定義）として、ほかの法より上位にある。このため国家への反逆罪《はんぎゃくざい》は、世界で共通に重刑の死刑になる。国家行為としての行政が不当でも、裁判官も官僚の一員であり、行政訴訟で勝つことはむずかしい。行政法は、**官僚が国民より優位で国民を支配する国家**を作っている。国民主権の観点から根本を変更すべき法である。

なお米国では**連邦政府に対する州の反抗は、13州の合意として独立以来、憲法が保障する権利**とされている。米国で国家とは、実は州である。州が州兵をもち、州法の許可があれば個人の銃の保有が許されるのは、連邦国家（ワシントン政府）への反抗も合法的だからである。トランプはワシントン政府に対してこの憲法条項を使い、**自分が作った宇宙軍**を陰で動かしている。ここから**米国のパラレルワールド**が生まれている。日本では想像すらむずかしいことだろう。小泉元首相が自衛隊の分隊を動かすようなことである。ワシントン政府は州をもたない連邦である。

1990年代のなかばに、ラスベガスで開かれた**世界物流のサプライチェーン・システムの展示会があった**。インドからもターバンを巻いて多数が来ていた。日本からは当方が属するグループと、NTTだけだった。**日本の2000年代は、世界のインターネットに遅れて暗くなるだろう**と、広い会場で直感した。その通りだった。革新的な技術導入の遅れは、10年後に追いつけない格差になる。**今後は生成AIが鍵である**。米国からは30代、40代と思しきエグゼクティブの女性技術者の参加が多数だった。皆フランクで一緒に笑って食べて何枚も写真をとってくれた。砂漠の蜃気楼ラスベガスにはそういった雰囲気がある。アメリカのいい面である。

4 特別テーマ：試論　令和ルネサンスへの5年

官僚は、今年もインフレ対応で賃金を上げる（330万人への人事院勧告、58・5万人の国家公務員対象だが、地方公務員274万人もならうだろう）。民間の**経営倫理のある会社**なら、赤字のときは自分の給料から率先して下げる。官僚は、財政が構造的に大きな赤字のなかでも給料を上げる。

行政官は優位な階級とされている。裁判官も人事院も、同じ釜の飯（税）を食べる公務員であり、**国民のための自浄機能《じじょうきのう》はない**。

◎医療や年金の社会福祉が大きくなった国で必要になるのは、北欧風の**オンブズマン制度**である。世界一の高齢化のため巨額な福祉予算（約90兆円）を国民に分配するようになった2000年以降の日本にも行政の不正や利権の監視のためには必要だろう。日米欧同時の政治家・官僚の「金だけ、自分だけ」は国を滅ぼす。

ここが日本の根本の問題である「金だけ、自分だけ」の修正は、どう行うべきか？　日本で家を建てるときや**子供と老人を養うときに協力しあった相互扶助《そうごふじょ》の地域共同体**に分割することか。連邦国家制での町の独立。町長は選挙で選ぶ。住民の誰にも行政が見えるようにする。高級官僚と政治家は、5万人くらいの単位の町が給料を払って町の所属として日本連邦の会議に臨《のぞ》む。行政の領域を生成AIに変えれば、これができる。これで十分。不正はできにくくなる。やる人は地獄の釜《かま》までだが……犯罪者の発生は世の常である。

仮想通貨と電子政府で世界トップを走る**エストニア**が、これに近い制度である。年金保険を含む税は一律で所得の20％（消費税は20％）、**合計の国民負担は約35％**。（注）国民負担率＝（税＋社会保障費）÷国民所得：国民所得＝事業所得＋世帯所得。日本の国民所得は443兆円だった（2021年）。税＋社会保障費が238兆円と大きい。

◎エストニアは、日本の社会保障費（国債の潜在負担を含む）＋税＝**国民負担の53・9％**（２０２３年）より約20ポイント低い。同国の１人平均所得は３３６万円。日本のはたらく人と、年金世帯の１人当たり所得が平均で４４３万円。日本が32％高い。

ところが税と社会保障の国民負担後の日本人の１人平均所得は、

・現在、１人当たり所得４４３万円×（１－国民負担率53・９％）＝可処分所得２０４万円、

・エストニアは１人当たり所得３３６万円×（１－国民負担率35％）＝可処分所得２１８万円である。

可処分所得の１人当たりでは、バルト海に面するエストニアが日本人より豊かである。

「なぜこうなった？」と思うが、読者はいかがだろうか。

日本は現代ギリシャのように国家が制度疲労し、**税と社会保障費負担が53・９％と高い**。約20年、うかうかしている間に手取り給料の53・９％が税（所得税＋消費税＋固定資産税）と医療・介護費・年金の社会保険料になっている。

◎既得権のある官僚には制度疲労の認識がないから改革の意思もなく、現状の制度で増税の方向しか示さない。江戸幕府の末期に疲労した国家の制度を**明治維新でご破算**にしたようにすれば、北欧やエストニアのような医療費や教育費がタダ（政府費用が１００％）の福祉国家であっても、20％の減税になる。国民の多数派にその気があればできる。**国家の制度と税法、社会保険料の改革を唱える政党**に投票すれば、新しい政府ができる。

◎**電子政府・デジタルマネー、そしてＡＩ**は、石油エネルギーによる20世紀の近代的発展の延長ではなく、２０３０年代から現代的な発展をもたらす。米国より税率が下がれば、日本への世界投

資は増える。

【国家とは税法と社会福祉】

◎**国家とは、税金＋社会福祉費と、その徴収の方法である。**税務署と財政を司る財務省が国家の中枢である。税と年金・医療・介護の社会福祉費の赤字が、1990年のあと33年間（一世代）で、**毎年平均で30兆円〜40兆円（GDPの5・4%〜7・2%）の新規国債の増加発行が続くこと**になってしまった。**逆立ちしても持続は不能**である。

税と社会保障の制度を変えれば国家が変わる。現在の制度をご破算にして国家の収入を「一律で所得の20%＋消費税20%」にする。合計40%の税の国家。現在の53・9%より、総体で13・9%（約56兆円）の減税になる。56兆円（13・9%）が制度を変えるだけで、世帯の可処分所得として増える。1世帯当たりで1年に100万円、20年で2000万円。

破天荒だが国民主権の意識が強い、れいわの山本太郎のような人物なら、10名のブレーンをつければやれるだろうか。もちろんほかの人でもいい。無給で交通費だけでもブレーン希望は多いだろう。**日本では米国とちがい、まだ選挙制度が生きている。**リモート会議と自宅ワークでもいい。公募して選べばいい。ホリエモンほかも閉塞《へいそく》した国政を変えるため衆院選挙に出て、総理を考えていたという（本人の弁）。リモートで週1日のワークなら、当方もブレーンに立候補する。採用されるかどうかは先方次第。

◎現在の全政党に、新しい国家制度へのイメージがない。これに協賛する政治家の政党名は輝く希望のイメージがある『ルネサンス』に変える。政党名は政党の通貨のように大切である。この本もインターネットでデータを集め、分析して自宅で書いている。世界の政府データは、インターネットで短時間に多種の情報を参照できる。視察という遊覧旅行の必要はない。政府官僚の権力は、2000年まで政府情報を独占することからの情報権力だった。今は個人でも対抗ができる。ところが既存政党はこれを行っていない。既存政党の政策がどうしようもなく遅れ、国民の支持を失っているのは情報を集めて集計し討議して政策を作っていないからである。政党は選挙に当たって「国家改革の構図全体」を訴えねばならない。

◎既得利権を失うことを原因とした制度変更への抵抗者は、いつの時代も多数いる。明治維新の改革も江戸時代の過去をご破算にし、新国会を作るまで13年かかった。**インフレを収める新円発行の日銀**を作るのに15年、第1回帝国議会を開くまで明治元年から23年かかっている。

政党の維新《いしん》も維新という名の政党なら、現在の政策を変えて明治維新のような改革を立案、実行すべきだろう（期待できないか）。官僚は主君を国家（政府）ではなく国民として、**国民に忠誠を誓う武士道**を発揮すべきだろう。

国家の行政単位をイタリア中世の都市国家のように小さくすることが、AIとインターネットが果たすポストモダン（集中した近代システムの分権と分散）である。イタリアの都市国家は、1453年の東ローマ帝国（現代では米国と中国にあたる）崩壊後に作られた。大きな帝国のあとは小さな単位に分裂し、首長をもつ連邦として連合するのが人間の歴史だろう。

この意味では神権（現代の国権にあたる）に対して個人を確立し、個人の力量による手仕事のダ・ビンチやミケランジェロを輩出した**イタリア・ルネサンス（16世紀）である。ルネサンス文化（文化は、共通の価値観と**

行動様式）が政府の政策からではなく、芋を洗う100匹目の猿のように、ほぼ同時に伝播《でんぱ》して開花したのがフィレンツェ、ミラノ、ローマ、ベネチア、ナポリ、フェッラーラなど小さな都市国家だった。訪問すれば、美しく安堵がある。

歴史は形を変えて繰り返す。**ルネサンスの研究家**は仏文出身者に多い。友人の教授も専門はルネサンス期のイタリアとフランス文学である。

◎今の米国、日本、欧州の大国は等しく負債の国債と通貨を発行しすぎ、負債に見合う十分な利上げはできず、**マネー面から崩壊**に向かっているように見える。これが先進国に共通の「ギリシャ化」であるが、この認識はないだろう。ギリシャ化しているという認識がないから、現在の政治家に改革への意思がない。**現在の政治と政府はリセット**されるべきである。リセットを行える唯一の方法が国民の多数の意思による選挙投票である。民主国の革命は選挙が果たす。

歴史的なアナロジーは東方の蛮族（オスマントルコ）に滅ぼされた東ローマ帝国の崩壊である。**ウクライナ戦争のロシア**は、NATOを潰すきっかけになる東方の蛮族にあたる。

◎すべての国家は**重税か、重税でないなら過剰発行した信用通貨**によって潰れてきた。江戸幕府、ローマ帝国、敗戦後の日本政府の実質破産、ソ連、ロマノフ王朝、ヒトラーが出る前のワイマール共和国も全部が同じだった。

2011年に、**①大きすぎる政府負債、②多すぎる公務員、③高すぎる公務員報酬と公務員年金**から国家財政が破産したギリシャと、現在の日米欧はそっくりの状況である。

2008年のリーマン危機のあと、日米欧の中央銀行は国債を買って国債のマネタイゼーション

21年のコロナ対策で行ったGDPの20％の財政支出からピークになった。合計が約2000兆円の信用通貨の増刷を続け、2020年、（国家負債の現金化）の方法をとった。

＊

2025年は、信用通貨＝負債からの崩壊が始まる年度になる。われわれは、大きすぎる負債でMMT（現代貨幣理論＝中央銀行が発行する信用通貨の無限有効論《むげんゆうこうろん》）を実行したトルコに似ている。信用通貨＋債券＝金融資産＝負債である。

①数字はいくらでも増やせる信用通貨の過剰発行から生じた構造的インフレから、

②金利と実質所得のプラスが必要な賃金が上がると、必然的に滅びる過去世代ではなく、

③次世代の30年への構想をもたねばならない。

MMT（現代貨幣理論）はインフレから金利が上がったとき、国家を崩壊させる。**金融資産と金融負債がGDPの約5倍の122兆ドル（1京7080兆円）**もある米国が、ドルマネーの最大の過剰国である。

米国が抱えるGDP5倍の負債は、市場の金利が3％や4％に上がるだけでサステナブルではなく、崩壊に向かう他はない。問題は崩壊の時期がいつか、だけである。

ここで書いた米国の改革は、まだ荒唐無稽《こうとうむけい》に見えるかもしれない。しかし日米欧が上がった債務の金利が払えずご破算、つまり国の制度がご破算になるときは**明治維新の坂本龍馬**のように、国家の基本的な全部の制度を骨太に構想しなければならない。

それが、ここに骨子を描いた**「明治以来の官僚主権から国民主権を樹立する令和ルネサンス」**に

なる。現在は行政優位の体制であって、どこまで行っても国民主権にはならない。

＊

現在、米国の長期金利は平均で4・2％である（英国の格付け機関フィッチによる米国債の1ランク格下げ〈シングルA〉で長期債の価格が下がり、長期金利が上がってきた）。

22年3月の利上げの開始から1年6カ月経ったので、今後1年で金利が4・2％に上がると、利払いは717兆円。この巨大負債のある米国政府・企業・世帯が1年の総所得（＝GDP22兆ドル＝3080兆円）の23％にもなる717兆円の金利が払えるわけがない。金利が払われない負債は不良債権になる。平均金利が4・2％に上がると、利払いが所得の平均23％にもなる。FRBがこの利払いを増発したドル717兆円相当の貸し付けで肩代《かたが》わりすれば（これがMMT）、負債が一層増え、米国も数年がかりでトルコのような**ハイパーインフレ**になる。利払い用の新規借り入れが増え始めるときが、誰でもバタバタともがく破産間近のときである。

2020年、21年のゼロ金利のドル増発の後遺症であって後戻りはできない。**医薬（ドル負債）の過剰摂取で発生した米国経済の後遺症**は、GDPの5倍と大きすぎる。これから薬を減らしても（＝金利を下げても）、過去の金融負債と金融資産の残高は変わらず大きく、根本が治らない。破産が必然である。

【米国の制度改革】

米国にも日本にも西欧にも、共通にルネサンスが必要だ。民主党から無益な起訴攻撃を受けているトランプがウクライナ戦争を終わらせ、MAGA（メイク・アメリカ・グレイト・アゲイン）の基礎になる**ドルのリセット（ドル信用通貨のご破算＝2分の1への切り下げ）**を計画しているかもしれない。

しかしドルが2分の1に切り下げられると、ドル建て対外資産が約1300兆円の日本は**650兆円の損失から連鎖破産する**。現在の国家破産以降の国家構想が今から必要だろう。

トランプの倫理と人格には50％：50％好悪《こうお》はあるが、言っていることはいい。爆弾やヘリも使う数回の暗殺計画の実行があったのに、よく生き延びた。安倍元首相はたった一度の狙撃で亡くなった。違いの根に何があるのだろう。わからない。演説中なら簡単に狙える……CIAは本気で狙ってはいないのか。お得意の二重スパイの偽装計画だろうか。

【れいわルネサンスの国家像】

国家とは、前述のように**税と社会保障の制度**である。令和ルネサンスの破産国家の再建で、**国民負担**を53・9％から40％に下げる。国民の可処所得は28％増え**（月収30万円の人は38・4万円）**、①実質的な生活は豊かになって、②所得減と社会保障費負担の増加で減ってきた民間需要が増えて、③日本経済は**高齢化、人口減のなかGDPが成長する希有《けう》な経済構造に変わる**。

◎国家制度の改革には「ルネサンスへのビジョン」が必要になる。全部でA4で50ページくらいのものだろう。大きな改革であればあるほど、骨太の骨子を書くので文書の量は少なくなる。未来のビジョンは、**「れいわルネサンス宣言」**として言葉と数字で描く。国民が共感する未来を描く。文書作りなら微力を押してお手伝いはできる。

重要なものは、**国民からの共感**である。元明石市長の泉房穂（60歳）は、既得権を失う既存政党の全部と敵対し、古い友人だけが協力した、**たった1人の街頭演説**から始めて、市長に数十票の僅差で当選し市政の改革を行った（市の人口増加と財政の黒字化）。国民の支持があれば、国民主権への改革はできる。国民はこれからの日本に強い危機意識をもっているが、**既存政党には抜本的な改革の方向がない**。方向づけを行えば、変革は行える。改革は、岸田政権にはない**国民の60%に共感とインティマシー（親密さ）をよぶ言葉**から生まれる。政権批判だけではダメだ。共感をよぶ未来を、れいわルネサンス宣言として描くことである。

（いずみふさほ：https://izumi-fusaho.com/mayor.html）

5 1979年から1985年は高金利のドルが高騰した

70年代に大きく下がった米ドルは、1978年の105を底に1985年の155まで48%も回復し実効レートが上がった。1980年代初期のドル高騰は、何が原因で起こったのだろうか。原因は**FRB議長ボルカーによるインフレ対応の利上げである**。第二次石油危機による物価の二桁の高騰（1980年インフレ率13・5%）に対して、FRBは1980年にFF金利（短期金利）を10・9%に上げた。81年には破格の19%まで金利を上げた（**図5-3**）。

インフレファイターと呼ばれた**ボルカーのFRBが引き上げた10%以上の高金利**に対して、①金利の低い日欧からは大量のドル買いが起こり、②米ドルは高騰した。**10%を超える米国の金利は1984年まで続き**、世界からのドル買いの超過によるドル高が続いた（1ドル240円から250円）。

ドルレート（1980~2023）https://ecodb.net/exec/trans_exchange.php?b=JPY&c 1 =USD&e&s=&ym=Y

当時、日本では「ドル買いの財テク」が流行った。高金利で、しかも為替レートが上がっていたドルで、円預金を運用する。濡《ぬ》れ手《て》で粟《あわ》の金融利益が得られた。世界から買われた米ドルの実効レートは155まで上がり、逆に円の実効レートは85に下がったから、日本では為替差益だけで82％もあった。金利差によるドル買いから円安になった現在に似ている。

米国の金利10％台に対して低金利の円売り、高金利のドル買いが大きくなっていた。事業の利益より、ドル買いの利益が大きい会社も増えていた。1980年代の世界では、ドルの高金利から**事業利益の20％から40％が金融の利益になる金融の時代**が始まった。

【金融論での実質金利】

多少専門的だが「**実質実効が高い通貨**は買われてレートが上り、**実質金利がマイナスの通貨**は売られてレートが下がる傾向」がある。

実質金利は**「名目金利－期待物価上昇率」**である。

図5-3　ボルカー時代の米国のFF金利：物価上昇率：失業率実質金利（名目金利-期待物価上昇率）は4%から5%もあったため、世界からドル買いが起こった。

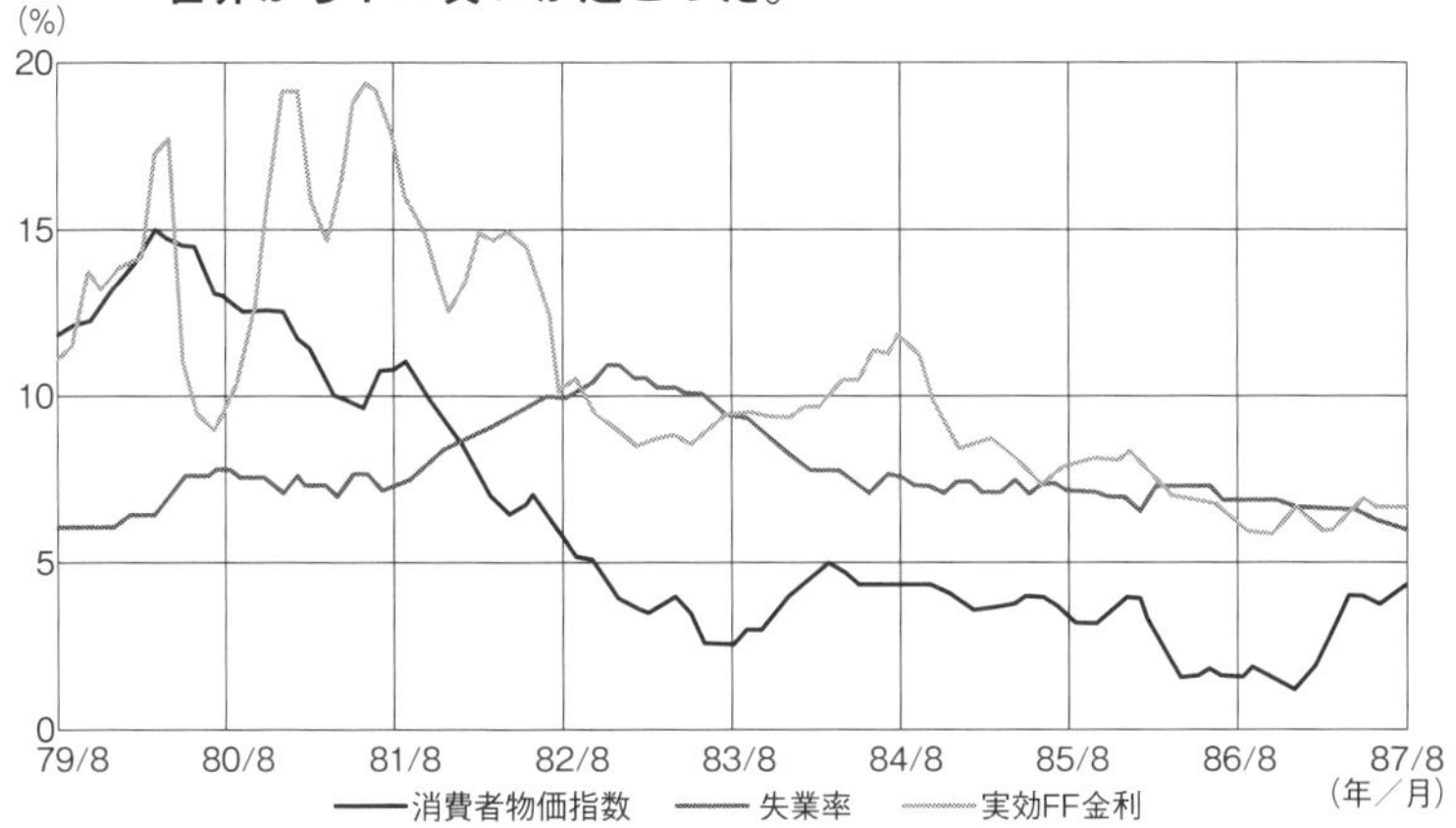

注：データは1979年8月から1987年8月。消費者物価指数は総合指数の前年同月比伸び率。
出所：Bloombergのデータを基に三井住友DSアセットマネジメント作成

1980年の米国の名目金利はピークで19%、物価上昇は13・5%だった（1980〜81）。歴史的にはマレだが、金利がインフレ率より高く**実質金利は5・5%**もあった（図5-3）。高い実質金利から赤字通貨がドル高になった。

実質金利の高さは金融資産としての通貨の将来価値の高さを示す。今年の物価上昇率以上に、預金金利がつくからである。世界が1980年代にドルを買った理由は、実質金利が5%もあったからである。

貿易赤字国のドルは、1979年から1985年までインフレ率をはるかに上回る実質金利のため、買われて上がった。現在から考えれば、米ドルの金利が13・5%のときがあったことは信じられない。身近な2000年代は、ウクライナ戦争の2022年まで、世界インフレのない0%から0・25%の金利の時代だったから。

（注）資源・エネルギー・食料価格の高騰の影響が米欧日より小さかった**中国の2023年は、不動産価格の下落と不良債権、消費の不振から2%はあった物価上昇が0・1%に下がってデフレに陥った**（23年6月）。西側に石油が輸出できなくなったロシアが1バーレル60ドルと安く、中国とインドに売った。中国から米国への輸出の減少（=中国の失業の増加）と、ずっと上がってきた不動産価格の低下が中国の物価上昇0・1%の原因である。中国は、**人民銀行が金融緩和**（ゼロ金利）**にしないと2024年から、日本の1997年からのような長期デフレ**になるかもしれない。

6　1985年：プラザ合意で2分の1へドル切り下げ

変動相場の通貨レートが上がることは、①上がった国の製造コストは同じでも、②他国との比較では上がって、③海外の安い商品の輸入が増えることを示す。

1979年から85年までの6年間で米ドルは48%も上がり、米国のDC型仕入れ専門店の流通業は、中南米と中国の特区で商品開発を行った。海外の物価が48%も下がったからである。

この時期、米国ではDCから店舗分を発注し、**店舗用在庫を保管するDCの物流センターをもつ専門店ディスカウント型の輸入小売業**があらわれた。スペシャリティ・ディスカウントの店舗群、これが90年代、2000年代の米国小売業を席巻した。これに続くイノベーションは仮想店のアマゾンだった。アマゾンは2022年に年商が71兆円になって、世界最大の総合ディスカウントのウォルマートと売上で並んだ。日本で同じ業態は、中国輸入を開始したユニクロ（年商2・7兆円）とニトリ（年商0・9兆円）だった。30年で20%以上の成長を続けた。これらはいずれも1元≒12円だった人民元のドルペッグを利用し、3分の1の価格で輸入開発したSPA（専門店の製造直売）の次世代型の小売業だった。**これは低価格アパレルのGAP《ギャップ》が嚆矢《こうし》だった。**成長する小売業は、Kマートとウォルマートを先頭に、コンテナ輸入による専門店ディスカウント型に変わった。1980年代のドル高のとき、米国の消費財では、自国生産が多い食品以外で**輸入商品を消費する国**に変わった。貿易は赤字を続け、国内の景気は悪く、製造業が縮小したため失業率は5%になることがあった。

米国政府が考えたのは、米国経済の不都合な原因は「ドル高」にあるということだった。米国経済の実力、つまり輸出力以上のドル高（1ドル240円）のため、ドイツや日本からの輸入が増える。第二次石油危機で13%高騰していた米国の物価はインフレファイター・ボルカーの利上げにより7%まで下がったものの、米国の景気は悪化した。

◎**高金利による物価の抑制《よくせい》は不況との引き換えだった。**マンハッタンに行くと夕方のストリートは危険だった。ホームレスと失業者がたむろしていた。旅行社から夕方や夜は街の散策をしないようにとの警告があった。**借金の多いNY市の財政は金利が10%上になって破産していた**。公共投資がなくなったNYの街路は凸凹《でこぼこ》、公務員のレイオフが多く、警察官もすくなかった。

一方では、価格は日本の3分の1以下の開発輸入品のDC型チェーンストア（衣料専門店）が繁盛《はんじょう》していた。当時、頻繁に米国視察に行った。大きなショッピング・センターで輸入品だらけの安い商品を見て米国の製造業は終わってしまった思えたのが、1980年代の前半期だった。

＊

FRBの2022年3月からの急速な利上げは、ボルカー利上げのミニ版である。このため2022年9月からはドルが上がり、円が1ドル140円以上に下がっている。

歴史的に金利は、**約10年の設備投資のサイクル**で循環する。米国では2024年から25年に、プラザ合意から40年ぶりに**ドル切り下げ**の必要がある可能性が高い（今回は1ドル70円か）。

◎海外の負債が30兆ドルに達し、平均が4％の金利としても、1・2兆ドル（168兆円）の対外利払いが現在の経常収支の赤字1兆ドル（140兆円）に加わって**経常収支の赤字が2・2兆ドル**（308兆円）に増える。米ドルの金利が4％に上がると**対外負債が持続不可能になる**からである。

この対策の選択肢としては、**①財政破産、②ドルの2分の1への切り下げの二択**しかない。米国の対外負債は基軸通貨であるドル建てのおかげである。ドルを切り下げると、対外負債の支払い負担は軽くなる。ただし**米国が破産する財政破産**にはしないだろう。残る手段はドル切り下げである。これも38年後の現在と似ている。

物価は上がるのに、賃金が上がらない経済をスタグフレーションという。最悪の不況である。2023

年末から始まった**米国インフレによる高金利（5・50%）からの不況化**はスタグフレーションも予想させる。インフレの原因がエネルギーと資源価格の高騰だった点で、第二次石油危機の1980年代の前半期とそっくり同じである。

日本は1979～80年の第二次石油危機のあとも、賃金が5%くらい上がっていた。日本の世紀が来るのは自然に思われた。私もそう考えていた。企業業績は良かった。企業の期待価値を示す株価の時価総額でも、米国の同業を超えるところが増えていた。当時、マンションと言われる集合住宅を買った。ローン金利は7%台と高かった。確か5年後に売って、仕事場だった大阪に引っ越した。

歴史の検証は、未来を予想させることが多い。もちろん経済の登場人物と世代は変わっている。しかし類似の経済現象が形を変え、**長期の気象のような経済の循環サイクル**で繰り返される。原因は不明だが、気候と気温も長期で循環している。

＊

米国は高金利によるドル高の1985年に「ドル切り下げ」の決断をした。G5（米国、英国、ドイツ、フランス、日本）の蔵相をプラザホテルに招集し会議を開く。**米国に対する貿易と経常収支の黒字が大きなドイツと日本が交渉相手の中心だった。**米国は財政収支と経常収支が赤字であり、ドイツと日本に大量のドルを払っていた。

外見は円満な人格に見える竹下登大蔵大臣（当時）だった。米国代表はベーカー財務長官だった。事前に交渉はできていて、会議は挨拶《あいさつ》を交わす程度の儀式であり、20分で終わった。**1ドル260円付近のドルを120円に向かって切り下げたプラザ合意**だった。

プラザホテルには確か2度宿泊したことがあるが、一階の左脇にあるオイスター・バーが美味しかった。

中東資本で高層階はマンションになった今もあるのだろうか。ロビーでは長いドレスの女性がハープの演奏をしていた。華やかさが微妙に暗くすんでいた。**米国人は貧乏で、日本人はお金持ちだった。**中島みゆきではないが、そんな時代もあったね。中島みゆきの「ファイト!」は幾度聴いてもいい。理不尽なことの多い世の中であるが元気が出る。政治的なこと以外の科学的、経済的、金融的な領域では、起こったことは否定せず肯定的に観て、そこに機会を探すよう努めている。

米国の目的は、**米国経済の輸出力（商品価格の競争力）にとって高すぎるドルの切り下げだった。**円に対してドルは260円だった。実効レートでドルは155・83円あたりだった（図5-2）

【1985年のプラザ合意　切り下げ↓1ドルは140円からら120円へ】

ドルの切り下げは、**ドルの外貨準備をもっとも貯めていたドイツと日本**がドル売りを行うことである。両国がドルを売れば、買い手が少なくなったドルは下がる。米ドルは1985年の260円から**1987年には160円**になった。プラザ合意があった87年末には、われわれに馴染みがある**1ドル120円の円高／ドル安**に下がった。

米国は、ドイツと日本に対米輸出を減らし、内需を拡大することを要求した。

日本は株と不動産のバブルが3分の1に崩壊する1990年から2000年まで、このときも米国の要請から毎年40兆円の国債を発行して、資産バブル崩壊後の経済を支えた。1990年代の10年は国債の発行過剰の始まりだった。

日本政府の負債である国債残は、2000年にGDPの100%を超えた。日本政府は、米国との構造協議の約束を忠実にまもり、10年間で400兆円の国債を発行して負債を増やした。

プラザ合意があった1985年当時の日本には、金満《きんまん》からの余裕があった。竹下蔵相は「米国が困っているので友人を助けた」と国会で述べている。

1985年の2分の1へのドル切り下げ（日・独のドル売り）で、日本とドイツは保有外貨準備とドル建て対外資産の評価が半分になって損をしている。わずか3年で円は2倍になった。

ドイツはドル圏から逃れるため**ユーロ作り**に取りかかったが、日本では通貨の面では金融緩和以外は何もしなかった。

①**急な円高がもたらした輸出不況**に対して**日銀は金融緩和**をし、②**政府は財政を拡大**して、1985年から89年の西側世界で過去最大の**資産バブル**を生んだ。

・円の評価は上がり、ドルに続く2位の通貨になった。

・ユーロはまだなかった（1999年にユーロ開始）。

・中国は部分的にしか経済を開放していず、世界経済での存在感はなかった（1994年から開放経済）。

日本は2倍の円高（ピークは1ドル82円：1995年）で、**1986年から1995年の10年間**は、現在のスイスのように世界一物価の高い国になった（米国の約2倍）。海外旅行費は半分に下がった。現在の140円台のドル高／円安とちょうど逆である。

7 戦後の世界史上最大だった日本の資産バブルと崩壊

日本経済の成長を引っぱっていた輸出が、円高に向かった1985年から減って円高不況になった。日銀は、**輸出を減らした円高に対応**するため、国債を発行して公共事業を増やして内需の拡大を図り、金利を下げて貸し付けを極端にゆるめた。緩和マネーは内需である設備投資に向かうより、**金融資産の株と不動産の買い**になった。

日経平均は1980年に7000円、85年に1万2000円だったが、89年の年末には歴史上最高の3万8915円に上がった。**4年で3・2倍、年間34%の急騰**だった。(注) 2023年4月から6月は25%上がった。年間に延長すれば、その$\sqrt{4}$倍＝2倍になるので50%である。ガイジンの買い越し12兆円での上げ幅がいかに大きかったかわかる。

5年で東京23区の地価は2倍に上がり、大阪は2倍、名古屋3倍、札幌・仙台・福岡・広島も約2倍に上がった。日本の銀行融資は**土地担保**で行われ、普通、担保価値(路線価格)評価は70%程度なのに、80年代後期は100%、120%もあった。1年に25%上がっていたからである。

にわか不動産投資家も、まず土地を買い、値上がり分の追加融資を受けて、また次の土地を買うスパイラルな投資をしていた。大阪の北新地で飲んでタクシーで東京に帰るバブル紳士も珍しくなかった(料金は20万円か)。1万円払わないと近距離は乗せてくれなかった。90年代末だが、当方も京都で飲んでタクシーで帰った恥の歴史がある。

日本人の所得は米国を超え、スイスと一緒に世界一のグループだった。

1985年から89年の5年間、**預金が世界一多く、株価と不動産も世界一になった日本人は、マネー幻想のなかで世界最高に豊かになっていた**。たった5年の幻だった。

住宅価格も米国の2倍だったが、2000年には3分の1に下がった。

土地バブルが残っていた1994年までは**日本中が浮かれていた**。三菱地所もNYのロックフェラー・センターを6000億円で買って、下がったあと3000億円で手放している。

【資産バブル崩壊：1990年から1997年】

暗転は1990年の正月明けからだった。PER（株価／次期期待純益）が80倍と異常な高さだった日本株に、**米国のファンドが、①空売り、②先物売り、③売りオプションを仕掛けた**。空売りは証券会社から株を借りて売って、満期に買い戻して返済する。

・先物売りは「現物価格＋満期までの期間金利」の先物を売って、満期の時価で買い戻して精算する。

・**オプションの売り**は多少複雑であるが、

①売る権利の行使価格を設定し、

②ボラティリティ（VI）＋期間金利のオプション料を払って、

③設定した**権利行使価格**で期間内に売る権利を得る。

証券会社がその売りオプションを買って取引相手になる。

いずれも株価が下がったとき、**証拠金**の10倍から30倍くらいのレバレッジのかかった利益、または損が出る。先物やオプションの買いは逆である。

日本人投資家は空売りは知っていた。ただし先物の売りと、権利行使価格で売る権利を買うオプションの売りは知らなかった。1990年1月に、約5年続けて1年に34%上がってきた株価がどういう理由で暗転したのかわからなかった。

日本株はまだ上がると考え、**下がった株を買う逆張り《ぎゃくば》りを入れて破産した個人投資家**が多かった。大きく下がる相場に個人が手を出すのは、やめておいたほうがいい。

もう一点、今後も**人口減が予想される地域では**、不動産は買わないほうがいい。人口が100万人だった北九州市は1980年代から人口減だった。新日鐵の操業縮小から日本で唯一人口が1年に3000人（わずか0・3%／年だが）減っていた。1年につき1000軒に空きが出た。1985年から日本の都市部不動産が2倍から3倍に上がるなか、100万人都市の北九州市だけは上がらなかった。全国の平均人口減は、2070年までに当時の北九州市の2倍、1年に0・6%（80万人）になる。32万軒の住宅が空き家になる。なお人口が増える地域、スポットの不動産は別である。

株の下落局面では**過去の価格の記憶が残る**ので反転の利益の機会があるように見え、逆張りの買いに走りやすい。**逆張りでは誰がどう売っているか、その売りがどれくらい、いつまで続くかを見通さねばならない**。これはむずかしい。

日経平均は1989年末の高値3万8915円から92年1月に1万7000円まで、60%も下がった。600兆円だった時価総額は約3分の1の240兆円になった。株価から360兆円が消えた。恐慌的な不況になるに決まっている。

1990年には、①日銀の利上げと引き締め、②不動産融資の総量規制《そうりょうきせい》、③不動産融資を禁じる強力な窓口規制を財務省（当時は大蔵省）が行い、財務省・日銀が資産バブルを崩壊させた。

株と不動産が高騰したあとでは、**採算に合わないほどの高い価格で買うひとがいないと、価格はピークで崩れて一瀉千里《いっしゃせんり》の崩壊になる**（こうしたときの底値は3分の1あたり）。

地価は株価のあとを追って2年遅れで1992年から下がったが、当時の大蔵省は「日本の地価はまた上がる」としていた。5年続けて地価が大きく上がると、下がったときの認識は2年くらい遅れる。**旧大蔵省が「日本の地価は上がらない」としたのは1994年だった。** 93年までは上がると言っていた。

94年に地価は20%くらい下がり、95年には30%下がって、底打ちしたのは1997年だった。担保の不動産と株価下落から、銀行危機に向かっているときだった。都市部の**商業地の地価は3分の1**に下がった。地価の下落は不動産融資をした銀行の担保の不足になった。

◎重要なことは、社会の集合知（＝市場の投資家の共通見解）では、

①**金融緩和によるバブル価格の発生の認識と、**

②**逆の利上げ・引き締めによるバブル崩壊の認識の、**

両方に遅れることである。

共通な見解の問題は、同じ予想をするグループの見解の相互確認であり、反対の意見との**根拠をあげた議論ではない**ことだ。

TVのワイドショーのコメンテーターと同じで、ディレクターは自分の考えをシナリオに書き識者に言わせている。**ディレクターの目的は、内容の適切さより視聴率である。** 視聴者の論理化・言葉化されて

いない感情に訴えるコトバでなければならない。感情に訴えるものは「株価と地価はまた上がる」だった。

投資にコミットしているひとは、根拠が確かで論理的であっても「下がる」という見解を忌避《きひ》して「上がる」という人に集まる。これがバブル崩壊のとき**逆張りから破産するひと**がいる理由である。1日中画面を見るプロと違い、反転を期待して買う逆張りは、たまにしか見ない素人にはむずかしい。株式投資の妙は利益確定と損切りの幅とタイミングにある。

【バブル崩壊の認識は2年遅れた】

日本のバブル崩壊への認識は約2年、ひどいひとは4年遅れた。

今回の米国株不動産価格のバブルでも同じになる（確定的だろう）。

市場投資家と金融メディアの認識は、2022年3月（利上げの中点は23年6月）から始まったFRBの利上げに**1年から2年遅れる**だろう。1年とすれば、23年の冬~24年春。2年とすれば2025年3月だろう。

◎**バブルは崩壊しないと**、米国の2023年の株高、不動産高もバブルとはわからない。

歴史には先例がいくつもある。**「今回はちがう」**という要素は見つからない。

新しいAIだけがちがうが、これはまだ気分の問題であり、半導体とちがい株価に及ぶ影響は小さい。2023年通年の半導体は市場規模5150億ドル（72兆円）が予想され、22年比で10・3%減るとされている（WSTS：世界半導体市場統計：23年6月）。

２０２４年の半導体の出荷は、11・８％増が予想されている。ただし23年が減るため、**24年の出荷額は22年並みであって伸びていない**。２０２５年からはわからない。たぶん大きく増える。半導体はスマホ、ＡＩ、家電、ＡＶ、ＰＣ、自動車、再生エネギーなど、広範囲に工業に使われるから工業製品の生産量と比例する。

8　95年から02年までの7年間ドルの実効レート：100↓130

1995年は、円が1ドル79円という90年代の最高値をつけたときだった。反対に世界の通貨に対するドルの実効レートは、１００に下がっていた。１９８５年のプラザ合意によるドルの切り下げが効いていた。

日本の資産バブルが崩壊するときに、なぜ逆に円の実効レートは、90年の95から95年の１５０まで58％も上がったのか。**日本の経常収支が、①91年の６８０億ドル**（**9・5兆円**）**から94年は１３００億ドル**（**18・2兆円**）**、②95年は１１００億ドル**（**15・4兆円**）**に増えていたからである**。

＊

経常収支の黒字は、日本へドルの流入の多さを意味する。

日本に流入したドルは日本の銀行に貯まり、一定量を超えると日本の財務省や日銀へのドル売りになる。日銀と財務省のドル準備（＝米銀への預金）が増加する。これが１９９５年の株と不動産の資産バブル崩壊期に起こった、奇妙な円高（1ドル79円）の主因だった。

円高の傾向ときにドルを売って円を買えば、為替差益がある。海外からの円買いも増えていた。通貨の上昇による為替差益は、ほぼ常に金利より大きい。

しかしつかの間の円高（1ドル79円）の1995年からは一転し、円の実効レートは155のピークから1998年の95にまで、**4年で39％も暴落**した。

ドル／円のレートでは130円だった。95年の84円に対して46円（55％）も円安になった。円安の原因は円の自滅だった。これが**資産バブル崩壊から8年目の銀行危機**であった。

貸し出しのマネー運用が多い日本の銀行危機は、融資の約20％に相当する不良債権の増加による自己資本の喪失だから、通貨の危機になる。

通貨を支えているのは、銀行システムである。

第六章 1997年から始まった日本の銀行危機とゼロ金利

1 稀な経済現象「流動性の罠」に陥っていた日本

銀行危機は、回収できなくなった不良債権によって国の通貨の期待価値が下がることである。円はプラザ合意後の円高の1995年（1ドル79円）に対して、世界から「弱い通貨」とみなされるようになっていた。97年からは、資産バブルの崩壊開始から7年目におそった日本の銀行危機だった。土地担保、株式担保を保有する証券と銀行に、**地価と株価も下落したことからの信用危機**が起こった。政府は不良債権を100兆円以下としていたが、当方の計算では200兆円はあった。

日銀は戦後はじめての銀行の危機に対して、97年に金利を0・25%、98年にはゼロに下げた。銀行への際限のない現金の供給のため銀行の国債を買う量的緩和を始めた。**ゼロ金利と量的緩和は、日銀が世界最初だった。**金融理論では不可能と思われていたゼロ金利を始めたのは、日銀が世界で最初だった。ゼロ金利では、預金が流出するとされていた。しかし日本人は、金利がゼロの預金でも減らさず、貯蓄率は下がったものの預金の金額を増やしていた。日銀はこのため、ゼロ金利を長期化することができた。

ケインズが言ったマレに起こる「流動性《りゅうどうせい》の罠《わな》」に日本が陥《おちい》っていると指摘したのは、ノーベル賞学者のクルーグマンだった（2003年 邦訳は『クルーグマン教授の〈ニッポン〉経済入門』）。この論文は、

２０１３年からの異次元緩和の理論的な下敷きになった。

毎週水曜日に発行しているメールマガジン『**ビジネス知識源**』にコメントを書いたので、よく憶えている。危機を感じたのか、金融会社から二、三の問い合わせがあった。

＊

金利がゼロ％であれば、普通は増えるはずの借り入れが日本では増えず、**生産性を上げる機械投資と設備投資**も増えなかった。原因は１９９０年代から日本の**潜在成長力**が下がり、ＧＤＰの期待成長率がゼロ％付近に下がっていたことだった。

労働の増加がなく、企業の生産性も上がっていなかった。25年後の現在もこれが続いている。**潜在成長力のＧＤＰ＝予想生産性上昇×予想労働者数**である。

①はたらく人１人平均の生産性が上がるか、②労働者数が増えないと、実質ＧＤＰは成長しない。生産性は、労働時間当たりの付加価値（企業の粗利益÷総労働時間）で計る。岸田政権は「リ・スキリング（再教育）」と言い、日本の労働の生産性を高める手段にしようとしている。労働の移動が年10％付近と少ない日本では大きな効果はない。リ・スキリングという、こなれない英語も実効が見えない怪《あや》しいものだ。

米国では1年間の労働移動が日本の2倍の21％であり、社員の5人に1人が1年で会社を変える。会社を変えることで賃金を上げる。日本は10人に1人である。仕事の技術と賃金の関係は小さい。賃金の70％くらいが勤続の年数で上がる、別の会社への転職には前の勤続年数は加算されない。転職のあとの賃金が不利になる日本の企業文化と制度である。

米国では**「会社＝業務基準書での労働職種」**と決まっているが、日本では「会社＝雇用された社員の組織」である。仕事の方法・手順を示す業務基準書が普通、日本にはない。

１９９７年の日銀は、ゼロ金利の不名誉なパイオニアだった。

２０００年には90年代の資産バブル崩壊による不良債権の増加があって、都銀21行が３つのメガバンクに統合されざるを得なかったのだから、すさまじい。

長期資金貸付の**エリート銀行だった長銀と興銀**も、バブル融資の不良債権で潰れた。興銀は、尾上縫という祈禱師《きとうし》めいた怪しい株式投資家に３０００億円くらいを貸して焦《こ》がしていた。これが日本一のエリート銀行の実相だった。全部の銀行が含み損を計上しないように、バランスシートを粉飾していた。

【１９９０年から２００５年の銀行の統合が意味すること】

古今東西、銀行の統合とは破産のことである。政府は、銀行を破産させて預金を無効にはできない。財務省が破産にならない統合を銀行に命じ、日銀がマネーを入れる。日本では１９９０年から２００５年の15年間で２００兆円の不良債権の処理を政府が行って、その過程で21の都銀と証券会社が３つのメガバンクのグループに統合された（三菱ＵＦＪ、三井住友、みずほＦＧの金融グループ）。銀行預金や証券会社への預け金を無効にすれば、金融システムの全体が信用を失い、預金が流出して実体経済の恐慌になる（１９２９～33年の米国発世界大恐慌の事例あり）。

中央銀行は、**銀行危機を救済する最後の銀行**という目的をもっていた。

世界に共通である。預金者は今後、大規模な銀行危機が来ても、１回の預金引き出しの制限があっても、**政府は預金を無効にできないと考えていい**。銀行危機の日本でも、銀行統合で預金は全額が保護された。その代わり、預金の金利がゼロになった。

金利ゼロは、外為市場では**ゼロ金利の円売りと2%から3%金利のつくドル買い**を促す（現在の米国短期金利は5・25%）。つまり「円安／ドル高」を促す。

以上が、1995年のドルの実効レートが100の底から2002年まで130に上がった原因である。

・**ドルが強いためのドル高ではない**。
・**銀行危機による円の弱体化が「ドル高／円安」の原因であった**。

日本経済は資産バブル崩壊の1990年のあと、いつまで続くか見通しがつかないGDPと所得（企業＋世帯）のゼロ成長に陥っていた。

◎速い速度で高齢化が進行することが確実な日本経済（GDP）では、GDPの期待成長率が0%から1%と低い。このため企業が経済を成長させる**減価償却費以上の設備投資ができなかった**のが根本の原因である。GDPとは企業の付加価値生産額（売上－仕入原価＝粗利益額）である。

GDPが増えない国では、新規投資の利益回収（ROI＝期待収益／投資額）がむずかしくなる。店舗を出しても高齢化と世帯所得低下で地域需要が増えないから、既存店でいっぱいである。価格を下げて売らないと売上が確保できず、**金利より高いROI（期待純益／投資額）が期待しにくい**。このため設備投資が減ってGDPが伸びなくなる。

1990年から現在に至るまで日本では、地域需要を増やす世帯所得の増加がない。世帯所得の平均は1995年に比べて20％も減ってきた。**世帯所得が最低でも2％から3％は増えない経済は成長しない**。

期待物価上昇率を含む名目GDPの期待成長がゼロだったから、**名目GDPの期待成長率0％≒日銀のゼロ％金利**が可能になった。一方では、このゼロ金利が円安をもたらした。

【2001年からの2008年の円安とドル安、上がったのは人民元とユーロ】

2001年は、**米国の9・11の同時多発テロ**だった。

誰が首謀したのか。CIAと米軍の一部と思うが、ここでは触れない。

ビンラディンでなかったことは確かである。その証拠に、結果として米国の軍事費の増強と2003年のイラク侵攻だった。イラク侵攻決定前、CIAによって**「イラクが大量破壊兵器を作っている」**というウソの情報が拡散された。本当の戦争原因は、産油国イラクのフセイン大統領が**「原油は構造的な経常収支の赤字のため下がる米ドルではなくユーロで売ろう」**と全産油国に呼びかけていたことだった。

ユーロは、ドイツの主導でドルの切り下げから10年の準備を経て1999年に発足したが、ドイツの輸出力で通貨レートが上がる期待があった。

・**米ドルは中東の原油がユーロで売られるようになると、通貨需要が減って暴落する。**
・産油国が原油をユーロで売れば、ペトロダラーのドル基軸通貨体制は崩壊する。
・これは米国にとって「敗戦」に等しい。

諜報機関のCIAは、**イラクの大量破壊兵器の疑惑**をでっちあげた。2003年3月から英国・

ポーランドとともにイラク侵攻を決定し、フセインの首をとった。小泉内閣（竹中平蔵経済担当相）の日本に**30兆円の米国債を買って戦争費用を負担**することを求めた。

小泉内閣は、米国への献金に等しい**30兆円の「円売り／ドル国債買い」**をした。献金とするのは、買ったドル国債の売りを米国が許さないからである。

【海外がもつ米国債】

日本、中国、ドイツがもつ米国債は、ＦＲＢの保護預かり（カストディ勘定）になっている。日本が売ることはできるがＦＲＢが監視している。

ＦＲＢは**日本のドル国債売り越しを許可しない**。日本がドル国債を売れば、米国の金利が上がって（国債価格は下がり）ドル安になって、米国金融と経済は困難に陥る。

こうした意味で日本政府からの米国への献金である。

中国は、中国からの輸入に関税をかけたり先端半導体の輸出を禁じたりする米国への威嚇に米国債の売りを使っている。

小泉純一郎内閣は、２００３年に30兆円のドル国債の買いをして、米軍のイラク戦争の兵士、兵器、弾薬、物資ロジスティクス（前線への兵器・物資の必要量の供給）を支援した。イラク戦争の２００３年から、ドルは下がった（前掲図５-２）。

米国が**イラク戦争の直接費用だけで３兆ドル（４２０兆円）も使ったからである**。この分が米国の財政赤字になって、赤字国債を発行した。それを日本が買った。米国は戦争で弱体化を続ける国家である。今回は、いくら使うか不明のウクライナ戦争である。
同時期にドルと逆に上がったのは、
①貿易黒字を増やし、**二桁のGDP成長をしていた人民元**と、
②GDPの成長が2%台と低い**統一通貨のユーロ20カ国**であるが、ドイツの輸出力があった。

ドイツにとってユーロは単独のドイツマルクより安かった。ユーロに加盟したフランス、イタリア、南欧が貿易赤字だったからである。ドイツ以外の国にとって統一通貨のユーロは、旧通貨（旧フラン、リラ、ペセタ、エスクード、ドラクマ）より高かった。現在のユーロでも変わっていない。

◎ユーロはドイツ以外は没落《ぼつらく》する南欧通貨の連合だった。

【日本の円安イデオロギーの罪】

日本では、**「円安がいい」**という、2010年代では根拠が薄弱になった円安イデオロギーがまだ蔓延《まんえん》している。2023年の現在も「円安好感論」はある。1980年代後期からずっと円安を歓迎していた財務省、日銀、エコノミスト、メディアは、円安イデオロギーの拡散者だった。

・**1985年のプラザ合意**のあと、2倍の円高（1ドル240円→120円）による輸出不況と、
・その後の利下げと金融緩和が1980年代後期バブルを起こし、
・利上げをした1990年から崩壊したことに財務省は心底、懲《こ》りていたからである。

政府の予算編成権という行政マネー配分の権力をもつ財務省は、1998年の新宿歌舞伎町のノーパン・しゃぶしゃぶ『楼蘭《ろうらん》（1人2万円くらい、比較的安価）』などへの頻繁《ひんぱん》な銀行接待スキャンダルから、金融庁を

切り離され、122人が処分を受けた。

上級官僚は、仕事の大きさの割に賃金が安いという不満をもっている。30歳代の財務省の課長は、大手銀行の頭取を電話で呼びつけて上座に座る。人間としては下劣だ。床の間を背に赤坂の料亭で接待を受けていた（ノーパンしゃぶしゃぶのあとに禁止された）。

心の奥で利益に弱い民間を下に見ている官僚の自然が癒着である。キャリア官僚には、2年ごとのローテーションで大きくなる行政権限で姑息《こそく》な不正をしないように、あるいは**数かぎりなくおそってくるお金の誘惑**にかられないように資産家の娘を嫁がせていた。

5年くらい官僚と付き合いがあったので少しは知っている。私はなぜか乏しい逆接待を受ける側だった……。高級な倫理の人もマレにいた。行政の権限をもつ官僚のタダ飯は犯罪である。

2 低下した世帯貯蓄率と2011年から赤字になった貿易

2000年代の日本の経済は、成長していた80年代後期とは様変わりした。

通貨レートに関連する変化は、**2000年代から始まった日本の高齢化**で、1980年代は世界一高かった貯蓄率（15%台）が、もともと低かった5%付近の米国より下がってしまった。さらに円安になっても輸出は増えなくなっていた。

◎エコノミストは安易な歴史参照をしていた。

罪深いのは、2000年代の円安が日本人の所得を減らしたことである。

貿易の黒字が増えず、2011年からは赤字になった原因は、円高ではなく、世帯貯蓄率の低下にある。

世帯貯蓄率が現在も世界一高いのは、住宅ローンにGDPの20%を使う中国である。経済学では、住宅ローンの返済は不動産の消費ではなく貯蓄になる。このローン返済額がGDPの20%になると、**銀行預金が増えなくても貯蓄率は所得の20%に上がる。**

中国の世帯貯蓄率が高い分が、中国の輸出と貿易黒字になる。消費財とちがい、不動産は使ってもなくならないからだ。

マクロ経済のISバランス論とは、**民間部門貯蓄超過＝政府の財政赤字＋経常収支の黒字**である。民間部門（企業＋世帯）が貯蓄を超過させないと、財政赤字はまかなえず（国債の買い受けが困難になり）、経常収支の黒字つまり貿易収支の黒字は増えない。輸出の増加には、通貨安より貯蓄率が肝心。貯蓄率の高い成長経済のときは、通貨高でも輸出が増える。日本は、2000年代の貯蓄が国内設備投資に向かわず、公共投資とドル買いになったため、**潜在成長力（＝生産性上昇×労働者数増加）は1％と低い。**実質成長率はおよそ1％が上限という意味であって、それ以上の需要があるとインフレになる。需要がゼロ成長のときはデフレ傾向になる。

確認すべきは、米国が**ペトロダラーの通貨システム**をまもるためにフェイク情報を流して戦争をすることである。ペトロダラーの体制、つまり世界が外貨準備にドル買いをすることは、**米国の経済安全保障**である。付言しなければならないことは、経済がGDP＝生産性上昇×労働者増加で成長する国は、通貨が高くなるなかで輸出を増やして成長することである。

GDPの成長とは、所得増加である。

「所得―消費」の貯蓄の大きさが貿易黒字の大きさになる。中国は住宅を買うので、世帯貯蓄が30％と破格に高い。日本の世帯は所得が増えていないから、世帯貯蓄率は５％程度と低い。１９８０年代は15％、90年代10％、２０００年代は５％以下に下がった。２０２１年のコロナの給付金１人10万円で一時的に上がっただけである。

GDP＝生産性上昇×労働者増加がない国は通貨がどんなに安くなっても、貿易黒字は増えない。これはマクロ経済の基本原理である。ところが日本は円を下げ、輸出を増やそうとする。自国通貨売りとドル買いの政策は国の経済を低下させる。２０００年代の日本は誤った政策をとってしまった。最終的な被害は世帯の平均所得の低下としてあらわれている。

今からでも遅くはない。岸田政権または

図6-1　急低下した日本の貯蓄率

1990年代まで、日本の世帯貯蓄率は、可処分所得の8%以上と高く、これが貿易収支の黒字の原因だった。しかし、2000年代から急低下して、もともと低かった米国より低くなった。日本の貿易の黒字は2000年以降急減して、2011年からは赤字になった。

＊

なお、2020年の貯蓄率の急上昇はコロナ給付金による一時的なものであり、世界共通である。これが、株の買いを増やし、2020年4月からの株価を上げる原因になった。

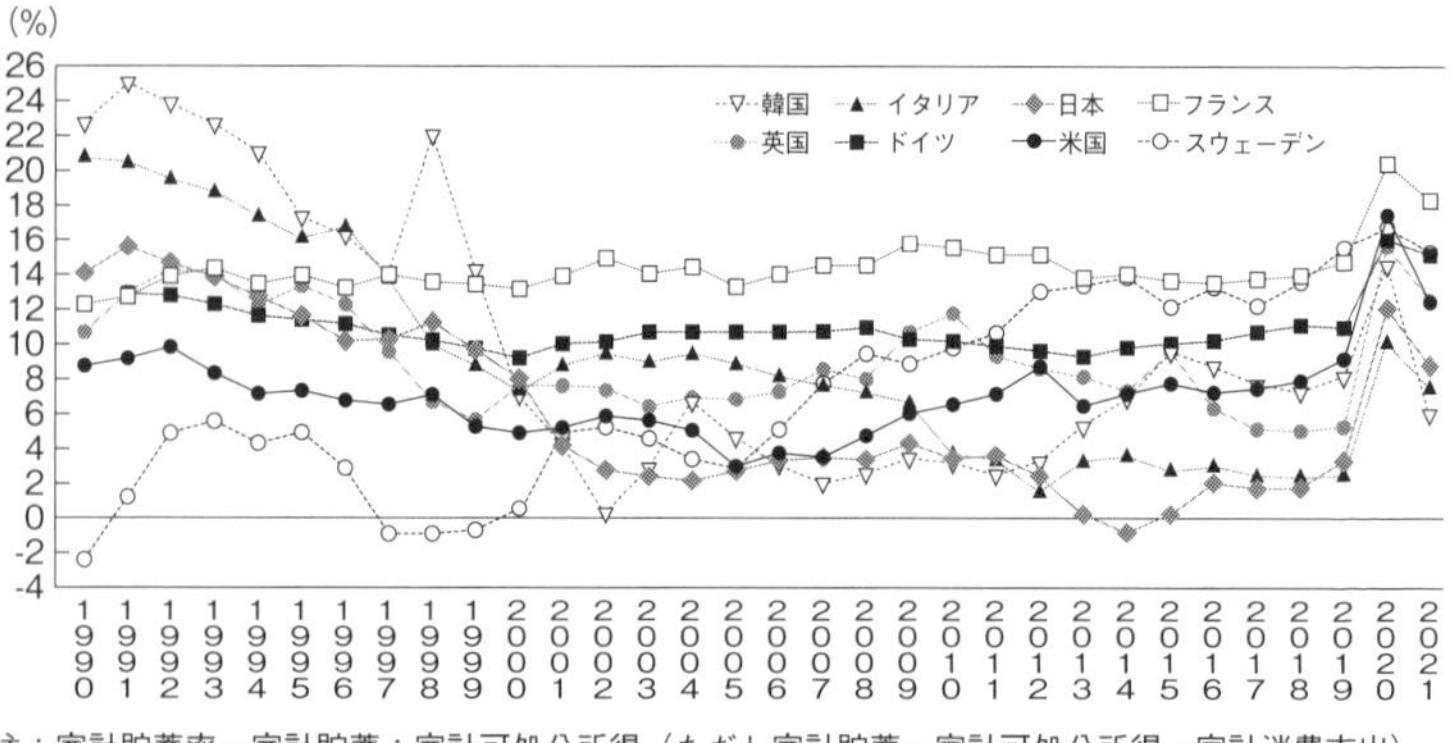

注：家計貯蓄率＝家計貯蓄÷家計可処分所得（ただし家計貯蓄＝家計可処分所得－家計消費支出）。フランスと英国は家計所得から固定資本減耗を控除する前の総（gross）貯蓄率。国によって最新年の値はOECD推計値の場合もある

出所：OECD Economic Outlook No112-Novembe 2022.（OECD.Stat 2022.12.11）

以後の政権は、通貨が高い**スイスのような円高策に転換**することだ。**1ドル100円の円高にすれば**、実質賃金を3%/年も下げて世帯を苦しめている現在のインフレはなくなる。物価上昇が3%や4%の国で賃金が上がらないと、国民は将来悲観にしかなれない。**通貨が下がる国が明るくなることはない**。

1970年代から経常収支が赤字であり、海外からの商品輸入が多い米国は1990年以降一貫してドル売りより、海外からのドル買いを増やすドル高政策である（米財務長官元ゴールドマン会長のルービンのドル高政策）。米国のように貯蓄率が低下し、輸出が増えない経済ではこれが正しい。

【2011年から赤字基調に転換した日本の貿易】

ところが日本は**2011年の東日本大震災**のあと、部品のサプライチェーンショックから加工貿易の製造業の工業生産と輸出が減ったことをきっかけにして、**貿易が赤字の体質**に転落した。

原因は、

①2101万人に増えた時間賃金が1000円と低い非正規雇用、

②中小企業の雇用が約70%を占める現役世代の所得低下、

③年収が200万円台の年金人口が4051万人（総人口の30%：2018年）にも増えて、世帯の貯蓄率が低下したことであった。

◎**世帯の貯蓄率が下がると**、貿易は黒字になりにくくなる。少しむずかしいかもしれないが、正確な議論のため、IS（投資・貯蓄）**バランスの原理**を解説しながら示す。

〔原理〕マクロ経済のＩＳバランスでは、「民間の貯蓄増加＝政府の財政赤字＋経常収支の黒字」になる。政府の財政赤字は国債の発行になるが、これより民間の貯蓄増加が大きくないと、経常収支の黒字は増えない。

経常収支の黒字は、「貿易収支の黒字＋対外資産からの所得収支」である。

日本は対外資産の残高が２０１０年代から約１０００兆円で、その配当と金利が20兆円ある。

◎日本経済は世帯所得が１９９５年から15％も減って、貯蓄率が米国の下の５％に下がり、貿易が赤字の体質になっていたが、**「円安幻想」**は残り、政府は円安策を推進した。これは２０１２年以降の政府の経済運営を誤らせ続けている。

世帯の所得が増えて貯蓄率が５％から10％台に上がらないと、貿易は黒字にならない。

【アベノミクスには円安を歓迎する誤りがあった】

円安歓迎は１９８０年代までの幻想になったが、認識が遅れた日本は30年続けた。

原因は政府・日銀に、世帯の貯蓄率が高まらないと貿易黒字が増えない**ＩＳバランスの原理への認識が弱い**ことだ。無視されてすらいるようだ。政府が円安にすれば、貿易黒字が増えるといった間違った論になっている。これが２０１３年以降の世帯の生活を苦しくしてきた。

海外生産が70％のトヨタが代表である輸出型＆海外生産型の大手企業だけを見て、企業数では99％の国内企業を見てない。輸出企業の利益はドル高／円安で増えるように見える。しかし円安になると国内ではエネルギー・資源・食糧・商品の輸入価格が上がって、最終的には商品を買う世帯の支出負担になり、国としてのプラスマイナスがゼロである。

円安で価格が上がっても減らせないエネルギーと資源と食糧を輸入に頼る日本では、円安が国民生活に害をおよぼす。2022年10月の1ドル150円の超円安のときは、約100兆円（GDPの18％）の輸入物価が48％も上がってインフレの原因になった。資源・エネルギーは100％輸入、食糧も60％輸入だから。原油が円で2倍になると、電気・ガス、ガソリンは20％から30％上がる。

輸出数量の増加がないときの円安の為替差益、円高の為替差損は、実は意味がない。5300万の日本人世帯にとって、輸入物価込みの価格で商品を買わなければならない円安は一方的に損である。当方は政府とは逆に世帯の側に立つ。

トヨタやソニーは、倫理から円安の為替利益を自社製品の価格を下げて、生活水準が下がった国民に還元しなければならない。しかしそんなことはしない。逆に円安で輸入する資源や部品の原価が上がって大変だと企業は言う。

3 経営は国民に対する倫理をもたねばならない

ウォルマートは創業期から、**「年収2万ドルの世帯に4万ドルの生活を提供する」**ことを事業ビジョンと決めて、1960年代から60年間固くまもってきた。

店頭価格の構成要素になる、

①商品の仕入価格、

②店舗への配送物流、
③店舗のオペレーション経費の合計を、競合店の50％のディスカウントを続ける経営を**システム的・体系的な戦略**として実行した。

現在の世界売上は6113億ドル（85兆円）で、世界でダントツのナンバーワンになっている。

売上のナンバーワンとは、来店顧客数のナンバーワンである。顧客は義理でウォルマートに出かけて、買うのではない。**「商品価値＝品質÷価格」**がもっとも高いと考え、その商品が世帯にとって他店との比較上最適と自発的に考えるから買う。

それが売上ナンバーワンの意味である。確かに製造過程では標準偏差で生じる不良品を6シグマの限界まで減らして「商品価値＝品質÷価格」の高い車と電子製品を作ってきたトヨタとソニーは、商品の価値公式を理解しているはずだ。

トヨタ・ソニー両社と、円安で利益が増える輸入商社に経営の倫理があるなら、輸入物価インフレで実質所得が減った日本国民に、輸出と海外生産で得たドル高・円安の為替差益を50％は還元する義務がある。株の配当だけでは、差別用語を敢えて使うと片手落ちである。

ウォルマートのように**顧客に向かう経営を行う倫理の高い企業**が日本にも多数登場しなければ、日本経済の今後も成長しない。日本で顧客への倫理性の高い会社はニトリだろうか。似鳥《にとり》昭雄会長は、たびたびメディアに出るようになっている。

企業倫理のビジョンは、より高い顧客満足の提供である。これが経営の普遍原則だろう。保険金詐欺のビッグモーターが自動車修理業界で売上1位になっていたのは、①損保ぐるみの経営倫理の低下、②総務省と保険会社の癒着、③その結果としての日本経済の成長のなさを象徴している。**都合の悪い公文書**をシュレッダーで廃棄する官僚の倫理低下（公文書の廃棄は官僚の詐欺の隠蔽である）と、金融業界も損保と同じである。米国には車検がない。修理工場を儲けさせる日本の車検は必要なものか。総務省に車検の簡略化や廃止の政策はない。

損保を含む巨大保険会社は**検察・警察と官僚の天下りの機関**だから、昔から保険料を高くする癒着は否めない。政策作りを行ってきた立場の経産省官僚の退職幹部から聞いたことがある。「在任中、民間にたくさんの仕事を作ってやった」……本人も流通業大手に天下っていた。

日本経済と企業の今後は、顧客に向かう経営倫理の確立である。

日本人には、米国人より高い**東洋的倫理の素地**がある。

明治の政治家が偉く見えるのは、**人格に江戸時代の武士道の倫理性**が残っていたからだ。

仮に外面《そとづら》だけであっても、国民への倫理性が高いのは国民の平和と幸せを願う天皇家だろうか。

◎古い言葉だが、経済面では**「民のかまどから煙は上がっているか？」**である。

20世紀に一般化したGDPの経済計算がなかった時代にあって、国民の全員が十分に食べているかという意味である。

国民は今、21年比で20％の円安のなかで実質賃金（＝商品購入力）が3％下がっている。

食品や耐久財の価格は8％から12％上がっている。

政府の補助金があるので攪乱されているが、電気・ガス代は20％上がっている。電気代が上がると、世帯だけではなく、電力を大量に使う工場の加工生産費が上がる。冷蔵・冷房が多い食品スーパーでは電気代が売上比1ポイント上がって、円安による食品価格の上昇に加わっている。

物流費は2024年から20％上がるだろう。すっかり日常化したアマゾンやケータリングの配送費はどうなるか。アマゾンは、プライムの契約を1カ月100円上げた。

＊

食品が多くなるが、購買品頻度が週1回の商品では、**生活実感の物価上昇が4％ではなく15％くらい**とされている。家人は毎日、新聞の広告を見て**円安で楽しみだった海外旅行が2倍高くなった**と愚痴をこぼしている。確かにビジネスなら1人100万円、以前は7日で50万円くらいだった。

【通貨の下落は国の貧困化である】

通貨が長期に下がる国で経済が成長した事例はない。

英国では、戦後の1ポンド1000円が今日は181円。通貨のポンドが5・5分の1に下がって、世界経済における英国のシェアは5分の1になった。英国の植民地として資源と労働を搾取《さくしゅ》されていたインドのGDPは3・2兆ドル（448兆円）に増えて、3位の日本に迫っている。数年で日本を超え、世界3位になることは確実だ。

注目が低いインド株（日経平均のような指数はSENSEX）は、短期保有ではなく長期保有の買いかもしれない。2014年から2023年では20000から60000へと3倍に上がっている。バブル分がない上昇である。日本の証券会社なら、オンラインで買える（IGや楽天証券など）。

戦前には、植民地を含む英連邦のＧＤＰは世界一だった。現在の英国のＧＤＰは世界の３％である。**日本は１９９０年のＧＤＰが世界の15％だった。銀行資産では40％だった、現在は世界のＧＤＰの４％に低下してしまった。**これでいいのか？

４　アベノミクスでの株価上昇の背景（２０１２〜２０２０）

不評だった民主党政権に代わって、２０１２年12月から第二次安倍政権になった。安倍政権では、**①金利を０％にし、②国債を増発して日銀が買う異次元緩和**（８年で５００兆円）が、インフレ目標２％、名目ＧＤＰ成長３％として実行された。**為替レート**はすぐ反応して２０１１年10月の１ドル75円（史上最大の円高）から**15年６月の１２３円**まで、62％の歴史上最大の円安になった。

日銀が異例な**民間株ＥＴＦを37兆円**買い、年金基金を運用する**ＧＰＩＦも約50兆円も株を買った**ことが導因になって、株価は大きく反応した。２０１２年12月の日経平均８０００円台から２０１５年１月には２万円まで、**３年で２・５倍に上がった**（図６-２：23年８月26日は３万１６００円）。個人投資家の株買いも増えた。株価は政府・日銀の目標ではなかったが、予想以上に成功した。

しかし目標とした**物価上昇２％**は達成できず、**世帯所得**も増えなかった。円安で輸入は増えたが、輸出は増えず**貿易は赤字スレスレ**だった。

株価が経済の好調を示していたので、国民は実体経済が好転したような幻覚をもっていた。しかしアベノミクスの結果は、**「金融経済化による株価上昇と円安」**だけだった。

1996年が世帯所得のピークの781万円だった（子供がいる世帯の平均）。2015年は707万円へと74万円（9・5％）下がっている。5300万の全世帯平均では、1996年が664万円、2015年545万円と、119万円（17％）も減っている（データは厚労省）。こんなに世帯所得が減り続けて、**貿易を黒字にする貯蓄率が10％以上になるわけがない**。

日本は、1995年ころから輸出主導で成長する経済ではなくなった。**円安は、世帯にとって輸入のエネルギーや物価が上がるだけでメリットがない**。逆に世帯にとっては、輸入物価を下げる円高が必要になっている。政府・日銀にこの認識があるだろうか。1ドル145円台の円安のなかで疑問である。

＊

2020年4月以降の2万円台から3万円台への日経平均上昇は、コロナパンデミック対策

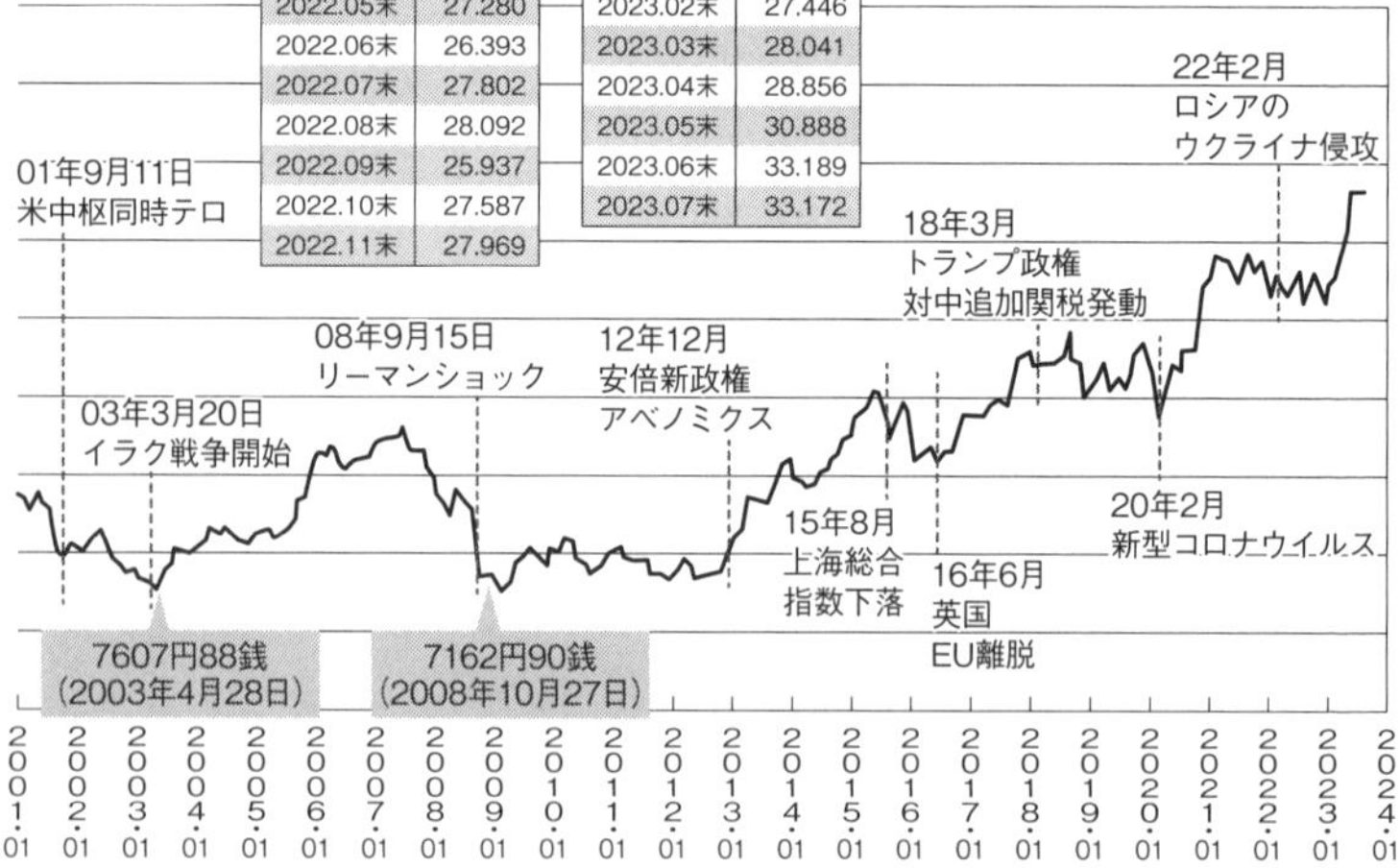

2022.03末	27.821
2022.04末	26.848
2022.05末	27.280
2022.06末	26.393
2022.07末	27.802
2022.08末	28.092
2022.09末	25.937
2022.10末	27.587
2022.11末	27.969

2022.12末	26.095
2023.01末	27.327
2023.02末	27.446
2023.03末	28.041
2023.04末	28.856
2023.05末	30.888
2023.06末	33.189
2023.07末	33.172

資料：日銀HP、日経平均資料室HPほか

として**ＧＤＰの約20％の１０７兆円の財政支出**（二度の補正予算１０７兆円：ＧＤＰの約20％）によるものだった。

米国と欧州でもＧＤＰの約20％をコロナ特別支出した結果は、２０２０年から21年の株価と不動産を上げた。21年の**米国での株価上昇は、２０２０年のＳ＆Ｐ５００の３１３０が４７００へと50％も上がる大きなものだった。**

ＩＴ株と新興ＡＩ株も多い米国ナスダック（意味のない情報だが、タイムズスクエアに黒と青のショールームがある）は、９３００から１万５０００まで60％上げた（21年11月）。しかしインフレの抑制対策として利上げした１回が０・75％と３倍も大きかったので１年間は１万５０００まで沈んだ（22年11月）。なぜ３倍大きい利上げをパウエル議長がしたのか考える必要がある。

普通の利上げは１回が０・25％である。**ＦＲＢは米国の９％台のインフレにあわてていた。**

図6-2　アベノミクスの8年で日経平均は3倍に高騰した

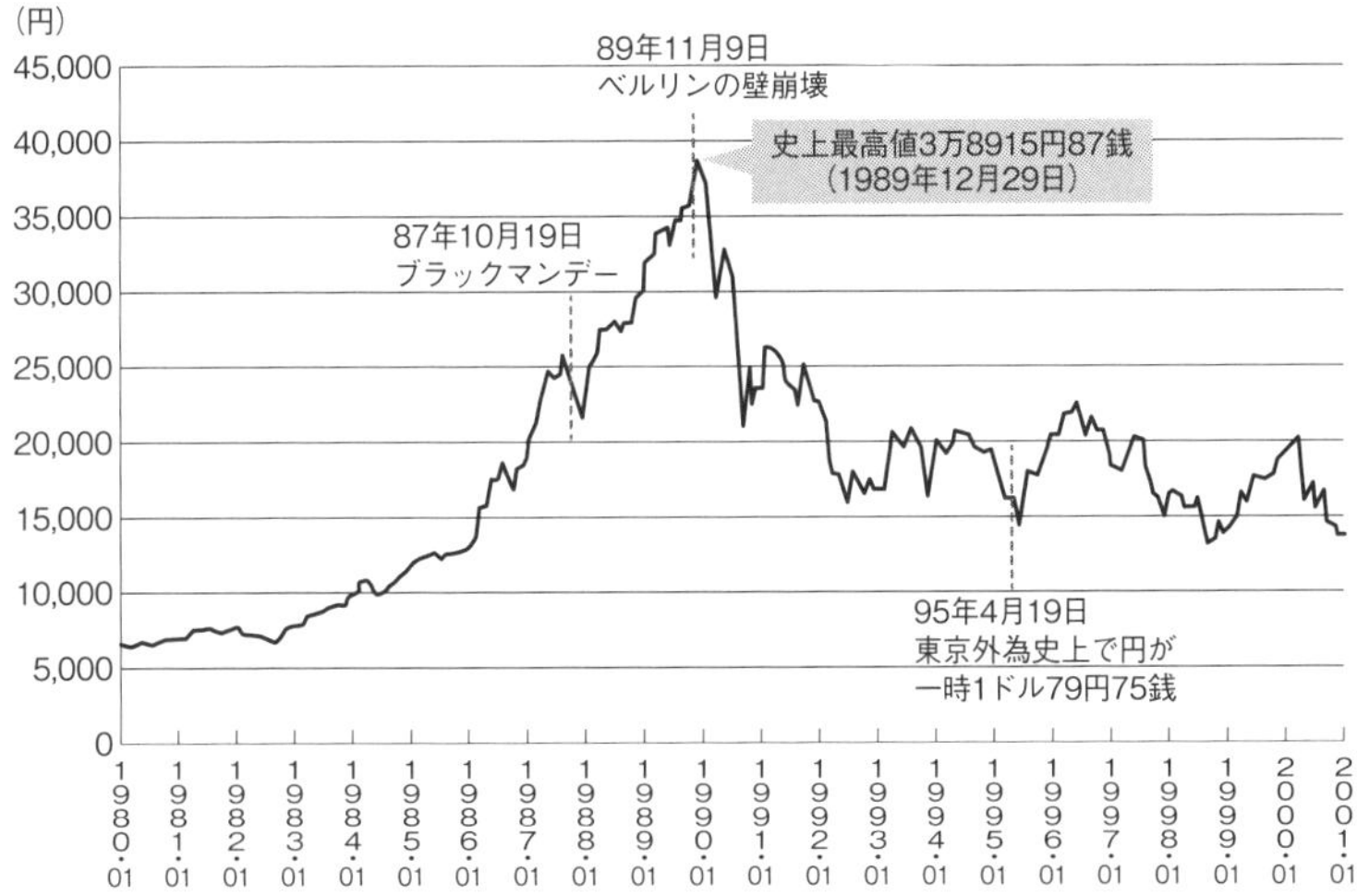

注：東京証券取引所22種の平均株価。主要事件等は東京新聞2008.10.28などによる。

インフレの認識に遅れ、インフレが来たぁとなった途端《とたん》、3倍の速度で利上げをした。株価は利上げを織り込んで22年年初から下がったが、10カ月後の10月からは、「インフレのピークアウトと利下げ」を見越して上がっている。**株価は、3カ月から6カ月先の金利を予想して、今日の株価に織り込む**。

S&P500は、リーマン危機より大きな財政・金融対策で50％上がった。日経平均も45％上げている。原因は、マネー量の増加以外ではない。

ナスダックは、楽観的な投資家が利上げのピークアウトと見た22年11月のあと、9カ月で1万3960へと33％上がっている（23年8月4日）。世界の株価バブルのシンボルは、タイムズスクエアの黒く青い小さなナスダック。ざっと見て2倍は高い。

世界の株価は、**世界のマネー**がコロナ対策で過剰ななか、投資家の買い方から見れば、**コロナ&ウクライナ戦争で起きた金融緩和＋インフレによるバブル圏**にあると言える。

第七章 コロナのあと急増した米国のマネー・サプライ

1 米国のマネー・サプライが20％増加した資産バブルの発生

◎**マネー・サプライの増加率**とは、民間企業、世帯、海外投資家による米銀へ預金した額増加を前年比であらわしたものである。これが米国の現金性のマネーである。**２０２３年５月で20兆ドルになっている**。

①預金量の増加は、米国では**50％が株をもつ米国世帯**の株買いの増加資金になる。

②日本では、世帯の預金が増えても株買いには向かわない。日本の株価は、米国ファンドが**オフショア**（タックスヘイブン）から大きく買い越すときしか上がらない。

日本の株価は、**東証で70％の売買シェアのガイジン・ファンド**が買い越すか、売り越すかに支配されているが、メディアはこれを報じない。何の都合が悪いのか？

米国のマネー・サプライの増減は、その後の株買いの増減を示し、**株価の先行指標**になる。

図7-1のグラフを見ていただきたい。米国のマネー・サプライの増加は、かつてほぼ４％から６％だった。

２０２０年３月のコロナパンデミックによる政府のロックダウンのとき、

①レイオフ（短期失業：一時帰休で再雇用）が労働者数の15％（3000万人）に増えて、

②企業の休業が急増して、操業度が急低下した（20年3月）。

この時期のフランスとイタリアの失業は8％から10％だった。英国は5％だった。一時帰休の雇用慣習が少ない日本、ドイツ、韓国では3％だった。

街からは人が消え、あたかも**コロナ戦争**だった。世界の株価は2020年3月に30％下がった。世界はパニックに陥っていた。政府はパンデミック対策と経済対策の両方を迫られた。財政の赤字を気にする余裕はなかった。各国で国家非常事態宣言が発令された。

中国を除く日米欧の政府・中央銀行は、**GDPの約20％（10兆ドル：1400兆円）の巨額な財政支出**を増やして民間にマネーを供給した。どの国も戦争以外でこんなに大きな財政支出をしたことはなかった。

米国で個人に配られた小切手は1人30万円、子供の

図7-1　米国のマネー・サプライ増加率（2009〜2023：FRED）

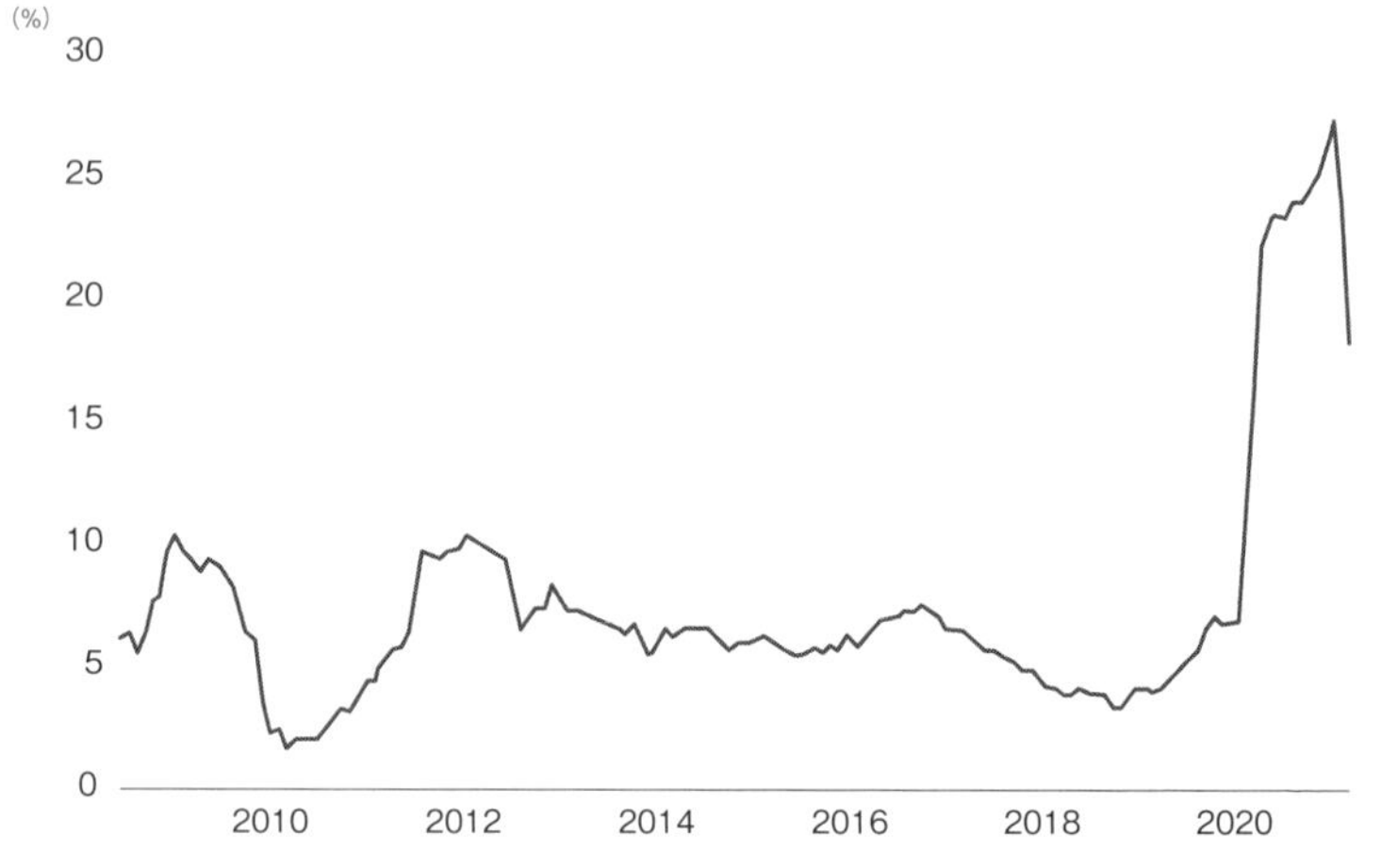

いる世帯で100万円くらいの金額だった（日本では1人10万円が1回）。

企業にも雇用支援、事業継続の貸し出しが無担保、無保証で行われた。日本では約40兆円。米国では4倍の160兆円あるだろう。民主党のバイデンは、国民からの人気とりのため**見境なく、ばらまいた**。

ばらまきの経済的な結果は……**20％も増えたのに、ロックダウンで使われなかった預金となった**。操業を停止、縮小した企業は無担保・無保証で金利ゼロ、しかも無条件の融資を利用し、事業を存続させた。ヘリコプターマネーだった。

日本では、その金額は**政府系銀行から20兆円、民間銀行から23兆円、融資件数は137万件だった**（1件平均の融資額3100万円）。稼働している中小企業の70％くらいは利用しただろう。融資のときから銀行側では「消える経費に使うだけで売上が増える投資ではないから、半分以上は返済できないだろう」と言っていた。事実だろう。最近、当方の近所でも廃業レストランが目立つ。

2000年にはほとんどゼロだった中小企業の倒産が23年7月では70件に増えている。この数字は負債額1000万円以上の法人だから、法人ではない自営（サービス業に多い）の自主廃業は700件、1500件／月以上だろう。負債がない自主廃業は倒産にならない。ゼロゼロ融資の返済が始まっている。経営者の高齢化も重なっている。

ときどき行っていた、美しく丁寧な応対の女将がいて**美味しかった焼き肉屋**もなくなった。ゼロゼロ融資の返済が始まって**自主的な廃業**が増えているのに、政府統計はこれを把握していない。統計に出る倒産よりはるかに多い（5倍か？）。政府が保証するから銀行は、特別融資を無審査で実行した。これもマネー・サプライの増加になって、株を買うところも多かったはずだ。

【株価は1年半で80%も上昇したが……】

2022年3月に30%下がった日経平均は、100兆円の追加財政支出による国中の現金増加を主因に4月から急回復した。**2020年3月の底値1万6500円**から1年後の21年3月には2万9800円まで、1万3300円（約80%）も上がった。コロナから2年5カ月後の現在は、3万2250円である（23年8月初旬）。**東証の時価総額は843兆円**になって、33年前の1989年12月のバブル株価の最高だった時価総額600兆円を243兆円も超えた。主因は企業業績ではなく、GDPの20%（約100兆円）と大きかった財政支出である。**世界的な金融相場によるバブル株価**である。

◎2020年末に米国のマネー・サプライは驚異的に20%も増え、21年では**米国の金融史上最大のマネー・サプライ（預金）の増加だった**（図7-1）。

過去最高に増えた預金は、どうなったのか。預金の2000万円がコロナという原因だけで2400万円へと、何の努力もなく自動的に増えたのが平均のイメージだった。

世帯と企業は増えた自分のマネーで、

①株を買って**株価を2倍**に上げた。

②旧居より**高級な住宅を買い**、平均価格を前年比で20%上げた（2021年、22年）。

住宅ローン金利も**米国では3%**に下がっていた（現在は2倍の6%台＝ローンの金利払いは2倍）。

◎今回の資産価格の高騰は、**所得の増加を背景とした株価と住宅価格の上昇**という正常なものではない。金融史200年のうちでもマレで異例なコロナパンデミック対策として**日米欧の財政支出拡大とマネー・サプライの異常な増加**が原因だった。

米国の株価高騰と住宅価格の上昇はマネー・サプライ量の急増（20%：4兆ドル：560兆円）によるもの以外ではない（図7-2）。

FRBがインフレ対応として利上げしてから、2022年の年初をピークにして株価（S&P500）が下がり始めたとき、株式投資家は約1年半（18カ月）、自分の株買いを正当化する材料をAIやEV（電気自動車）、インフレの3%台への低下と探す。**しかしマネー・サプライの増加率が2023年に急落すると、無視する。**

ひとは、自分の行動や判断に都合のいい情報は探す。都合の悪いものはないものとす

図7-2　世界のマネー・サプライとS&P500の株価（2008-2022）

図は、米国の代表的な株価と、日米欧のマネー・サプライ、いわば銀行預金量の関係が、見事に一致していることを示す。

①中央銀行と銀行が企業と世帯の預金量を増やすと株価が上がる。
②減らすと下がる(22年3月以降)。この関係は、2008年のリーマン危機のあとの、「金融化した世界の株価」に共通している。

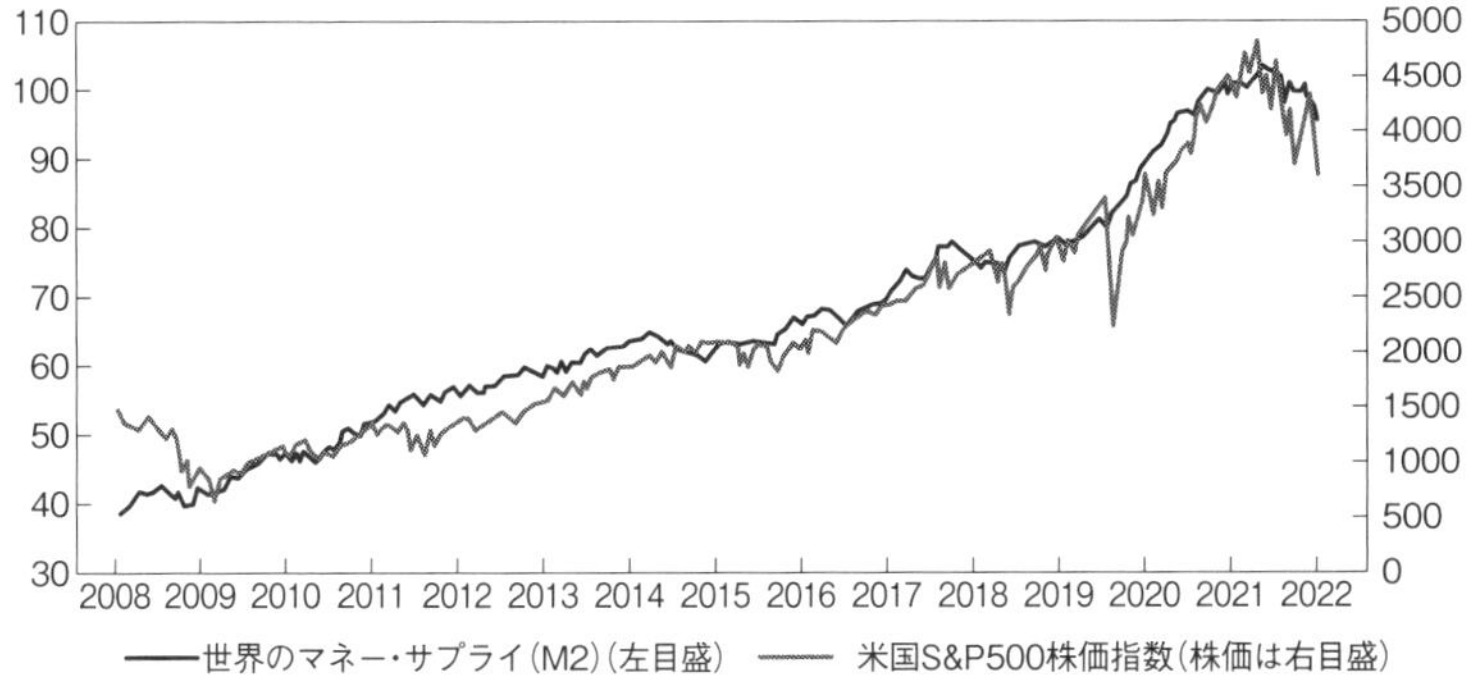

出所：出https://apolloacademy.com/sp500-vs-m2/

る。これが市場を支配する空気だ。株や住宅が下がる情報や経済データは正しいかもしれない。自分は見たくも聞きたくもない。聞くと不愉快になる……。これが投資家の心理である。メディアもこれを知っている。「上がった、または今後は上がるという情報は出す。＊＊が理由になって下がるという情報は出さない」。悲観論として非難を受けるから、世界中がこうなってしまった。これが現在である（2023年8月4日金曜日）。セントルイス連銀が全銀行で集計した**グラフにあるマネー・サプライの2023年4月からの急減は、今から増加に転じることはない**。

大元である**FRBのマネー供給（通貨の増刷＝マネタリーベース増加）**は減っているから、マネー・サプライ（世帯と企業の預金）の増加率は下がり続け、2023年末～24年春にマイナスになる可能性が高い。とすると今後、10月から**米国株と住宅は売りが増えて下落し**、米国ファンドが売買の70％を占める東証株価、欧州株価、特に英国株価と米欧の住宅価格も下がるだろう。

2 世紀的な事件と金融・経済・株価

米国のマネー・サプライがコロナパンデミックのときのように急増に転じないかぎり、下がる株の回復もむずかしい。コロナは**世界に心理的なパニック**を起こしていた。日本の安倍元首相も心労で倒れるくらいだった。小さくて不評だったアベノマスクを配った。確かに品質は悪かった。ひとり河野太郎が元気だった。ワクチンはまだなかった。日米欧は、これ以外にないとして**国債を刷って GDPの20％のマネーを積み上げて配った（緊急補正予算）**。

日本の年金基金GPIFは、23年4－6期に、日本株、米国株と国債が円安が重なって19兆円（最高益200兆円の運用の9・5％）上がったと歓喜して発表している。これも最後だろう（かもしれないとしておく）。GPIFは儲かったときは記者会見をする。損をしたときは黙る。投資家に共通である。**「利益は言う、損は言わない。含み損は先送りし傷を深める」**。

これが自然な心理である。**売って利益を確定するのは、むずかしい**。相場から手を引くことになるから。しかし今は、次の機会のため**手許現金《てもとげんきん》を増やしておくこと**が今後数カ月は正解かもしれない。30％以上、たぶん50％は売るほうがいい感じか。上がる材料はAIと、半導体しかない。しかし……すでに世界生産額70兆円の半導体は不況にある（2023年：WSTS）。世界一の台湾のTSMCも2023年通期予想がマイナス10％の減収減益である。

2024年の米国FRBが2020年3月（株価が30％下落）のように、5・5％の金利を0％にして、マネー供給をGDPの20％も増やすことも想定できない。

インフレが収まったとして、**FRBが金利を下げても3％が下限**だろう。賃金の上昇による、米国のインフレが3％付近だからだ。米国の期待生産性上昇が2％として、物価上昇3％を加えたGDPの期待名目成長は5％。そうなると**米国は長期期待金利3％が下限**になる。

＊

◎FRBによる金利の最大の下げを仮定して、現在の5・50％から2・5％下げられ、2024年に金利3％で続くと、米国の総負債122兆ドル（1京7080兆円）の**利払いが512兆円**になる。

512兆円の利払いは**GDP（3220兆円＝所得）に対して16％になるから、米国は3％の金利を**

払えない（第二章の図2-1を参照）。会社の劣後債である資本の株式（時価総額5000兆円）では、金利上昇とともに増やさねばならない「株式配当＋自社株買い」の約3％が債券の金利に相当する（想定計算では5000兆円×3％＝150兆円）。

バランスシート（B／S）の資産の時価計算の実態では、すでに大手銀行（一例は最大のJPモルガン・チェース）が潰れている。大手銀行と資本関係がある仲間であるFRBが裏で支えている説があることを書いておく。**資本関係でFRBは株をもつJPモルガン・チェース、ロスチャイルドの銀行、ロックフェラーなどの子会社である。**おかしなことだが、**1913年の設立のときから続く事実である。**日銀では明治15年の設立以来、資本金1億円の株の55％を財務省がもっている（財務省が国会で答弁した。ただしこれが天皇家の分かもしれない）。残り45％は不明だが、天皇家やロスチャイルド銀行という説がある。

FRBには昔から戦費、CIAがばらまく機密外交費、政治の裏マネーを出す裏帳簿があるという。今もこの説は消えていない。

日本と中国がもつ米国債はFRBの保護預かり勘定（カストディ勘定：約3兆ドル：420兆円）による貸し付け（リース）である。JPモルガンに貸し付けてもFRBで保証し、日本や中国が所有者である米国債をなくすわけではないから……。JPモルガン・チェースは、その国債を売って資金繰りに充てる。**FRBは、日本政府に米国債を売るなとしている。**前FRB議長のイエレンは難物の中国に、米国債を売らないでくれという懇願《こんがん》に行ったはずだ。7月に本当の用件を言わず習近平を訪問したとすれば平仄《ひょうそく》が合う。演技が下手なパウエルには知らされていない……。以上は推測である。

3　米国全体の金融資産の損失計算

米国の負債に対応する**金融資産122兆ドル**のうち、利払いがされない分は不良金融資産になる。

不良債権が出ると、122兆ドル（1京7080兆円）の「株+国債+債券」の金融資産の実質価格が下がる。どれくらい下がるか。

◎全部の債券、株価の下落をもっとも少ない20%としても、122兆ドル×20%＝**26・4兆ドル（3416兆円）の金融資産の消失（2024年末から2025年春）。1年分のGDP相当額**がドル建て金融資産から消えるが……金融機関の損失は**15兆ドル（2100兆円）**になるであろう。

損失200兆円（実際は400兆円）とされたリーマン危機の11・5倍。どうなるのか、イマジネーションを超える。2024年末、早ければ既存の負債の利上げがすすむ23年末から始まるだろうか。

【不良債権が大きすぎ、最後の手段は政府紙幣（＝政府通貨ともいう）】

リーマン危機までは、FRBがドルを増発して決済不能になった大手銀行に貸し付けた。銀行がもつ**価格が下がった国債と住宅ローン担保証券約4兆ドルを発行額面で買う（FRBが損をする）という方法**で証券を現金化（マネタイゼーションという）して、**4兆ドル（560兆円）**を供給した。

ところが今回はリーマン危機のときより、**総負債＝総金融資産が2倍**に大きくなっていて、**15兆ドル（2100兆円）の金融資産がなくなってしまうことが想定できる。**

この金額は、FRBが金利の上昇で価格が下がった国債や債券を下がる前の額面で銀行から買って、マネーを供給するという方法では足りない。

FRBは2024年に想定できる株価危機に対して銀行に、

①リーマン危機の対策費だった**4兆ドルの2・5倍の約10兆ドル、**

②あるいは**3・75倍の約15兆ドルのマネー供給**が必要になるが、実行できない。

これを行えば、国際信用を失うドルは、約1年で現在の3分の1（50円）に向かって下がるからだ。

【最後の手段はドルリセットをし、1：1の交換レートで政府通貨を発行すること】

◎国家に残る最後の手段は、

①国債を発行してFRBが買う方法ではなく、

②財務省が**直接、ドルの政府紙幣を銀行に発行**して金融危機・財政危機を収めることしかない。

これはマネー理論では、既発の**32兆ドル（4480兆円）の米国債を全部、その国債と同じ金利の政府紙幣に換えることと等しい**。

最後に残された手段、**「旧ドルのリセット＝政府紙幣発行」**という方法をとって、FRBの銀行券である旧ドルをリセットし、新ドルの**政府紙幣に1：1で置き換える**。

政府通貨に換えると、経済原理では消えるべきものだった不良債権の消却が行えず、国の**金融資産＝負債のマネー総量は増えたまま**になって、再び1年目10％、2年目はたぶん20％を超えるインフレになる可能性があるが、ほかに恐慌を避ける方法はない。

これを行わないと、**米国は1929年から33年**に経験したように、

・株価が10分の1以下に、

・住宅価格が半分に下がって企業が大量倒産した大恐慌になる。

GDPが30％減って、失業が25％以上になる。これが金融危機から波及する国民の**実体経済の恐**

慌である。

以上はマネーの数値から、期待や悲観の偏向《へんこう》なく言えることである。コロナとウクライナ戦争は、金融・経済と、われわれの未来にとって何だったのか？　次はこれを書く。

その前に１９９４年からの**中国の開放経済**と、米銀がドル覇権の拡大策として推進した**人民元のドルペッグ制**について示す。20世紀末の中国のドル圏への登場は、２０００年からの世界経済を変えてしまうインパクトをもっていた。コロナやウクライナ戦争のあとの、**２０２３年末から２０２４年、25年のドルとドル金融**を描くには欠かせない前提になる。

第八章 1994年からドル圏に登場した人民元

1 米銀による対中国のマネー戦略

◎20世紀後半の世界史的な事件は、①1980年代までの**日本の高度成長とバブル崩壊**、②1991年のソ連崩壊、③1994年からのドルペッグ人民元による**共産中国の開放経済**であった。開放前の中国と世界の交易は部分的だった。日本は古美術、100万円以上の段通《だんつう》、1組が50万円くらいの羽毛布団を輸入していた。義父が高級家具店をやっていたから現場を知っている。

開放前の人民元に世界の公定相場はなかった。銀行の別個の相場で**1元は130円から150円だった。現在の20円の6倍から7倍も高く、中国輸入品は8倍から10倍高かった**。1990年まで共産圏のソ連・東欧・中国は、ソ連が原油と資源を共産圏内に輸出するルーブルのブロック経済だった。ソ連崩壊からは別の世界となった。

戦後の日本は米国を通して世界を見ていた。90年代の日本の外交・経済は、**旧共産圏の金融・エネルギー・資源に支配を伸ばした米国**に遅れた。日本が資産バブル崩壊のあと、ゼロ成長に落ち込んだ原因にもなった。かつて秋葉原の古いラジオ街にあったような商品展示をする広州の問屋街に当時、出かけたことがある。2000年以降の中国の成長は人類史の常識を超えていた。中国の建物は大きいが人口が10倍なので、どこもひどく混雑している。

ドイツの自動車工業、家電、オーディオはいち早く中国に進出した。当方がオーディオのチャンネル・デバイダ（低音、中音、高音の周波数の分割器）に使っているものは、ドイツのベリンガーのプロ用である。中国での生産であり、1万7000円くらい。音質はよくウソではないかと思うくらい安いが壊れやすい。日本の自動車、家電、消費財メーカーの中国進出は米欧に5年から10年は遅れた。

中国は、海外資本と技術を50：50の合弁で導入した。資本をもらっても主導権は中国側だった。1994年からは、ゴールドマン・サックスの指導で**「人民元と米ドルとの交換制」**になった。**1元は11・8円**に下がり、ドルでは1ドル8・5元だった。不適正に高かった中国の物価はその年から11分の1に下がった。中国は、①低価格品の輸出と、②設備投資を牽引《けんいん》車に、その後30年、二桁の成長路線にはいっていった。94年の中国のGDPは5610億ドル（79兆円）だった。13億人の経済が九州と四国をあわせたGDPだった。29年後の2023年には**34・5倍の19兆3700億ドル（2710兆円）に成長した。**日本の5倍である。GDPの5倍とは、中国の商品生産の金額と企業＋世帯所得が日本の5倍であることを示す。

中国の統計によるGDPは、伸び率の2％くらいが底上げされているだろう。それでも**約17兆ドル（2380兆円：日本の4倍）**。物価では日本のおよそ2分の1の安さ（購買力平価）なので、購買力平価でのGDPは**30兆ドル（4200兆円：日本の8倍）**になる。米国の1・3倍で、すでに世界一である。その間、日本はゼロ成長だった。中国は**年平均で16％、29年で34・5倍の世界史上で稀な高度成長を遂げた。**

商品の価格は総じて日本の半分である。数量では日本の8倍から10倍の商品生産数がある。インターネットのアリババで、オーディオ機器を買うことが多くなった。約2週間で届く。音の品質は、3倍から4倍の価格の日本製に見劣りがない。ただし壊れやすさとデザインに非《ひ》洗練《せんれん》がある。①追いつきやすいデザインと、②追いつきにくい故障率の低さで追いつくと、日本の工業製品は、世界市場からは駆逐される。

産業、仕事、生活、遊びのあらゆる場面に使われるAIでは、中国と米国が日本の3周先を行っているという（東大AI研の松尾豊教授）。追いつくのに大変な格差があるが、ムリとは言わない。日本はIT技術の革新に遅れたように見えるが、品質のスイス工業の道があるから。

社員の技術は、思いのほか国民性と関連する。中国は安く買って高く売る商人の国であり、日本・ドイツ・スイスは品質にこだわる職人文化

図8-1　購買力平価における世界のGDP：購買力平価＝商品の生産数量

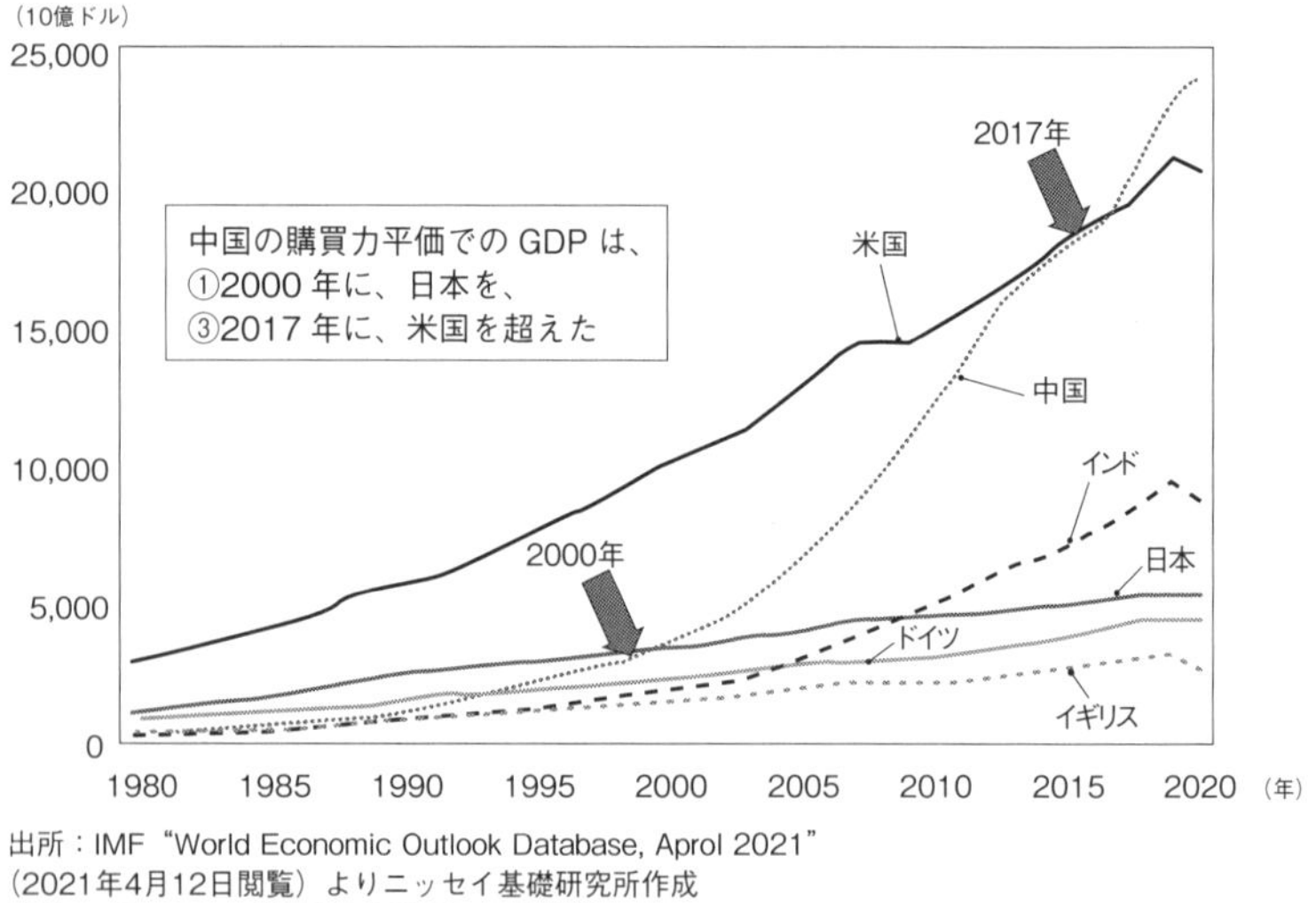

出所：IMF“World Economic Outlook Database, Aprol 2021”
（2021年4月12日閲覧）よりニッセイ基礎研究所作成
（注）イギリスは、購買力平価換算では世界第10位。

の国である。米国は何だろう。自己主張と宣伝のセールスマン文化か。中国で買うのは簡単だが、売るときの代金の回収がむずかしい。文化（何を重んじるかという価値観と働き方に関係する行動様式）の違いによる商品の違いは、われわれは店頭で感じていることなのに経済学は対象にしていない。わずかにガルブレイスなどの制度学派が対象にしている。

フランス料理でも本国より日本が優れているように思う。海外の事物・文化をとりいれて品質を上げるのは日本人の本能的な特技である。奈良・平安時代からの伝統は残っている。新しいものを生むのは得意ではないが、既存のものの改良・改善は得意である。日本の産業が優位になるエッジがここにある。クラフトマン文化のドイツに似ている。

中国は人口が14億人と日本の11倍だが、1人当たりGDPでも日本の440万円の45％、200万円に上がっている。観光で来た中国人は、日本の店頭物価、住宅、旅行費が安いと言う。他方、1ドル140円台の円安だと、日本人の海外旅行費は飛行機代、滞在費、食事代が2021年の約2倍に上がっている。

中国のGDPに占める不動産投資は約30％と高い。このため不動産の借り入れを含む非金融部門の総債務がGDPの3倍の380兆元（7600兆円）になっている（BIS：2022年）。比較すれば日本の非金融部門の債務（政府1437兆円＋企業1955兆円＋世帯380兆円）の合計は3772兆円であってGDPの6・8倍と巨大である（2023年）。日本では政府債務が重いので、GDPに対して中国の2・3倍の重みがある。不動産会社の恒大グループの破産（負債：48兆円：23年8月）から明らかになったが、中国では2023年から不動産価格の下落による不良債権が増える。政府は不良債権比率を過少に見積る。不動産融資に不良債権が20％あると仮定すれば、中国の政府・企業・世帯の総債務7600兆円×10％＝760兆円になる。不良債権比率は、中国のＧＤＰ２５００兆円に対して30％になる。日本の資産バブル崩壊のときの不良債権は実質が２００兆円でＧＤＰ比40％（１９９７年）と大きく、その処理に15年を要した。中国が不動産価格の下落からわかるのは、日本の資産バブル崩壊のあとに匹敵する**10年不況になっていく**ということである。これはＧＤＰの成長が中国政府発表の５％から６％台ではなく、２０２４年から２％台に下がるという意味である。生産年齢人口の減少による経済の構造変化であるから、中国の24年からのニューノーマル（新常態）がこれだろう。中国の約30年の高度成長経済は２０２３年に終わった。

中国が世界と貿易するには、**人民元と基軸通貨のドルの安定した交換**が必要である。円であってもドルと交換ができないと、円を受け入れる国としか輸出入ができない。基軸通貨のドルと交換できないと、輸出入の決済ができない。

図8-2　人民元のレート/円（1980〜2023）
1980年には1元が150円と高かった。
1994年には11.8円に下がった。2023年現在は19.75円。

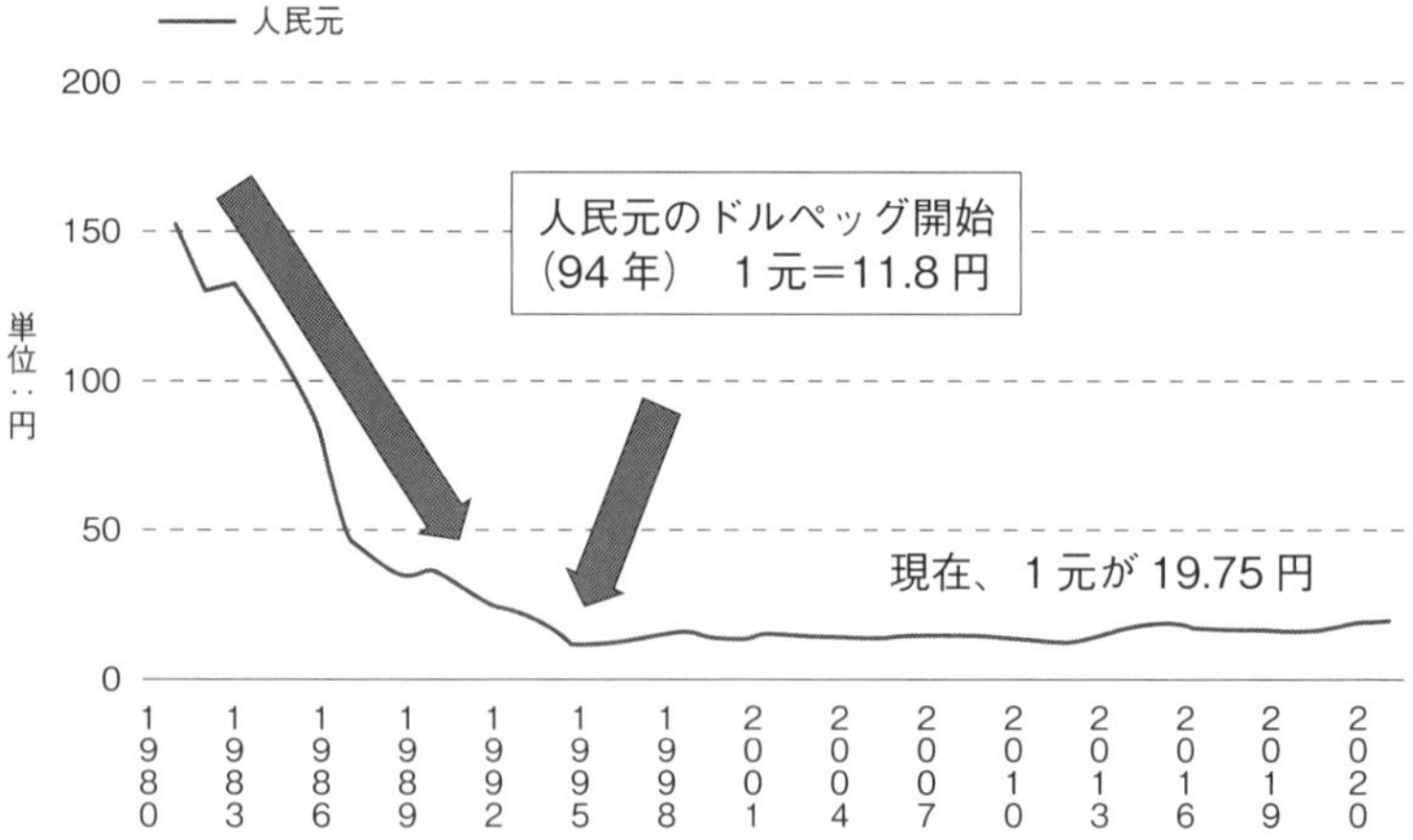

ウクライナ戦争のとき、米国はルーブルとドルの交換を禁じ、国際送金回線のSWIFT《スウィフト》から排除して現在に至っている。2022年から公然とは西側と貿易ができなくなったロシアは、中国の国際回線（通貨交換網）のCIPS《シップス》を使い、人民元で原油を輸出している。金以外では通貨交換が海外と貿易ができる条件だからである。

◎1994年は、革命後の人民元が貿易通貨（＝国際通貨）のドルとの交換を獲得したときだった。米国側は周到だった。国際的な信用のなかった人民元をドルペッグにして、**1ドル8・5元というレートで貿易ができるようにした。円では**1元11・8円という安さだった。**人民元のレートは一挙に下がった。**同年から中国製品は大量に世界に輸出された。中国輸入のユニクロ、ニトリが飛躍的な発展をしたのは、輸入価格が約3分の1に下がった同年からだった。

①ターゲットのレートより約2％上がったとき、元安に調整する（人民銀行が元を売ってレートを下げ、同じことになるがドルを買ってドルを上げる）。

②人民元が**世界の外為市場**（外為銀行の店頭）で約2％下がったときは、逆のドル売りの介入をする仕組みである。

2 人民元のドルペッグ制は米銀が導入させた

中国金融の近代化として人民元にドルペッグ制を敷《し》いたのは、投資銀行の**ゴールドマン・サックス**だった。国家対国家の通貨レートは政府ではなく、**外貨の両替商である外為銀行**が決める。政府・中央銀行は目標値を決めるだけである。通貨の売買は外為銀行が担当している。

ゴールドマン・サックスは、人民元を破格に安く設定した１９９４年の**1ドル8・5元から**継続して上がっていったので利益を得た。総資産で世界一となった**国立の中国工商銀行**にも出資し、大株主になっていた。**中国の大手銀行は国有**で、中国共産党が支配している。**銀行が国有**だから人民元は銀行券ではなく**政府紙幣**である。

２０２２年に世界の資産額の１位から４位までが中国の銀行になったことに驚く。

1位　中国工商銀行（総資産5・5兆ドル）、
2位　中国建設銀行（4・7兆ドル）、
3位　中国農業銀行（4・6兆ドル）、
4位　中国銀行（4・2兆ドル）、
5位　JPモルガン・チェース（3・3兆ドル）、
6位　BNPパリバ（フランス：2・9兆ドル）、
7位　中国開発銀行（2・5兆ドル）、
8位　バンク・オブ・アメリカ（2・5兆ドル）、
9位　三菱UFJ（2・4兆ドル）、
10位　クレディ・アグリコル（フランス2・3兆ドル）

（注）マネーサプライと証券を含む総体のマネー量では、米国が1位である。米国では、証券金融のノンバンクの資金シェアが銀行より大きい。中国では預金シェアが大きいため、預金が主な資金源である銀行が巨大になる。

◎銀行資産の大きさは、マネー・サプライ（＝預金《よきん》＋債券《さいけん》）の金額

図8-3　世界1〜4位を占める中国の銀行の中核、人民銀行（北京）

の大きさも示す。これがマネーのパワーである。企業と世帯の貯蓄額も示す。**中国のマネー・パワー**は日本全体を数回、買収できる規模を超えてしまった。共産党独裁の中国はダメだという感情的な観点は確かにある。しかしわれわれは、銀行の資産額が示すマネー・パワーの実際を見なければならない。

中国と世界の貿易において2017年に人民元の使用が20％、米ドルが80％だった。23年には人民元45％、米ドル43％と逆転している（図8-4）。世界が中国と貿易をするとき、ドルより人民元建てが多くなった。人民元が海外で信用されたからである。印刷が粗雑に見える赤い紙幣の元は信用が低いという前に、**貿易通貨の実態**を見なければならない。

通貨の価値は、その通貨を受け取る国とひとびとの評価で決まる。もちろん、「自分は張り子の虎の人民元は信用しない」という態度もあっていい。通貨の評価は個人の自由である。私もドルと人民元ならドルを受け取るが……。

2023年に不動産バブル崩壊から中国金融危機が想定されるにせよ、人民元の世界からの評価は上がっている。後述する**BRICSデジタル通貨（仮称R5）**になっていくと、貿易量では世界一の対中国貿易で、ほぼ100％が**このデジタル通貨**になっていく可能性がある。

BRICSの国際通貨（貿易に使う国際マネーの領域）に関して、人民元は米ドル・ユーロ・円のパワーを超えている。このことを示すのが世界の銀行資産のランクと、対中国貿易でのドルとの逆転である。

6000兆円の株価時価総額では、圧倒的に米国。現金では中国のマネー・パワーは米国を超えて（自由世界で1位のJPモルガンは資産額で5位）、世界最大になった。人民元の交換レートが仮に30%下がっても、世界の銀行の資産ランクでは変わらない。50%下がってもほぼ同じである。

◎資産バブル崩壊前の1989年、**日本の21の都銀は今の中国銀行の地位だった。**

現在、9位に三菱UFJが残っている。三井住友11位（2・1兆ドル）、ゆうちょ銀行13位（2・0兆ドル）、みずほは18位（1・7兆ドル）に下がった。バブル崩壊後の日本経済の世界シェアの低下を象徴するものが、マネー量における銀行の順位である。

中国が**不動産価格の暴落**から2024年に銀行の債権の崩壊が起こって仮に30%のマネー量が縮小しても、中国銀行が1位から4位を独占することは変わらない。これがロシアとともに**BRICS通貨（仮称R5）の中核になる中国マ**

図8-4　中国との人民元建て貿易決済

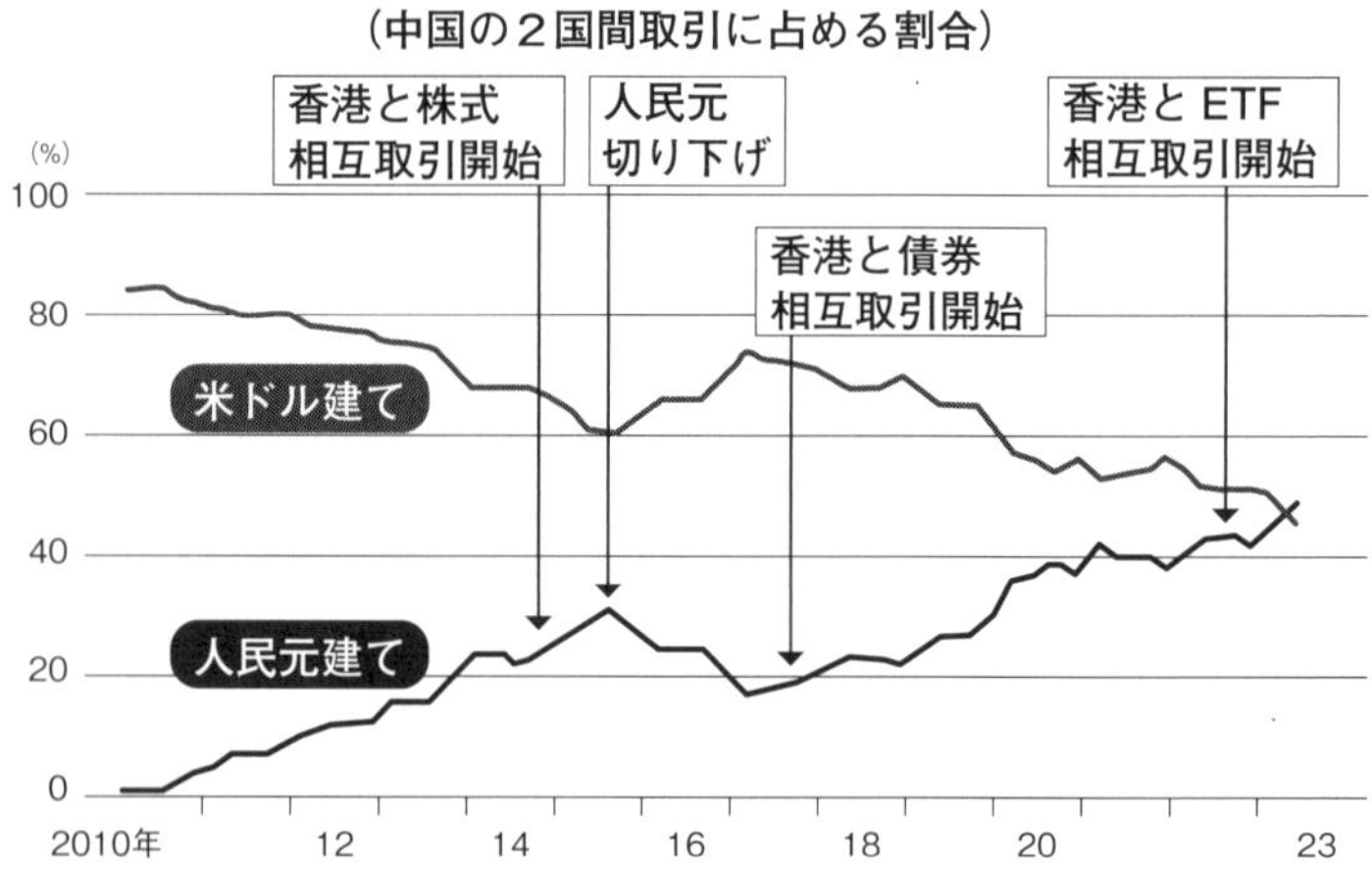

（注）決済額は四半期ベースで、企業やノンバンクなどの取引を集計
出所：中国国家外貨管理局

ネーのパワーである。

【1994年から始まった人民元のドルペッグ制】

人民元のドルペッグは、①人民銀行が買った**米ドルを準備通貨**《じゅんびつうか》（資産）として、②ドル**の準備通貨に相当する金額の人民元**（**負債**）**を発行する制度**である。

日本では、日銀が円国債を買って円を発行している。中国の国債は国際的な信用は高くなかった。信用の低い中国国債を買って人民銀行が人民元を発行しても、**現在のトルコリラのようにドル、ユーロ、円と安定した交換ができなかった**。このため開放経済の1994年から国際的な信用がもっとも高いドルを自国の国債の代わりに人民銀行が買い、米ドルを準備通貨（人民元の担保）に人民元を発行している。これが人民元のドルペッグ制である。

中国がGDP（商品の商取引の純額＝生産額）の成長に沿って人民元の発行を増やすときは、
①輸出する企業が貿易で得る貿易黒字として中国の銀行に貯まるドルを、
②人民銀行が人民元を発行して買って人民銀行の資産になるドルの外貨準備を増やさねばならない。

ドルペッグ制では、ドルと人民元のレートを年間で約2％の変動に抑《おさ》えるように、人民銀行が外為市場に介入している。人民元のレートがおよそ2％幅より下がったときは、人民銀行がドルを売って人民元を買って、人民元のレートを上げる。逆に人民元がドルより2％以上上がったときは、人民元を売ってドルを買う。人民元のドルとの交換レートを、**為替介入**によって一定の幅に調整していくのがドルペッグ制である。

確認すべきは、**国際金融資本に属する銀行がドルと外貨との売買で世界の外為レートを決めている**ことだ。国際金融では、政府ではなく両替商の国際版ゴールドマンやJPモルガンが上の地位にある。世界の外貨レートは国際銀行がいくらで買うか、いくらで売るかで決まっている。財務省の意思は入るが、実際の売買は銀行ネットワークのなかの国際銀行が行う。日本では3大メガバンク以下の大手銀行である。

◎米国FRBの株は政府がもっていない。1913年の設立時から、**米国と英国の国際銀行**（国際金融資本）の資本である。米国の二大国際銀行がゴールドマンとJPモルガン・チェースである。**米国流の天上がりと天下りの隠れたシステムである「回転ドア」**で、歴代の財務長官を出している。米国の財務省は、国際銀行と一体と考えていい。

中国以外にドルペッグ制は香港、シンガポール、台湾、産油国、新興国も採用している。ドルが基軸通貨なので**ドルペッグ制をとる国は、米ドルを自国通貨の基準**（英語ではスタンダード）の通貨としていることになる。

◎米英の国際金融資本は、成長が確実だった中国に人民元のドルペッグ制を推奨《すいしょう》することによって、**中国の金融と経済を米ドル経済に組み込んだ**。中国のGDPとともに増加する成長マネーが、米銀の預金として増えていく仕組みである。植民地ではないが、ドルの国際金融において中国は**米銀に還流していくカネを生む植民地**だった。

＊

赤字の米国がいくら多くドルを海外に発行しても、中国の銀行がもつドル預金として**米国のFRBと外為交換《がいためこうかん》を行う米銀に還流**してくる。

つまり米国は、**200カ国の銀行が決めているドル基軸通貨制**を利用することによって、

①米国の経常収支の赤字を気にする必要がないだけではなく、

②中国の経済成長、つまり人民元の増加をドルに取り込むことに成功した。

◎戦後の米国外交における3大成功功は以下である。

①**産油国の原油をドルで売ること**にした。

②**1990年まで世界最大の貿易黒字国だった日本政府と銀行にドルとドル国債を買わせた。**

③1994年からは、その後世界一の成長国になった**中国の人民元をドルペッグ制にした。**

＊

1973年からのペトロダラー制と並び、**94年からの人民元のドルペッグ制**は、ドル基軸体制を支える二大制度になった。しかし、どの教科書にも書籍にも書かれてない。

このため一般のひとたちには、いやエコノミストすら、**ドル基軸の制度が何であるか**わからなくなって、BRICS国際通貨の正当な評価ができていない。ドル圏の国では、金ペッグ、コモディティペッグのBRICS国際通貨が徐々に広がっていったとしても、何に対して何が起こるか予想と評価ができていない。**ロシアと中国が行うことだからどうせダメになる**という一方に偏向した見方しか見当たらない。本書では、BRICS国際通貨の評価を金融理論から行っていく（第十章参照）。

通貨戦争の『**ドル消滅**』を書いて、CIAでドル・円・ユーロ・人民元・産油国通貨間の通貨戦争のシミュレーションゲームを作った元CIA研究員ジェームズ・リカーズは、ご存じないかもしれない。多くの人は**目に見えない超限戦なので「通貨戦争」がある現実を知らない。**通貨は国際的には、**戦略的に**

使われるマネーの兵器である。日本人は、この面を考えていない。

中国は、1994年からの29年間に輸出と設備投資が主導して27倍の経済成長を果たした。年率12％の成長を29年続けた。国内の条件で最大だったのは、1人の所得が3000円付近と低い農民が内陸部に10億人いたことだ。農村から都市へ出て工場・建設・店舗に勤めると、所得は約10倍になった。**14億人の29年で1人当たりの平均所得の27倍は、GDPの27倍に他ならない**。はたらく人10億人×27倍＝270倍になった所得によって、所得を預かる銀行預金も圧倒的な世界一になった。

3　米国政治のマネーによる腐敗

メディアでは一切報じないが、中国共産党と米民主党（バイデンは民主党）の立場は、中国マネーの**政治献金の仲介機関「スーパーPAC」**への献金（1000億円以上）を通じて逆転している。

米国の政治を見るとき、とりわけ予測するときは、政治献金のスーパーPACの存在と、銀行資本、軍需産業、メガファーマ、ビッグテック、および海外との巨大政治献金を考慮に入れなければならない。日本の幹部政治家が「マネー」で動いていることと同じである。

政治献金を**「スーパーPAC」**に入れると献金者は匿名になり、献金金額の上限もなくなる。スーパーPACに入れないと、1人の政治家への政治献金の上限は2000ドルと低い。

軍需産業、GAFAMのビッグテック、ウォール街の銀行、製薬業界はスーパーPACを使って、隠れて巨額献金をしている（議員1人20億円など）。目的は自社に有利な法と政策、税法である。日本には政治献金をする経団連があるが、米国のスーパーPACの無税・匿名の巨大献金と比べれば、大人と子供の差がある。

◎**米国の政治家と産業の癒着**は、小さくみみっちい不正の日本と比較にならない。

　メディアでの選挙宣伝が発達した広大な米国では、国会議員の当選に1人約20億円はかかる。日本の25倍の国土と3倍の人口に、全国メディアのネットワークを通じて知らせる必要がある**大統領選挙なら、現在は最低でも5000億円**が必要とされる（2023年）。中国、ウクライナ、中東に米国の政治家が利権を作る理由がこれである。

　オバマ政権あたりから、民主党の議員は中国から匿名献金マネーがないと選挙を戦えない。巨額献金をしているアップルや自動車会社も中国に商品を売

図8-5　米国の政治献金のスーパーPAC

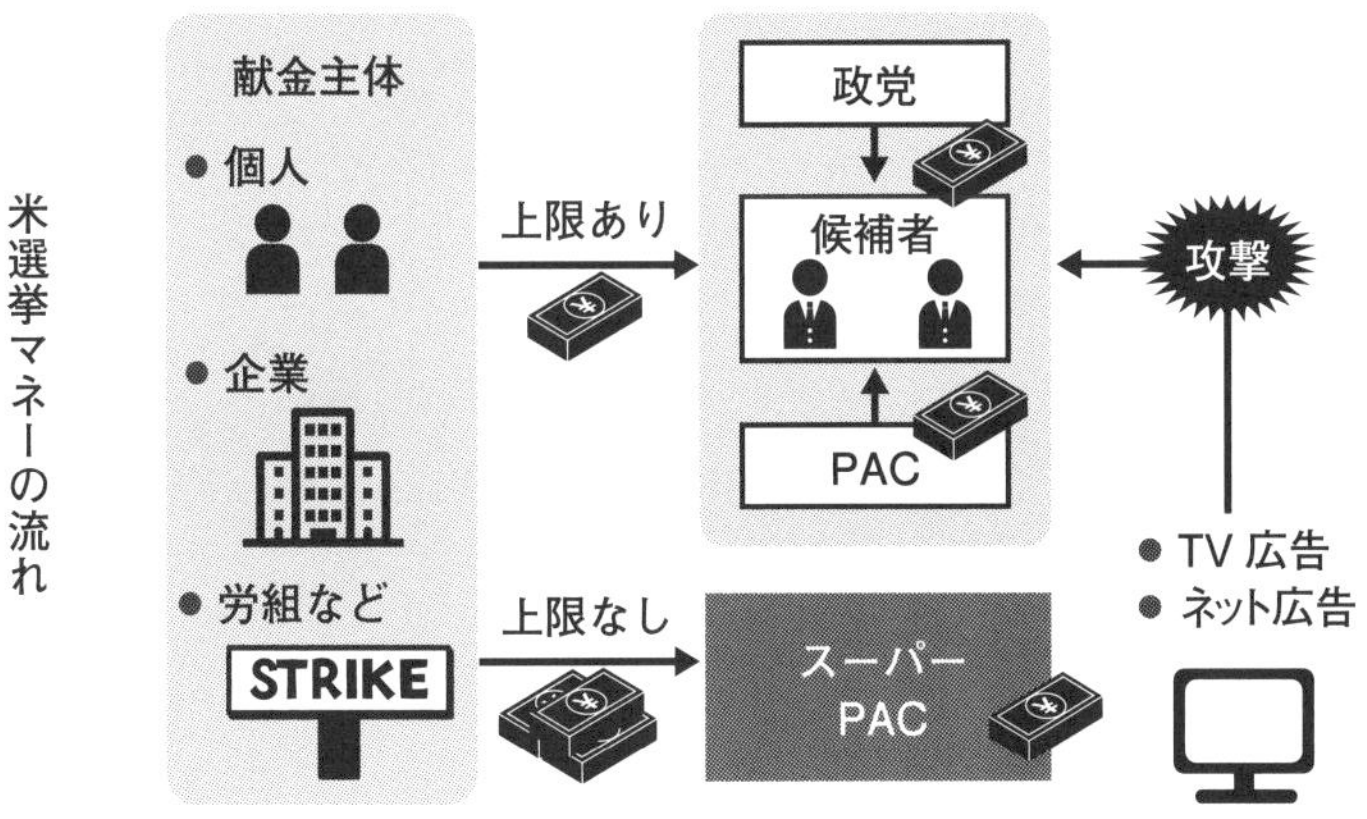

らないと潰れる。中国には14億人（米国の4倍、日本11倍）の人口の数だけスマホと車の需要がある。中国の新車の需要は1年に2400万台、日本の420万台の5・7倍である（2021年）。

2000年ころ、世界でトップの400万台組にはいるためには、生産で4億人のマーケットが必要と言われていた。トヨタは、車の需要が1・25億人の日本より5倍大きい米国と、4倍大きな欧州、需要倍数がわからないがたぶん10倍は大きな中国に進出した（トヨタの世界生産は1000万台）。

現代では**1年に10億台（50兆円）の需要があるスマホ**が加わっている。売るのはアップルだけではない。最低でも1社で20億人の市場が必要だろう。

中国は、世界化した製造業にとって欠かせない部品生産と商品需要の市場である。1980年代まで日本の5倍の米国市場がダントツの世界一だった。今は製造、市場、現金マネーで中国と逆転した。中国に売らないと、世界的な企業になれない。米国と欧州の産業界は、これを知っている。日本人で知っているのは何%だろうか。

CCP（中国共産党）は確かに良くない。しかしG7と需要市場が逆転してしまった中国国民とは敵対してはならないだろう。**中国は、輸出市場としても米国の1・5倍になっている**。本書も中国語にAIで自動翻訳し、中国語として不自然なところを修正して売れば、日本の10倍は売れるかもしれない。発禁になるかもしれないが。

EU27カ国の委員長フォンデアライエン、フランスのマクロン、米国の国務長官ブリンケン、財務長官のイエレンは中国と軍事的に敵対するNATOだが、ウクライナの戦争中にロシアを支援する中国に**恥の懇願訪問**をしている（23年6月、7月）。

欧州人と米国人の対外的な行動は、倫理のない功利主義《こうりしゅぎ》である。日本人コアの行動の倫理（エートス）は何だろう。武士道は残存していない。

エートス（社会化した倫理）は経済行動を決める。マックス・ヴェーバーは19世紀の資本主義のエートスを、禁欲と貯蓄のカルヴァンのプロテスタンティズムとした（『プロテスタンティズムの倫理と資本主義の精神』）。ウォルマートの創業者サム・ウォルトンは、プロテスタントとは聞いていないが、**節約と禁欲の行動はカルヴァン主義風**だった。日本の資本主義の創始者とされ、銀行を含めて500社作りに関与した事業家の渋沢栄一の精神は何だったか。福沢諭吉に代わって、1万円札の顔になる。2024年の7月からというから、切り替えまで11カ月。

◎**日本人の倫理は何か**、仲間主義？　もう少し広く共同体主義？　1980年代の会社主義は、パート雇用の増加（社員の3分の1）から弱くなった。わからない。読者の方々はどう考えますか……。**日本人の共通倫理**（エートス）が、これからの日本経済の成長を決める。海外に行くと、日本人のコアの精神を意識する。倫理とは一言でいえば、**自分以外のものに尽くす献身**である。封建諸侯に至誠を尽くせば、古くさい武士道になる。文化、倫理、価値観、経済を総体として含むことになる国際関係では、歴史と伝統が重要になる。

和歌山県串本の漁民が貴重な食糧を分け与えて乗組員を助けた、明治23年に難破したトルコのエルトゥールル号の物語を思い出してほしい。**倫理は世界の普遍である**。中国では品質がよく、中国産の4倍から10倍は高い日本の農産物と、世界一美味しい果物は高所得層に人気がある。**日本製はあらゆる高品質の代名詞**。おもての調査ではあらわれない。中国人には清潔、誠実、ウソが少ない日本人が好きな人が多いのではないか。中国人は自国をウソが多く不誠実と感じている。その証拠に富裕者層はドルや海外資産を買う。

不動産を買うのは、好きな国のものだけだろう。日本のどこかが好きでないと、5億円や10億円を出して日本の不動産は買わない。日本に来たガイジンの多くは日本の自然、ひとびとがあたたかくむかえる街と日本人が最高とファンになる。こんな国は他にない。これからのアマゾンやアリババの時代の**世界商品は国民性で評価される**だろう。日本人は世界の例外と思う。

商品評価の重点も変化してきた。時代変化とともに移ろっていく。今は世界の商品が一堂に並ぶ、**商品のオリンピック大会のような市場がインターネット上にある時代**である。起こったことを否定せず肯定し、ともにチャンスを探そう。

クリントンとオバマを含めて民主党バイデン政権の米国は、日本をきらっている。ブッシュ、トランプの共和党はすこし親日だった。**米国には、民主党と共和党で2つのちがう顔がある**。メディアは分断という。そうではない。**民主党の政治家の多くが**戦略的に利権を与えられ、巨額の献金をしている中国共産党に牛耳られている。トランプは親ロシアであり、選挙でもロシアとつながりがあったという作為的なフェイク情報を流したのは、米国の民主党だった。

ロシアゲートによる民主党からのトランプ弾劾は議会で否決されている。ロシアゲートは、2016年選挙でトランプに敗れたヒラリー・クリントンとその側近による捏造《ねつぞう》だったことが今では明らかになっている。**中国に利権をもつクリントン夫妻は親中国**であり、親日のブッシュやトランプとは逆に嫌日だった。分岐させたものは中国のお金だった。

２０２４年の大統領選挙で共和党政権になれば、日米国際関係でいい４年が来ると期待している。民主党のグループからの超限戦、認知戦が逆転する共和党政権になるのは、ほぼ確実だろう。民主党のバイデンは、ラスベガスのマフィア一家であるペロシ前下院議長と同じようにヒドすぎる。共和党が逆転する２０２５年からは、国際関係でも希望がもてる。

4　２０１３年からのドル高、人民元高、円だけが円安

◎２０１２年は、円高が最高の年だった（1ドル78円）。しかしこの直後、**異次元緩和の２０１３年から２０２２年の９年**は、①ドル高、②人民元高、③ユーロ高、④円の独歩安になった（第五章の図5-2）。**主要通貨で１００から60まで下がったのは、日本の円だけだった。**なぜ円だけが異例に大きな円安になったのか。異例なことには、いつも原因がある。

政府・日銀・財務省・経団連は、**異次元緩和の礼賛と円安好感論を修正**していない。エコノミストとメディアも、２０１２年末から11年続いた円安の原因を示していない。これも異常だ。この最近の10年間の円安／ドル高は、米国からの超限戦ではなかった。

２０１２年から２０２２年までの実効レートでは、上がったドルと逆に**円の独歩安**になった。

２０１０年は円・ドル・ユーロ・人民元の実効レートは４通貨の指数で、１００の基準点だった。**２０１２年時点で、実際の交換レートは１ドルが78円だった。円は現在の１４０円台から１・８倍高かった。ドルは１・８分の１と安かった。**当時米国に旅行すると、ホテル代、店頭物価、食事代のすべてにわた

って「あ、これは安い。日本の半分だ」とつい買っていた。

【主要４通貨の貿易で加重平均した世界の通貨に対する実効レート】

〔２０１２年→２０２２年の実効レート〕

米ドル　１００→１３５（円に対して２・３倍）
ユーロ　１００→１０７（円に対して１・８倍）
人民元　１００→１３０（円に対して２・２倍）
円　　　１００→60（円は石油危機の前の１９７０年のレート：52年も後退した）

２０１２年の円高から、その後の11年もなぜ逆の円安になったのか。原因の説明ができるだろうか。１９７３年の石油危機以降、円高による経済成長〔実効レートでは60→１５５（１９９５）〕の歴史は、ご破算になってしまった（参照図は五章の５-２）。

世界シェアで15％だった日本のＧＤＰは３分の１にあたる５％に下がり、日本人のドル換算での所得は半分に下がった。

原因は異なるが、第二次石油危機後に起こった米国の１９８０年代の凋落と同じだった。80年代の米国のように、日本の存在は世界で小さくなっていった。

＊

ところが……あるエコノミストは言っていた。

「円安は近隣国の窮乏《きゅうぼう》化《か》だ。円が下がると輸出価格が下がり、価格が高く不利になった競合輸出国の輸出が減って、安くなった日本の輸出が増え、生産が増加する。日本は豊かになり、近隣国は窮乏する。円安は日本経済の成長にとっていいことだ」

一体、いつのことか？　このエコノミストの見解は時代錯誤である。

しかし……多くの人も同じように考えているだろうか。

2010年からの現在までの経済が構造変化した日本にとって円安が都合が悪くなった理由を以降で述べる。数値を示して原理から示す。通貨レートの変化の原因は少し複雑である、ザックリと読んでいただきたい。イメージをつかめればいい。**都合の悪い円安の10年だった**。異論も多いだろうから、数字を示して原因と結果を正確に書く。

5　円高亡国論は2011年から円安亡国論に転換していた

◎2011年から日本経済は、**円安になっても貿易が黒字にならず**、赤字になる構造に変わった。根本の原因は、**マクロのI-S（投資・貯蓄）バランス**において、預金を取り崩す年金生活者の増加（3000万人）のため日本の世帯貯蓄が増えず、30年間も減り続けたことである（参照図は六章の6-1）。2020年、21年の世帯貯蓄率の急上昇は、コロナパンデミックへの政府の補助金（日本では1人10万円、米国では1人30万円）と、個人事業へのゼロゼロ融資による一時的なものである。

労働の30％に増えた非正規（2100万人）には、貯蓄ができる所得がない。年金生活者3000万人のうち、豊かな1000万人（3人に1人）を除く2000万人と合わせると、国民のうち5100万人（41％）が今日の生命維持にギリギリで、将来への貯蓄はできない。国全体のGDPのマクロ経済では、**民間の貯蓄増加＝政府の財政赤字＋国の経常収支の黒字**である。これは誰も否定できない。

民間の所得に対し消費がすくない分（＝民間の貯蓄増加の分）、財政赤字が一定なら、経常収支が黒字になる。日本では、**政府の構造的な財政赤字が30兆円平均**（GDPの約6％）と大きい。世帯貯蓄の増加がないと経常収支の黒字は減少し、世帯貯蓄率5％あたり以下から貿易が赤字になる。

2010年には22兆円あった経常収支の黒字は、2011年末から13兆円、12年6兆円、13年5兆円、14年4兆円と急減し、1ドル80円から121円への円安の進行過程でも減少を続けた。**「経常収支＝貿易収支＋対外資産からの所得収支」**である。

対外的な所得収支は418兆円の対外資産からの金利と配当だから、安定して平均20兆円くらいある。

図8-6　ドル/円のレートと日本の経常収支、貿易収支

貿易収支と円高、円安の相関はおよそ認められない。円安が輸入物価の高騰を生み、輸出が増えないので、むしろ貿易赤字が大きくなった年度も多い。他方、経常収支は対外資産の配当と金利であるため、円安ではドルの評価で増える傾向がある。

経常収支＝貿易収支＋対外資産約1000兆円からの配当・金利の円換算での収支

年度	ドル/円レート（年平均）	貿易収支	経常収支の黒字
2011年	80円	-3兆円	13兆円
2012年	80円	-9兆円	6兆円
2013年	98円	-12兆円	5兆円
2014年	106円	-12兆円	4兆円
2015年	121円	-2兆円	14兆円
2016年	109円	+4兆円	18兆円
2017年	112円	+3兆円	20兆円

年度	ドル/円レート（年平均）	貿易収支	経常収支の黒字
2018年	110円	-1兆円	18兆円
2019年	109円	-2兆円	18兆円
2020年	107円	+0.5兆円	15兆円
2021年	110円	-1兆円	20兆円
2022年	131円	-20兆円	9兆円
2023年	135円	-9兆円	13兆円
13年合計	108円	-12兆円	13兆円

（注）対外資産1338兆円の金利・配当から対外負債919兆円の金利・配当を引いたもの。**1ドル80円（2012年）の円高から1ドル121円（2015年）への円安の進行の過程**では、前掲のエコノミストが言ったことと**事実は逆**だった。

①輸出は増えず、輸入の資源・エネルギー・食品の円換算での物価が上がり、

②輸入の数量は同じでも1ドル120円から150円の円安から、輸入の円金額は大きくなる。

1980年代から30年も続けていた貿易黒字は、10兆円から15兆円という大きな赤字に転落した。これをご存じだろうか？　黒字のときの貿易は日本の強みだった。それが弱みになった。原因は1995年から**国民所得が20％低下して、世帯に貯蓄の余裕がなくなった**ことだった。こんなに所得が減った国は他にない。政府は韓国の下になった所得の海外比較を今も示さない。

＊

1ドルが121円の円安になった2015年から110円（2021年）の円高になって、今の1ドル140円から見れば、20％以上の円高である1ドル110円あたりの変動が2021年まで続いた（五章の図5-2）。

◎**エコノミストの通説**とは逆に、2010年代は**円高が輸入物価を下げ、貿易赤字を減らした**。

2011年から平均12兆円の赤字になった貿易収支に、約20兆円の所得収支の黒字を加えた経常収支の黒字は2015年14兆円、16年18兆円、17年20兆円、18年18兆円、19年18兆円、20年15兆円、21年は20兆円と、多少は高い水準に戻った。

２０２２年の貿易では歴史上最大の20兆円の赤字になって、経常収支の黒字は９兆円を記録し、前年の約半分へと急減した。２０２３年度はまだ終わってないが、円安のため貿易は９兆円の赤字を続け、経常収支の黒字は13兆円くらいにしかならないだろう。

◎２０２２年から23年に、**貿易黒字と20兆円ある経常収支がともに黒字**だった時代は終わっている。２０２２年の経常収支の黒字９兆円は、**円安で増えた対外資産**からの所得収支（金利＋配当）が**ドル高／円安からの為替差益**を含んで、約20兆円の黒字だったためである。貿易では11年前の２０１１年から赤字の基調だった。

２０１１年から23年の13年間の平均では、①ドル／円は１０８円、②貿易赤字が12兆円、③対外資産１３３８兆円から対外負債９２０兆円を引いた、**対外純資産４１８兆円からの金利と配当の収支である所得収支の黒字は、25兆円平均**（運用利回りは６％平均）があるため、経常収支は13兆円の黒字である（図８-６）。

【日本の対外純資産、米国の対外純負債】

①日本の対外純資産（＝純貸し付け）に、

②米国の対外純負債（＝純借り入れ）が対応している。

圧縮していえば米国は、日本から純額で４１８兆円を借り、配当と金利を払い続けている。それが13年間の平均25兆円となった日本側の所得収支の黒字である。

◎円安になると、必需のエネルギー・資源・食品の輸入数量は同じでも**輸入の金額が増える**。エネルギー・資源・食品の輸入数量は、円安で円での商品価格が高くなっても減らせない。22年9月、10月の1ドル150円付近という1990年代以降で最大の円安のとき、**輸入物価は前年比で48%上がった（ハイパー・インフレ並み）**。国内企業の出荷価格は10・3%上がり、その先の消費者物価を上げる原因になった。

電気・エネルギーは20%上がって、カロリーの60%が輸入の食品は10%から15%上がった。**2011年以降は、円安になっても輸出金額が増えなくなった（これが構造変化）**。2022年10月の貿易は、1カ月で2兆1710億円（2022年では22兆円）の赤字だった。単月で過去最大の赤字は、23年1月の3兆506億円だった。

＊

◎この項をまとめると、

①日本は**円安になっても、2011年3・11の東日本大震災の前後から輸出額が増えない**。

②円安で輸入物価が上がるから**必需のエネルギー・資源・食糧の輸入支払額が増えて、貿易は赤字になる**。円安で原油・資源が高くなっても同じ量を輸入しなければならない。

③貿易が赤字になっても経常収支が黒字なのは**対外純資産が418兆円**あって、その金利と配当が約25兆円あるからである。

経済の分析では、**長期で必ず起こっている構造変化**を見ておかなければならない。

世帯の貯蓄率が（税と社会保障費を引いた）**可処分所得の15%あった1980年代**までと、貯蓄率が低くなった2011年以降の日本経済は構造が変わってしまった。原因は**人口構造の変化**であるから、１９９０年代以前に戻ることはない。

２０７０年までの**向こう47年で30％減る人口**（２０７０年８７００万人：国立社会保障・人口問題研究所の推計）のなかで、65歳以上の高齢化比率が高まることは、確定した未来である。１９８０年代には戻らない。１９８０年代から90年代の**「円安が日本経済のためにいい」**という時代は再来しない。

以上のことが、①円安が輸入物価を上げ、②国内の所得は増えず、③インフレで実質所得が下がる自国窮乏化になる、ひとつ目の理由である。

１９８０年代までは盛んだった「円高亡国論」は、２０１０年代から「円安亡国論」に転換したが、政府・日銀では今も円安がいいとされている。経済力を反映する通貨が高くなって、国は栄える。円高で滅びるわけがない。現在の円安では、輸入物価が上がり国民の実質所得が減って**円安亡国論**になる。１ドル１４０円台の円安は、日本にとって窮乏化になっていく。政府・日銀に政策の修正が必要である。

輸出が50％以上の大手企業は国内の需要が減ったので、通貨レートに顧慮せず生産ができる消費地の海外に生産基地を移動した（海外直接投資の累積は２７０兆円：２０２２年）。

小泉内閣、第一次安倍内閣、福田内閣、麻生内閣、および3年3代の民主党内閣と第二次安倍内閣の**政府官僚とその周辺に集まるエコノミストたちが資産バブル崩壊以後の日本経済を約20年、いかに誤らせてきたか**これだけでもわかるだろう。円安とは、円が売られドルの買いが円の売りより多いことを示す。

ジャパンマネーは、**毎年約15兆円から20兆円がドル買いとなって流出**した。このため対外資産だけは毎年増えてきた。しかし国内の経済成長はなかった。典型は、トヨタが生産する１０００万台のうち、70%が海外工場での生産になったことだった。企業はグローバル化し、海外生産の経済になっていた。

このため全世帯の**平均所得は、1994年の664万円を頂点に2013年は528万円へと20%減った**。こんなに所得が減った国はソ連崩壊後のロシアだけだった。ロシアでは、**国民がアパシー（社会的な規範がないこと）**に陥り、高齢者などの過度のウオッカの飲酒から平均寿命が10年も低下した。社会の規範とは、国民が共通に「こうすればいい」と考える価値観である。

◎日本国民は、**まだ幸いアパシーにはなっていない**ようだ。**「国の規範がアイマイだった」**からだろう。しかし悲惨な事件と、自分の子への虐待は増えた。家庭内暴力（DV）の相談件数は、2002年の3万6000件から2022年は4倍の12万2000件に増えている（男女共同参画局）。20年で4倍は2000年代の社会の異常な状況を示す。自分より弱い者、高齢者、女性、子供をイジめるサディズムは重刑と考える。DVの根は家庭の貧困である。年収の低さと未婚率の多さが共通の問題である。年収300万円未満の男性（全年齢）の未婚率は50%と高い。500万円以上になると15%以下に下がる。

DVと少子化の問題は共通に経済である。世帯の年収の低さの問題は政府の経済政策にある。「日本社会の暗さ」の根底は世帯の所得低下、未婚率の増加、子供の少なさ、高齢化の進行、DVの増加である。この全部が所得問題であるが、その認識は政府にない。

経済だけでなく人間の問題もある。小林秀雄は、官僚は子供と話ができないと言っていた。**自分より弱い子供と対等に話ができない人**は、人間の資格を欠いている。幼稚園生であっても子供たちは、驚くくらい正確に、大人を評価している。サム・ウォルトンは、子供やパートと同じ立場に立って対等に話せる人だった。ウォーレン・バフェットやバイデンはどうだろうか。トランプやロバート・ケネディ・ジュニア、岸田首相はどうかと想像すると、最良の人物評価になる。犬や猫も人間を正確に評価する。理解とはUNDER-STAND、政治家や官僚とは逆に、下に立って見ることだろう。

6 異次元緩和の結果は円安だった。経済成長はなかった

円安が始まった2つ目の理由は、安倍内閣による2013年の**「2%インフレ目標の異次元緩和」**だった。第二次安倍政権の政府・日銀は、20年のデフレからの脱却として、2%の物価上昇目標と名目GDP3%程度の成長を目指した（実質GDPでは+1%）。

インフレになれば、借入金の実質的な負担は減っていく。物価が下がるデフレでは逆に重くなる。デフレのなか設備投資の増加で成長していく経済は、縮小均衡にはいることが多い（ただしデフレのなかでの生産性の実質成長もある）。

生産性を上げることが実質GDP成長の方法である。ところが2000年以降、日本経済の生産性の成長（全要素生産性）は1年に1%程度しか見込めなかった。**1%の実質GDP成長**が上限になる。それ以上の名目GDPの増加はインフレ分である。（注）誤差はあるが、**米国の潜在成長力は約2%である。日本は約1%あたりである。**

政府・日銀は、物価上昇を含む名目GDPで3%付近の成長を目指した（実質1%+物価上昇2%）。

2%のインフレ実現のために、①日銀が国債を買ってマネーを増発し、②ゼロからマイナス金利

のマネーを供給して民間の借金を増やし、③設備投資を増やすことを目標とした方法だった。

①2013年からの8年で約500兆円の国債を日銀が買うという方法で、②500兆円の国債を日銀に売った**銀行・生保・政府系金融の当座預金に、円の現金を供給した。**これが異次元緩和だった。

しかし民間（企業と世帯）の借り入れは、過去の増加傾向と同じ（約2％から3％）しか増えず、異次元緩和は空回りした。いや……国内では空回りした。

ゼロ金利の円が国債を売った銀行の当座預金に500兆円も増えた。約40％は**金利のつくドル買い**になって、輸出ではなく対外資産が増加した。商品ではなく円の輸出であり、円の輸出はドルの輸入であって対外資産の増加になる。マネーは商品流れの逆方向に動くから、こうなる。

◎日本の対外資産1338兆円のおよそ80％は、米国にとって対外負債である。日銀の異次元緩和のマネーを借り、**①米国内に投資するか、②ドル株や債券を買った**のは、ジャパンマネーが還流して預金が増えた米銀だった。**日本のドル資産の増加は、米銀の負債の増加**である。銀行は、その預金の金利を上回る金利で、投資・運用しなければならない。

日本の対外証券投資と米銀への預金について、日銀が捕捉した残高は2013年に409兆円だった。9年後の**22年には531兆円へと122兆円（30％）も増えていた。**国内の銀行貸し出しの、この9年間の増加である20％（90兆円）より大きい。

日本の銀行は、異次元緩和で当座預金の増加分の58％をドル証券や預金として米国に貸し付け、国内の円貸し付けを、42％分しか増やしていない。対外資産は増加したが、異次元緩和の総計500兆円は、国内の設備投資の成長マネーにならなかった。これが短く示した異次元緩和で500兆円も増えたマネーの動きである。異次元緩和を開始した2013年4月に日銀はこれを想定していただろうか。今、尋ねると、たぶんわからないと答えるだろう。異次元緩和は政府・日銀が目的とした名目GDPの3%増加は果たさなかった。日本では過去の政策の責任追及は行われない。戦争と同じだ。政治家と政府官僚には日銀を含めて過去の失敗の責任をとって政策を修正するという概念がない。

ドル証券買いは、ドル買い／円売りの超過になる。**ドル買い＝円売りが超過すればドル高で、円安になる。**2012年の円の実効レートは100だったが、10年後の22年は60へと**40%の円安**になった（ドルレートでは142・4円）。円と逆にドルの実効レートは、2012年の100から**10年間で135へと35%上がった。**

レートが下がるべき**年平均4000億ドル**（**56兆円**）**の経常収支の赤字がある米ドル**の実効レートは、逆に30%上がった。原因は、①経常収支が黒字の中国と、②日本からのドル買いの超過があったからである。経常収支の黒字から上がるべき円の実効レートは60と、逆に40%も下がった。

原因は、ゼロ金利と異次元緩和による日本のドル買い／円売りが大きかったからだった。

なぜこのように変動相場の原理と反対のことが起こるのか。

答えは、もうおわかりだろう。

国債を日銀に売って当座預金を増やした日本の銀行が、

①金利がゼロの円を売って、

②赤字通貨のため金利が2021年まで2%くらいついていた米ドルを増加買いしたからで

ある（現在ドルのMMF預金の金利は4%〜5%くらい。楽天証券では、ゴールドマンのMMFが4・7%と、2021年の3倍は高い）。

＊

◎金利が低いことは、来年の名目GDPを予想して借り入れ投資をする期待成長が低いことである。

米国も、GDPの期待名目成長率が高いとはいえない3%程度だった。

しかし米国の金利は、日本の金利（短期金利0%から長期0・5%付近）より最低でも2ポイント高かった。期待名目GDP成長率の2%差が金利2%のドルとの金利差（イールドド）になって、ジャパンマネーが海外に流出した。

〔結論〕 500兆円の異次元緩和では、内閣府と日銀の政策理論が**日本の潜在成長力の問題を見ていなかった**。このため政府・日銀が目標とした成果を上げなかった。

しかし民主党政権のときは8000円と最低だった日経平均（2012年）が2万4000円（2020年）まで3倍に上がった。①**3倍への株価の上昇と、②海外からの観光旅行でのインバウンド消費（来日3000万人、5兆円の国内消費）**が、モリカケや桜を見る会で非難された安倍内閣の明るさだった。

7 500兆円の異次元緩和による円安のなかで株価の高騰

日銀が目標とした経済成長と2%の物価上昇には効果が薄かった**異次元緩和**は、株価には目覚ましい効果があった。日経平均は**8000円から、2018年の2万4000円まで約3倍**に上がった。そのあとコロナの2020年までは2年間、2万3000円あたりで波動した。

株価が上がらなくなった原因を探すと、2018年までの2年間は、日銀の異次元緩和の通貨増発が前年比6％から10％という高い水準だったが、18年以降は3％にまで3から7ポイントも減っていた。マネーの増加率の低下が、2018年から20年の株価が上がらなかった原因だった。つまりアベノミクスの株価上昇は、①ゼロ金利と、②日銀のマネー増発が主因だったことがわかる。

コロナパンデミックは経済危機だったから、20年3月に27％下がって1万6500円になった。しかしそのあとは、コロナ対策の**補正予算としてGDPの20％の107兆円**がばらまかれ、21年3月までの1年間で3万円の大台を回復した。

以上のように最近2年の日本の株価上昇（1・8倍）は、企業の業績期待による1株当たり純益の増加（EPSの上昇＝当期純益／株数）ではない。

①コロナ対策の約100兆円の**財政支出**が民間へのマネー供給になったこと、

②**総額が56兆円にもなったゼロ・ゼロ融資**によるものであって、金融相場以外ではない。

なお2022年2月のウクライナ戦争後は、インフレと**米国FRBの利上げ**（5・50％：23年7月）のため、2万9000円から下がって2万7000円台で横ばいだった。

ところが2023年4月から米国系ファンド（オフショア）から**12兆円の先物による日本株買い越しから高値3万3700円**（23年7月3日）へと、わずか3カ月で25％も上がった。

6月17日の**ガイジンの買い越しの減少**からは下がって、3万2300円付近である（23年8月初旬）。

以上が2013年から23年8月までの日経平均の株価の原因を示した動きである。

◎コロナのあと、2万円台から3万円台への上昇は、パンデミック対策としてGDPの約20%にあたる107兆円の財政支出（補正予算107兆円：GDPの約20%）によるものだった。

マネーが増えて株価が上がるのは当たり前に思えるが、実際の株価で検証すれば、このようになる。ということは、日銀がマネー量を絞れば株価は下がる。単純であった。

ただし未来にも、この単純な関係があるとは言えない。**経済や金融の構造と環境が変わると、株価を大きく動かす原因が変わっていく**。こうしたところが株価予想の「過去参照」で間違って、投資家が損をするところである。これは**本書の「はじめに」**で示した。構造変化があると、投資家や専門家のアナリストが無意識に行っている過去参照は無効になる。経済は常に変化し、10年、20年では構造変化を起こしている。気象の長期予想も同じである。過去のパターンを外れることがある。

【コロナ後の米国ナスダックの動き】

米国・欧州でもGDPの約20%に相当するコロナ関連の特別支出は、2020年から21年の株価と不動産を上げた。米国での株価上昇は、2020年の**S&P500の3130が4700へと50%上がった**大きなものだった。

【2022年3月に始まったFRBの急激な利上げと量的な縮小】

2020年4月から2年間上がっていた株価は、インフレとFRBの利上げを織り込んで、22年の年初から下がった。その10カ月後の22年10月からは、**逆に「インフレのピークアウト↓FRBの**

利下げ」を織り込んだため、上がっている。株価は、「3カ月から6カ月先の金利を予想して今日の株価に織り込む」。株に流れるマネー量が増えて、織り込みの現象が増えてきた。

S&P500社の平均指数は、リーマン危機より大きな財政・金融対策（米国GDPの20%）により50%上がった。日経平均も同じ時期に45%上げている。**コロナの2020年から始まった日米欧の株価上昇の原因**は、マネー量（=預金量）の増加以外ではない。そして下落も、今後のマネー量の減少からである。2020年4月の15・5兆ドルから2022年3月には22・7兆ドル（3180兆円）へと46%という、**FRBの1913年からの歴史で110年ぶりに最大のマネー・サプライ（M2：企業と世帯の預金）の増加**があった。23年5月には、2カ月で20・9兆ドル（92%）に減っている。2カ月で8%減は、6カ月で$\sqrt{3}$倍の24%減の勢いになる。24%もM2が減ると、確実に米国株と不動産バブルは崩壊する。

ざっと見て株価÷次期予想純益=PER36・5倍のナスダックは2倍くらい高すぎるだろう。10年PERであるCAPEレシオを見ると、140年の歴史的な平均はPER15倍付近である。（注）CAPEレシオ=現在株価÷過去10年の純益平均……短期的な純益の増減が平均化され、PERが株価の正確な評価指標になる。CAPEレシオはイエール大学のロバート・シラー教授が作った（2013年：資産評価でノーベル経済学賞）。

世界の株価は、不動産の下落からデフレ傾向になって低い中国株を除き、

①日米欧の、GDPの20%という**異次元の財政支出**に、

②金利ゼロ%のマネー・サプライを20%増やした**通貨の増発**が重なり、バブル圏にある。

次は、２０２０年4月から株価を暴騰させたマネー・サプライの増加を見る。

ゼロ金利のマネーの供給を20％増やせば、株価が急騰することはわかりきったことだ。

逆に金利を上げてマネー・サプライを減らせば、株価は下がる。それだけのことだった。

第九章 コロナのあと急増した世界のマネー・サプライ

1 コロナ後、マネー・サプライ20％増加による資産バブルの発生

マネー・サプライの増加とは、民間企業、世帯、海外投資家の米銀への預金が増えることである。米国ではマネー・サプライの95％が銀行預金のマネーである。

①米国では、**2022年3月にマネー・サプライが22・7兆ドルのピークに達した**（3180兆円：日本の約3倍）が、2022年6月からはFRBのQT（マネーの量的縮小政策＝FRBによる国債の売り）から下がっている。

②日本でも2020年に**マネー・サプライ（M2：1213兆円）が8・1％、21年は5・0％**も増えた。異次元緩和のときでも2％から3％台にしか増えていなかったのがM2である。原因は米国とまったく同じ政府のコロナ対策費である。

◎2020年から22年末までは急増した米国マネー・サプライが23年のピークから減少したのは、**23年秋か23年末からの米国株価の下落**を示唆している。インフレ対応の利上げをしていない日本では、まだマネー・サプライは2％から3％増えている（23年1月）。このため株価の下落の要因にはなっていない。2023年は、円でドルを買って（これが1ドル140円台の円安の原因）、ドルと

ドル株を支えている。

米国の**預金マネーの増加は、退職後の年金の401K（自主運用）**と50％が株をもつ米国世帯の株買いの増加資金になる。日本では、世帯の預金が増えても米国のように株買いに向かわない。

日本の株価は、米国ファンドがオフショア（タックスヘイブン）から買い越すときという条件が加わらないと、上がらない。

日本の株価は**東証で70％の売買シェアを占める、**

①ガイジン・ファンドが買い越すか、

②売り越すかに7割くらいが支配されている。

メディアはこれを言わない。30年も続いているが、この事実を明らかにすれば都合が悪いのか？

米国のマネー・サプライの増減は、世界の株価の先行指標になる。前掲図7‐1のグラフを見ていただきたい。

米国のマネー・サプライの増加は過去、ほぼ4％から6％だった。

2020年3月のコロナパンデミックによる政府のロックダウンの命令のとき、

①レイオフ（短期失業：一時帰休で再雇用）が労働者数の15％（3000万人）に増えて、

②企業の休業が急増し、工場の操業度が急低下した（20年3月）。

コロナの2020年3月に世界の株価は、30％下がった。世界がパニックだった。

政府は、①パンデミック対策と、②経済対策の両方を迫られた。**財政の赤字を気にする余裕はなかった。**会社に行かず、外出を控えて巣ごもりした国民も同じだった。

中国を除く日・米・欧の政府と中央銀行は、**GDPの約20%（10兆ドル：1400兆円）にもなる巨額の財政支出を増やし、民間にマネーを供給した。**世界は戦争以外で、こんなに大きな財政支出をしたことはなかった。

日本での企業向け支援金は約52兆円。米国では4倍の200兆円はあるだろう。

民主党のバイデンは、国民からの人気とりのため**「見境なくばらまく」**政策だった。企業も休業するロックダウンで買いものは減った。観光旅行、ビジネス旅行、コンサートやスポーツ観戦にも出かけなかった。ネットフリックスやストリーミングの会員は急増し、アマゾンの売上は前年比で25%増えた。

米欧では、40%の社員がリモートワークになった。日本でもリモートができるIT系では100%だった。政府はリモートワークを推奨した。

米欧の大都市ではリモートワークで**オフィスビルの空室が40%に増えた**（普通の時期は5%以下）。マスクでの外出が義務だった。ひとびとは治験期間6カ月で無理に作ったワクチン接種に殺到した。

経済の悪化とは逆に、22年3月に30%下がっていた日経平均は、**コロナ貸し付けと財政支出での現金増加を主因に22年4月からは急回復**し、

①2020年3月の底値1万6500円から、

②1年後の21年3月には2万9800円まで、1万3100円（約80%）も上がった。

株価の評価に心理的な弾《はず》みがつき、2年5カ月後の現在3万2250円である（23年8月初旬）。心理的な弾みとは、PER（株価／次期期待純益）が適正値の15倍を超えて18倍以上になることである。

23年8月の日経平均のPERは21・1倍、米国ナスダックPERは36・5倍である（ブルームバーグ）。

東証の時価総額も843兆円に膨《ふく》らんだ。1989年12月のバブル株価の最高だった時価総額600兆円を243兆円も超えた。街には株価での金満が増えている。株価は現金の預金ではないが、上がれば金融資産として増える。米国だけでなく日本でも2億円の高級マンションが売れ、1200万円以上の高級車、500万円以上の機械式時計が売れている。

主因は、企業業績向上やイノベーションではない。GDPの20%（約100兆円）になったコロナ後の財政支出である。**現在の世界の株価は、コロナ後の過剰金融による約2倍のバブルである。**

＊

◎**2020年末の米国のマネー・サプライは20%増え**、21年では米国の金融史上最大のマネー・サプライ（預金）の増加だった。米国の預金はどうなったのか。世帯預金の3000万円がコロナという原因だけで3600万円へと6000万円（20%）も自動的に増えていた。

世帯と企業は増えたマネーをもとにして、

①**株を買い**、株価を2倍に上げた。

②旧居より**高級な住宅を買い**、価格を前年比で20%上げた（2021年、22年）

住宅ローン金利も、2021年の米国では3%と低かった。普通は米国のローン金利は5%から6%である。現在は3%の2倍の6%台であり、新規ローンの金利払いは2倍になっている。

①**今回の資産価格の高騰は、所得の増加を背景とした株価と住宅価格の上昇という正常なものではない**。

②金融史の200年のうち異例な**コロナパンデミックの対策**としての、

・日米欧の**財政支出がGDPの20％も拡大**と、

・**マネー・サプライの20％増加**が原因だった。

日本の株価と、米国の株価高騰と住宅価格上昇は、マネー・サプライ量の急増（20％：4兆ドル：560兆円）によるもの以外ではない（第七章図7-2）。

マネー・サプライ（M2）が減っていくと、**バンドワゴンの祝祭**は確実に終わる。

唯一の問題は終わる時期がいつか、である。祝祭は部族の貯蓄の蕩尽《とうじん》だった。

【しかしマネーの数値の事実を見れば……】

セントルイス連銀が全銀行で集計した**マネー・サプライの2023年4月からの急減は、今から増加に転じることはない**。大元のFRBの**マネー供給**（マネタリー・ベース）は減っている。

マネー・サプライ（預金）の増加率は下がり続け、2023年末～24年春にはマイナスになる可能性が高い。いや、マイナスになる。

今後、2023年の10月から、あるいは11月から、

①**米国株と住宅価格は、売りが増えて下落し**、

②米国ファンドの売買が70％を占める東証の株価、そして大西洋で隔《へだ》てた欧州株価、英国株価と、

住宅価格も同時に下がるだろう。

価格の上昇の原因がマネー・サプライの年20％増加だったから、**利上げでマネー・サプライが減れば**、株価と住宅価格は下がる。

しかし株価と不動産にコミットしてしまった投資家は、**未来の事実が必然であっても見たくない**。これが現在の世界の金融市場の空気である。人が必然の死を考えないことと同じである。

【利上げの6カ月後、1年後から襲う借りた人の利払いの増加】

米国の5・5%の金利が……あり得ないとは思えるが、FRBによって2・5ポイント下げられ、2024年の半ばに平均金利が3%に下がったとする。

米国の負債122兆ドル（1京7080兆円）の**利払いは、512兆円**に増える。GDP（3220兆円＝所得）に対して、15%にもなるから、負債者の側は下がった3%の金利でも払えない（二章の図2-1）。利払いが可能な最大は1・5%の金利だろう。それでも**利払い額は256兆円**。

株式では、金利上昇とともに増やさねばならない**「株式配当＋自社株買い」が金利**に相当する。

米国の自社株買いは、年間1兆ドル（140兆円）と超巨大である（2021年）。

自社株買いは**「利益配当」**として2020年6000億ドル、2021年1兆ドルと増えてきた。しかし2022年には株価を上げすぎる梃子《てこ》になるとして**政府規制で8000億ドル**（112兆円）に減った。

112兆円は、東証全部の売買額の2カ月に相当する巨額であり、日本からのドル買いの年度平均20兆円の5年7カ月分にもなる。

2 米国資本主義と経営者の強欲という病気を示す過剰な自社株買い

◎米国の株価を上げた原因には、マネー・サプライの増加の他に**自社株買い**という原因が加わっていた。自社株買いは**市場の流通株**を減らし、株の評価で**投資家からもっとも重んじられるEPS（1株当たり期待企業純益＝純益÷流通株式数）**を上げる（図9-1）。

自社株買いは**強力な株価対策**である。しかし資本である株数の減資だから、企業の実力以上のEPSと株価になる。会社によっては、株価を上げることを目的に事業で上がった税引き後純益の80％を、自社株買いに充てる猛者《もさ》も増えている。

社債発行で借金をし、会社の財務を悪化させて自社株買いをするところも多かった。

自社株買いが1年1兆ドル（140兆円）にも増えた原因は、

①企業のCEOと役員の報酬として支給された**オプション株の売りによる巨大自己利益への強欲**、

②株主から高くなった株をもっと上げろという**強欲な要求**が重なったものである。米国株バブルの大きな原因は、日本の10倍もある米国の自社株買いであると断言できる。

顧客のためにいい商品を作ることより、**自分のマネーに強欲になった米国人**の病気である。タコが自分の足を食べるように自社の利益と借金を食って会社の資本である株数を減らし、1株当たりの株価を上げることとは、**顧客に向かうべき倫理と健康な意識**をもつべき経営者が行うことではない。

しかしウォルマートが50年前から顧客満足の理念とした倫理は、90年代の米国経営では失われた。米国資本主義は不健康に劣化している。わが国の商法では2001年まで**株価操作**にあたるとして禁じられていたことだった。いつの間にか、①**CEOに株価の上昇を求める株主ガバナンスと、②社会のマネー主義**が広がり、規制がなくなった。1993年のクリントンから激しくなった、海外と国民への倫理の喪失《そうしつ》のためである。

2022年は、**行き過ぎた自社株買いの政府規制**から、

①年初からの自社株買いの減少と、

②22年3月からのFRBの利上げを2つの原因に、代表的な株価指数のS&P500は、22年8月から10月まで2カ月で17%下げた。年率換算では、その√6倍＝2・4倍、つまり**40%の「大暴落」**に相当した。

底値になった22年10月以降は、米国インフレの鈍化を目指したFRBの金利のピークアウトを期待して上げた。**22年10月の米国株は17%下げ、そのまま30%下がると金融危機に至るくらい危なかった。**

米国株では**自社買いの常時観察**が株価分析に

図9-1　米国の株価をバブルに押し上げてきた自社株買い（3カ月単位）

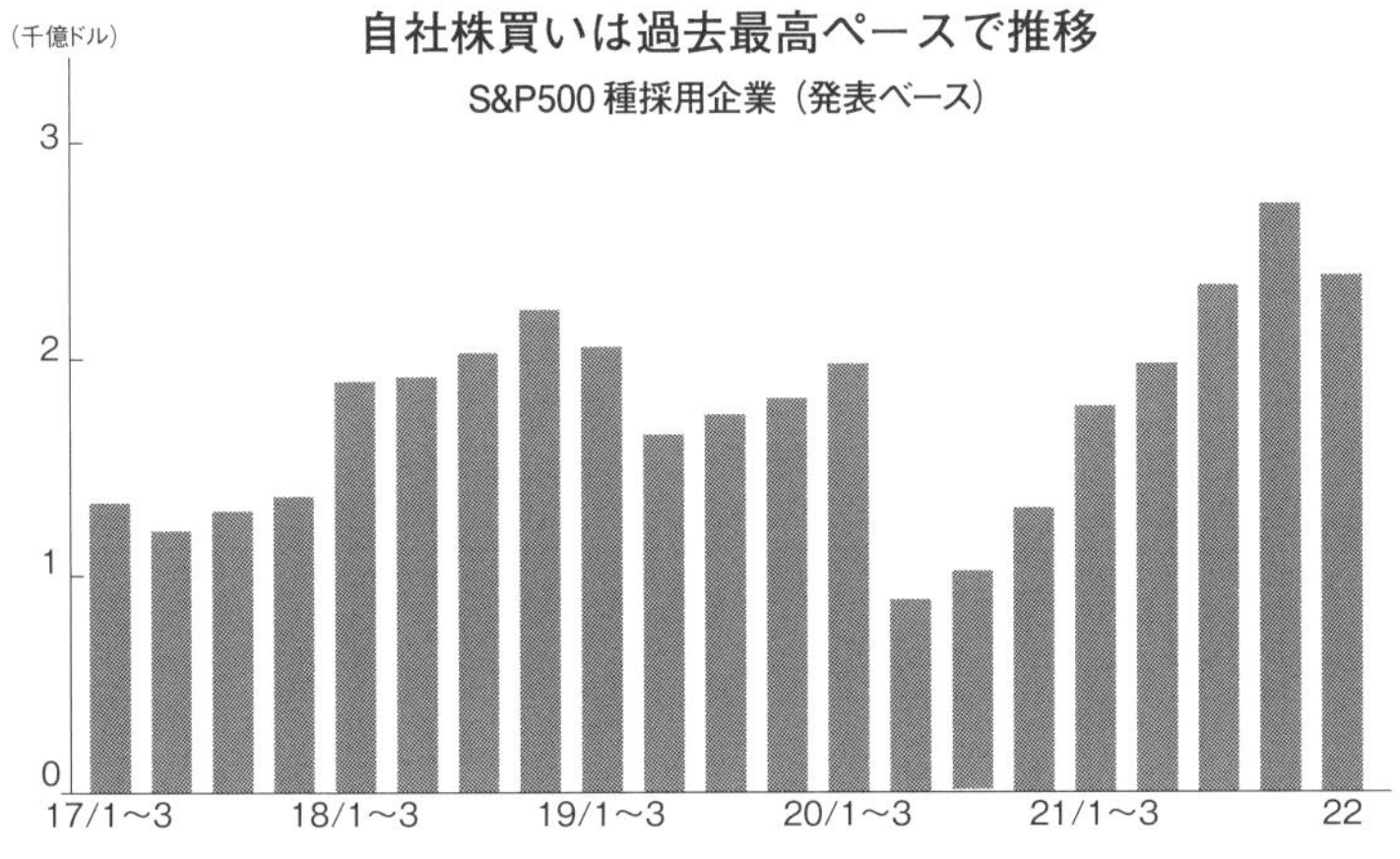

（注）22年は2月まででゴールドマン・サックスの集計
出所：S&Pダウ・ジョーンズ・インディシーズ

欠かせない。日本では少ないので個別株以外なら、市場の平均指数（225社の日経平均や、全銘柄のTOPIX）では無視してもかまわない。

実態では、すでに米国の大手銀行が潰れている。大手銀行と資本の関係があり、切っても切れない仲間のFRBが裏で支えているという説もあることを書いておく。

3 マクロの金融資産の事実データから計算：この項、重要

推測にとどまらず、事実データを分析し数値で予測することは、本書の全般にわたる方法としている。

銀行の**4半期の決算書**（B／S：バランスシート）では、

①金利が上がったことによる国債・債券の下落と、売る前の含み損

②上がった金利の利払いが滞っている、貸付金

③経過金利や満期返済金を追い貸ししているという、リアルタイムの実相は金額が大きいものほど隠される（先送りされる）。

自己資本への顧客からの信用は、銀行・保険会社・ノンバンクの命である。

預金や預け金をまもることを名目に、一般の会社では粉飾になることも銀行には許されている。

銀行や大手の保険会社の破産は、中央銀行や政府が決済に不足するマネーを意図をもって貸し付けしないときだけ起こる。

しかし……当方にも方法はある。先に挙げた二章の図2-1のマクロのデータである（世界の資金循環）。この国家単位のデータは日銀が集計し、マネーの流れを示す日・米・ユーロ全部の資金循環データとして公開されている。利用者はほとんどいないが、当方は存分に使う。

＊

◎米国**全部の金融資産は124兆ドル、金融負債は122兆ドル**である。2兆ドルの差は誤差脱漏なので、ここでは**金融負債122兆ドルなので、金融資産も122兆ドル**とする。金融資産と金融負債の金額は、資金循環のバランスシートが示すように一致する。マネーの運用である金融では、どこまで行っても**金融資産＝別の主体の負債**である。あなたの預金が銀行側にとって、いつかは引き出されるもの（銀行の負債）であることと同じだ。

銀行と、銀行より大きくなったノンバンク、保険会社、ファンドの全部の資産と負債の合計が、

①122兆ドルの金融資産（銀行の貸付金、債券、株式、保険証券の資産など）と、

②122兆ドルの金融負債（銀行の預金、保険、借入金、年金基金の債務など）である。

全部の金融資産に配当か金利、全部の金融負債に負債の金利が平等についている。FRBが金利を上げると、全部の債務の金利が順次、あるいは即時に上がっていく。これが個々の銀行のB／S（バランスシート）からは得られない金融の事実の全体データである（22年3月末のもの）。

米国の金融資産に対応する金融負債122兆ドルのうち、22年3月からの利上げ（現在は短期金利が5・25％から5・50％と高い）のあとに利払いがされていない債券は不良債券になる。

平均金利が現在は4%とFRBの政策金利より低くても、122兆ドル×4%＝4・88兆ドル（683兆円：米国GDPの22%）になる。米国のGDPの22%に相当する金利4・88兆ドル（683兆円）は、借りている側が逆立ちしても払えない。この項は、すぐあとで詳細に分析していく。

4 米銀の自己資本と利上げによる事実上の損害計算

◎貸しと借りの金融を仲介する米銀の総資産と総負債は、総金融資産122兆ドルの約30%、36兆ドル（5040兆円）であろう。**総資産に対する米銀の自己資本**は、5%付近である。なお、公表されている米銀の自己資本比率の10%付近は、国際決済銀行のBIS基準の**「Tier1の自己資本÷リスク資産」**の分だけである。

①米銀がもつ国債と、②AAA（トリプルA）級の債券は、価格が下がらない**安全資産**として分母から除外されている。金利が上がったあとの、国債とトリプルAの債券の下落損は、Tier1の自己資本比率からはわからない。しかし国債とAAA級の債券は、**金利が上がると価格が下がって**リスク資産になる。

米国債と格付けがトリプルAの国債と同じ返済信用の債券、それにリスク資産の合計である米銀の総資産、36兆ドル（5040兆円）の5%、つまり自己資本は1・8兆ドル（250兆円）あたりだろう。5・25%から5・50%政策金利のなかで4%という低い金利が等分にかかるとして、金利が支払えない債券と貸付金の損害（今はまだ多くが含み損）は、米銀の総資産、36兆ドル（5040兆円）の4%の1・44兆ドル（2

００兆円）になる。

◎米銀の自己資本は、「帳簿の1・8兆ドル－金利4％を仮定したときの1・44兆ドル損害」から、**実態では0・36兆ドル**（**50兆円**）**に減損**している。合計の**米銀総資産の36兆ドル**（**5040兆円**）**の1％の自己資本しか時価評価では残らない**（**FRBの政策金利が5・25％〜5・50％になった23年8月時点**）。

以上の確定的な推計から米銀の大手銀行のほぼ全部が、すでに自己資本を失っているという推測は事実として正しい。銀行と政府が言わないだけのことである。

ウソこそが銀行家の方便《ほうべん》である。方便とは仏教で人を真の教えに導くための仮の手段だが、ここでは**ウソを預金者と国民に信じこませること**、つまり偽善《ぎぜん》である。

銀行は中世イタリアの**金の裏付けのないニセの金証券**を貸し付けて10％くらいの高い金利をとっていた。ベニスの商人の金匠《きんしょう》のころから、金庫にある金の本当の準備率（＝金の自己資本率）を隠すものだった。金の10倍は金証券を発行していたからである。金融の関係者には失礼かもしれないが、現代の銀行も自己資本の計算の偽装として中世の金匠を引き継いでいるのだろう。

世のCEOの立場の人は**自分自身にも幾分かの偽善を実感**しているだろうか。社会や人間はそうしたものだろう。夫婦間でも言えないことはある。社会と結婚の、たぶん30％はタテマエで成り立っている。（注）日本では**生涯での離婚率が24％と高い**。二大原因は不倫、経済である。

◎米国の大手銀行も利払いができない不良債権で、すでに事実上潰れていることは、**評価のごまかしができないマクロの単純な計算**からわかる。

米国の金融負債に対応する122兆ドルの金融資産（1京7080兆円）とされている「株＋貸付金＋国債＋債券」から利払いができない、あるいは満期返済のできない不良債権分を引いて米銀の資産評価をすれば、自己資本は消滅している。（注）株式で利払いに当たるものが配当率である。金利が上がっても配当率が高くならないと、株価は下がる。

◎銀行と政府は、**本当の不良債権を**いつも外部に言わなかった。リーマン危機のときも損害を語っていない。推計で述べた実質的に破産した大手銀行はリアルに存在している。米国ＦＲＢは、国債1200兆円（ＧＤＰの2・2倍）を抱える日本と同じように金融負債が122兆ドル（ＧＤＰの5・5倍）もある。（ＦＲＢの利上げから6カ月から1年のタイムラグ）。

ＦＲＢが政策金利を5％台に上げることは、本当のところできなかった。政策金利2％の維持が限界だった。しかし、やってしまったことは**あと戻りできない**。歴史、人生、社会、金融は1秒前にすら戻ることができない。

金融負債の不良化に対応して、米国の金融資産がいくら下がるか。国債＋株式＋貸付金＋債券＋保険証券＋年金基金の下落幅を最小ラインの**20％としても、26・4兆ドル（3696兆円）の金融資産が消える**（時期は2024年から始まる）。およそ米国の1年分のＧＤＰ相当額が、ドル建て金融資産から消失する。

損失200兆円とされた（軽く見せる方便であり、本当は400兆円だったが）リーマン危機の17倍である。ＦＲＢがマネーを増発できる限界をはるかに超えている……どうなるのか……イマジネーションを超える。最終的には**発券銀行のＦＲＢを含む全銀行の国有化**と、財務省による紙幣の発行しか他に方法はない。

２０２４年末か、もっとも早ければ、既存の負債の利上げが進んでいく24年春から始まるか……。以上が事実のデータからの数値分析である。マネー（金融資産＝金融負債）の数値から希望または悲観の偏向がなく言えることである。金融数字を情緒で見ると、間違える。**日本の資産バブル崩壊**のとき、数字を情緒で見ていて日銀と財務省は不良債権の予測を誤っていた。

コロナとウクライナ戦争で政府は財政をＧＤＰの20％拡大し、株価を上げる金融緩和を行ったＦＲＢ、ＥＣＢ、日銀がしたことは、われわれの未来にとって何だったのかと苦い感慨をもつ。

◎**基軸通貨ドルが起こす銀行危機**は、世界が米国に対して30兆ドル（４２００兆円）のドル債権をもっているので即刻、世界に波及する。

【新しい国際通貨の登場】

２０２３年の８月22日から24日にＢＲＩＣＳが連合し、産油国23カ国とグローバルサウス（赤道直下から南半球の諸国）が協賛する、**金ペッグとされる新国際通貨**（仮称ＢＲＩＣＳデジタル通貨）の結成会議がヨハネスブルグで開かれた。

ＢＲＩＣＳはブラジル、ロシア、インド、中国、南アフリカを指す。２０００年ころに成長経済を期待した国をまとめた債券投資（グローバルＥＴＦ）のため**米銀のゴールドマン・サックス**が作ったコトバだった。

西側のG7（米国、ドイツ、フランス、英国、イタリア、日本、カナダの7国とEU）の合計GDP、つまり経済力を「BRICS＋産油国＋グローバルサウス」がすでに超えている（BRICS連合は55：G7は45）。

金融・経済で重要なものは今後の期待成長率であるが、老大国になってしまったG7の成長力年2％を超え、4％から5％の平均成長をしていくことは確実である。現在所得が低い国が先進国の新しい技術（**インターネット、デジタル化、スマホ、ユビキタス〈汎用的存在〉になるAI**）の導入で成長する。高くなってしまった国の成長力は低下していく。これも経済の普遍の原理である。

2000年から世界経済の成長の重心は、BRICS＋産油国＋グローバルサウスに移行していた。合計GDPと成長力が今後、G7から逆転されることはない。GDPと成長力は、もっとも肝心なマネーの基礎の条件である。

ロシアや中国への情緒的な反発と好き、嫌いで判断すれば自分の将来も見誤る。事実のデータで観察・分析し、数字で将来を予測していないと、あなたの金融資産も危なくなる。ロシアや中国の世界は**当方にも好ましくはない**。

◎香港の中国返還の1997年のときだった。**「中国の香港化か、香港の中国化か」**の議論があった。香港島の高台の不動産価格は高いが、1997年の当時はまぁまぁ安かった。ある経営者がホンコンの別荘ですと言って買った。当方はどっちかな……と傍観した。買っておけば今は10倍か。下がっても、まだ世界一高い。

成長の最中にあっても情緒的に数字を見て、冷静な計算がないと将来の成長を見誤る。しかし

30

年後は10倍になると言われても、その期待から普通は買えるものではない。これも人間である。30年以内に70％の確率で起こる南海トラフの大地震で**220兆円の損害**が出ると政府が言っていても、われわれは平然としている。30年は心理的には遠い。30年経たないうちに死んでいる人も60歳以上では多いだろう。しかし未来に希望を抱くべき小学生や中学生の子供たちはどうか？　**われわれは子供たちの30年後に、どんな未来を準備できるのか**。

5　世界の現金でのマネー・パワーはすでに逆転している

米銀の大手ゴールドマン・サックスは、総資産で世界一の国立の中国工商銀行に出資し、大株主になっていた。国内の預金が多い日本の銀行には、考えが及ばない経営戦略である。**中国の大手銀行は国有**であり、中国共産党が支配している。

現在、世界の資産額の1位から4位までが中国の銀行であることに驚く（八章）。銀行資産の大きさは、マネー・サプライ（＝企業と世帯と自治体の預金）の金額の大きさも示す。これが国の、マネー・パワーの数字である。企業と世帯の合計の貯蓄額も示す。

中国のマネー・パワーは、**日本をそっくり買収できる規模**も超えてしまった。共産党（ＣＣＰ）独裁の中国はダメだという観点は確かにある。しかしわれわれは、中国の銀行資産額が示す**民間のマネー・パワーの現実**を見なければならない。ＢＲＩＣＳの共通通貨（貿易に使う国際マネーの領域）に関して、**人民元は米ドル・ユーロ・円のパワーを超えている**ことを示すのが、世界の銀行資産の上位ランキングである。

6000兆円の株価時価総額では圧倒的に米国である。しかし**現金では中国のマネー・パワー**は米国をはるかに超え、世界最大になった。

人民元のドルレートが今より30％下がっても、世界の銀行の資産ランクでは変わらない。50％下がっても同じである。中国の銀行資産の大きさから**BRICS共通の国際通貨**を作ったあと、徐々にではあってもも世界を席巻していくのは、中国＋ロシアの現金マネーのパワーだと見える。日本とG7は、中国のマネー・パワーを過小評価している。いや……**過小評価したい願望**をもっている。ロシアには、膨大なエネルギーと鉱物資源があることがわかっている。**ロシアは20年後には世界最大のエネルギー・資源供給国**になって今のサウジのような豊かな国になっているだろう。**ルーブルの価値の裏付けになるものは、金と資源**（国際コモディティ）である。金融危機、財政破産のあと10年後のドルと円は、どんな価値の裏付けをもつのか？

ひとびとは自分にとって好ましくないことは、**「ないもの、なかったこと」**にして生きていく。中華マネーが**北海道の不動産を買い占めている**ことをわれわれは知らない。報道もマレである。

＊

◎中国・ロシアが主導するR5のBRICS通貨も、ひどく過小評価している。

デジタル通貨のR5（アール5）は、①ルーブル（ロシア）、②人民元（中国）、③ルピー（インド）、④レアル（ブラジル）、⑤ランド（南アフリカ）の頭文字をとったものである。R5がBRICSとBRICSに連合する産油国（合計41カ国の予定）が、2023年の後半期から相互の貿易決済に使うデジタル通貨になっていく。現在のドルの代わりにR5のデジタル通貨を使う。

「金・コモディティペッグのデジタル通貨」の意味がわからないのか、メディアは1行も書かない。

事実を認識しない過小評価の結果の損は、日本とG7に及ぶだろう。

すべては認識から始まる。現在、世界経済のスケールで**ドル基軸のG7がBRICS国際通貨への加盟予定国と逆転された時期**と認識しなければならない。

実質経済を示す購買力平価（＝商品の価格ではなく生産数量）では、2倍の格差がついている。**世銀が公表した購買力平価**（PPP）では、①中国のGDPは米国の1・2倍、②インドは日本の2倍、③ロシアは日本の0・9倍である。ロシアの実質的な経済規模は日本とほぼ変わらない（2022年）。G7との差は縮小しない。年々離されて拡大していく。

世界の資産順位1～4位に示す中国の銀行資産には、全国的に広がっている不動産の下落からの不良債権がたぶん20％はある。しかし中国の大手銀行は、**政府紙幣を発行する国有銀行なので、不良債権**で潰れない。**政府が取り潰すときだけ破産**する。

そして実は、**FRBとECBを含めて米欧の銀行も国有化**される。米国の銀行危機がダイレクトに波及する日銀と銀行（合計でドル債を1000兆円）も国有化の方向しかない。

国有化されると預金は100％まもられる。株価は下がるが……。これが危機のなかの肯定。そのときの金価格は、最終章で別項を設けるべきテーマだろう。

6 銀行危機と国家破産後のマネーは政府が発行するデジタル通貨

図9-2に日銀が主要国では、もっとも遅れて実証実験をしているデジタル通貨を示す。文系の幹部が多い政府官僚と日銀には、米国・中国・ロシア・インドより**デジタルの技術人材**がすくなかった。開発は今もITゼネコン任せである。建築業界と同じ下請け、孫請けのシステムである。米国の回転ドアのような**「天下りのシステム」**があるからだ。マイナンバーのトラブルも、これが原因である。国家イベントは電通に、行政のIT開発はITゼネコンに丸投げしている。

1990年から日本のITの進歩が遅れた原因がこれである。デジタル通貨の開発は、どこが請け負っているのか?

◎デジタル通貨を発行する銀行は、①2025年に米国の金融危機の連鎖として予想できる**銀行危機と、②財政危機のあとは、財務省**になる。

財務省が、**日銀券ではない政府紙幣のデジタル通貨**を発行する。

日銀と銀行は、マネーの面で**財務省の仲介機関**になる。

①財務省が政府紙幣を発行し金融政策、つまり金利と通貨発行量の枠を決める。

②日銀は、銀行への貸付金と金利目標を決めて銀行を管理し、

③銀行は、企業と世帯への通貨発行になる融資を実行する。こうした3段階の通貨発行システムになるだろう。

ITシステムの仕組みは、民間の電子マネー（ソフトバンクのPayPayなど）と変わらない。国民は、

現在の円に替わった**政府紙幣のデジタル通貨**（仮称CBDC）を使う。

日銀と民間銀行は、2025年に**銀行危機からの不良債権で資本を失う**から、財務省が出資する支店になり、貸付金と預金の管理者になる。外貨のデジタル通貨との交換業務も行う。

◎日・米・欧は、たぶん同時に**2025年、遅れても2026年ころから通貨をデジタル化**する計画である。

預金者の立場では、**金融危機が起こっても預金は政府から100%まもられると見ておいていい。**銀行からの現在の借入金も1：1でデジタル通貨に変わる。

政府が国民の預金をまもらないと、金融危機からGDPが30%減って、失業率が25%になって、恐慌になる。どうやってまもるのか。今回は負債が大きすぎる。銀行危機・財政危機も大きすぎるので**全部の銀行の国有化しか手段は残っていない。現在の中**

図9-2　日銀の3段階の実証実験（21年4月～）

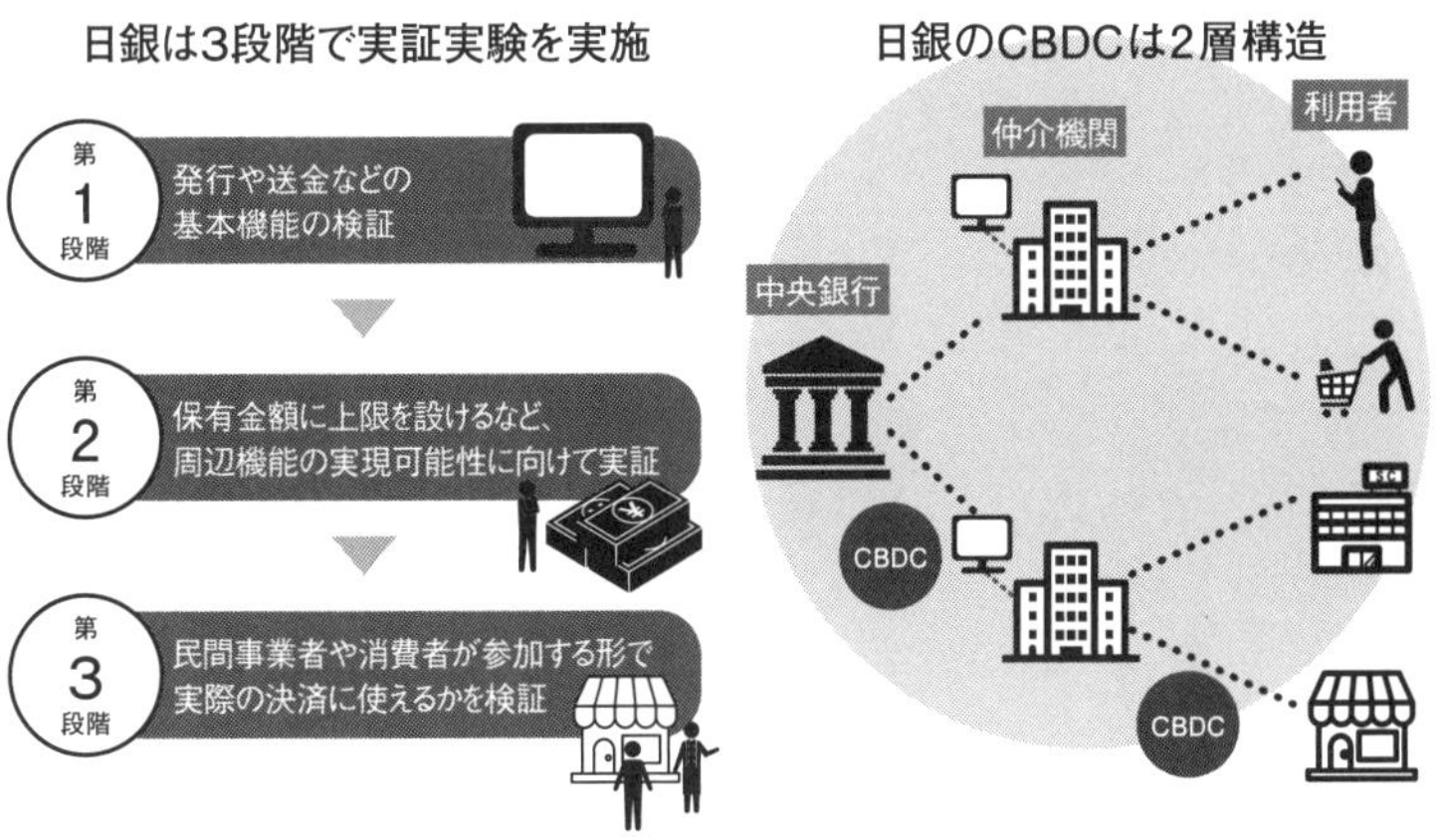

国のような国有銀行のシステムになる。

◎国有化とは、日銀と全部の銀行が政府の機関（支店）になることだ。

今回は**不良債権の規模が大きすぎて、中央銀行と民間銀行の国有化しか他に手段がない。**

①米国の銀行、②日本の銀行、③欧州の銀行の資本は、中央銀行を含んでゼロになり株価もゼロになるだろう。

【政府紙幣の意味】

政府機関の財務省に資本金や株という概念はない。銀行が国有になれば、財務省の下請け機関になる。**日銀ではなく財務省が通貨を発行すれば、国債も政府紙幣**になる。国債の政府紙幣は銀行に売る必要がないから、財政破産という概念もなくなる。

預金は、政府が発行するデジタル通貨と**たぶん１：１で換える。**

世界の主な中央銀行がデジタル通貨の研究を数年前から開始していることは、ご存知だろう。

通貨のリセットは、旧通貨を廃止して新通貨に変えることである。デジタル通貨への変更は通貨リセットになる。**デノミ**（通貨の単位の切り下げ：1万円→100円）や**通貨の切り下げ**ではない。通貨の切り下げは外為レートを下げることである。１９８５年プラザ合意で米国は通貨切り下げを行った（1ドル２４０円→１２０円台）。日銀ではなく政府がデジタルの政府通貨を発行したとき国債も現金化され、政府通貨になる。

【政府が戸籍のような個人番号にしようとしているマイナンバー】

日本では、健康保険証の番号、年金番号、預金口座の番号にもリンクできるデジタル通貨であろうか。30兆円はあるとされる1万円札のタンス預金があぶり出されるが、これは小さなことだ。医療の預金ともいえる**健康保険**からの医療費の支払いは40・3兆円、**年金手帳**の年金支払いが1年に58・9兆円ある（2023年度：財務省『日本の財政を考える』の公開データ）。

個人の**現金と銀行預金**は1107兆円、**企業預金**は338兆円である（日銀資金循環表：2年6月）。

日銀と銀行の国有化では、不良債権の大きさから①実質的に破産した銀行、②破産すれすれの銀行、③そして健全組も、その**銀行の預金を政府が100％引き継ぐ**。

民営化前の郵貯を想像すれば、銀行の国有化が完全にわかる。郵貯になっても、民間銀行と何も変わらない。

◎金ペッグにはならないデジタル円の下落がいやだったら、下がらない金を買えばいいだけである。

①マイナンバーにリンクできるデジタル通貨の国民の預金相当額は、**医療費40・3＋年金58・9＋世帯預金1107＋企業預金338＝1544・2兆円**である。

②1544・2兆円（GDPの3年分）となる国民のデジタル通貨は、全部を政府がマイナンバーで残高、支払い、使用管理ができる。

日本には、個人を示す米国風の**社会保険ナンバー**がなかった。

◎**デジタル政府紙幣**になると、預金を預かって国債や外債を買うだけの現在の銀行はいらなくなる。

スマホやマイナンバーカードが預金通帳、年金手帳、健康保険証になって、政府の預金サーバーが銀行になる。米国、欧州、中国もほぼ同時であり、形態も同じだろう。

現在の**民間銀行の融資機能**は、財務省の支店銀行として残る。建物や職員も引き継がれるが、企業や世帯への融資の審査はＡＩ化されていくのは決まっているから、銀行のリストラは避けられない。**たぶん社員数は50％に減る**。

以上が世界の赤字財政の「（敗戦ではないが、米欧は事実上の対プーチン敗戦からの）**国家破産の戦後**」になる。

返済可能な規模を2倍を超えた赤字国債は、日銀発行の紙幣で引き継ぐことができない。ところが中央銀行ではなく、**国債を発行してきた財務省そのものが発行するデジタル通貨**では、日本の１２００兆円の国債と米国の32兆ドル（４４８０兆円）の国債も１００％政府紙幣に、ギリシャ神話のミダス王の魔法のように変わる。

ミダス王は強欲だった。手で触れるものすべてが金に変わる魔法をかけられ、最初は喜んでいた。しかし、手にした食べ物も金になったので飢餓になり、懇願して魔法をといてもらった。神話は世の中の真実を、寓話で示すことも多い。**政府紙幣という魔法を手にする財務省**が発行しすぎて、５％↓10％↓20％↓30％↓40％……と進んでいく**現在のトルコ風ハイパー・インフレ**を起こさなければ幸いである。今度は太政官札（政府紙幣）のように、発行しすぎた政府そのものが倒れる。**金ペッグの政府通貨**なら、金は資源インフレと一緒に上がるのでハイパー・インフレにはならない。しかし日本政府は、**プーチンがルーブルでは実行しようとしている金ペッグ通貨**をまったく想定していない。

【個人の1回の引き出しと送金の限度：企業には限度なし】

デジタル通貨での預金は、１回でいくら引き出せるか。限度があるかないか。まだわからないが

政府は確実に限度を設けるだろう。

預金取り付けと、1回の海外送金を制限するためである。デジタル通貨なら、送金に銀行が介在せず、スマホのボタンを押せば引き出し、銀行が介入しないPier to Pierの海外送金が一瞬になる。デジタル通貨は、スマホなら一瞬で預金の全額が引き出せるので、その1回の金額の制限が必要になる。ソフトバンクのPAYPAYやJRのスイカをイメージすればいい。

現在、1回が100万円限度の海外送金の設定と同じか。あるいは1カ月の平均生活費に相当する30万円か（3回引き出せば90万円）、あるいは1回50万円か。

◎これが**通貨の制度変更**だが、政府が発行する政府紙幣になると、国債もデジタル通貨の現金に代わる。**政府は、金利上昇と国債価格の下落に苦労する国債を売る必要がなくなる**。政府信用のデジタル通貨の現金を作って払い込めばいい。買い手の必要はない。国債が現金になれば、日銀と銀行による国債の引き受け（＝国債の現金での買い）での問題はなくなる。なお政府通貨を銀行に預けたときは、国債金利に準じて預金金利がつく。

図9-3　ドッジ（右）と池田蔵相（左）（1949年）

第二次世界大戦のあとの日本は、通貨の増刷から物価が200倍に上がるハイパーインフレを起こしていた。

1949年のドッジラインは財政と金融の引き締めだったが、1950年にはインフレはウソのように収まり、大不況になったが、1950年からの朝鮮戦争特需をきっかけに、戦後の高度成長にはいっていった。

【預金の金利は国債の金利】

財務省が中央で預かることになる国民と企業の**預金の金利は、国債の金利と等しくなる**。政府紙幣になると、**国債のデフォルトの問題はなくなる**。

◎一方でデジタル通貨の発行のしすぎによる明治維新のような政府通貨の過剰発行による3倍インフレの問題がある。しかし、たとえば期待インフレが10％になったときは、金利を7％くらいに上げると、3カ月で収まるが、その後はデフレ型の不況になる（戦後の円増発後の、ハイパー・インフレ〈物価200倍〉へのデフレ策だったドッジラインと同じ：図9-3：1949年2月）。

政府通貨になれば、金利は国債の下落を気にする必要がないので、インフレ対応の利上げがすぐに実行できる。40％インフレを起こしたトルコの失敗は避けなければならない。

株価では、業績である1株当たりの純益、つまりEPS（期待純益／株数）がもっとも重要な指標になる。保険は現在と変わらない。デリバティブや先物、オプションも変わらないが、通貨面での投機性が減って健全になっていく。通貨レートの決まり方は、現在と変わらない。

ドル、ユーロ、円を金ペッグにしないときは、海外通貨との交換レートの変動制は残る。金ペッグにした通貨間では、同じ金価格が媒介するので原理的に固定レートになる。以上は、**実質的な国家破産後の数字から見た論理的な推論**である。

政府がデジタル通貨を発行する国は、この項で書いたことと同じになる。

世界の国々は政府発行のデジタル通貨（CBDC）を研究・実験している。

7　タックスヘイブンと国際金融資本はどうなっていくか

中央銀行が発行してきた通貨が政府発行のデジタル通貨に代わると、財務省が発券銀行になるから、**中央銀行と銀行は国有化**されることになる。中央銀行と民間銀行は、政府の新国立銀行の支店になる。**中央銀行券は政府発行のデジタル通貨**（CBDC：Central Bank digital Cash）に替わる。

◎**銀行株は全損する。銀行株は解散配当になる。財務省のように資本という概念がなくなるからだ。**

国有化は選択ではなく、必然であろう。

銀行の預金である古い中央銀行券は、新通貨のCBDCに1：1で交換しないと、引き出しも使用もできなくなる。日本では、たとえば三菱UFJなど**民間銀行の全部の店舗がCBDCの預金・貸し付け・引き出しの窓口**になる。三菱UFJの資金量は、現在193兆円だが、そのまま193兆円のCBDCに変わる。

国債、債券、貸付金も、証券の区別がないCBDC建てになる。負債の証券や貸付金の利払いと約定返済は引き継がれる。他の全銀行、保険、政府系銀行も同じである。貸し付けはCBDCの貸し付けになる。**国の金融政策実行**の担当部署は、日銀がサポートするが財務省に移管され、金利と通貨発行に関して日銀と同じことが行われる。

＊

①たぶん個人の預金は**マイナンバー**で、②企業の預金は**企業のマイナンバー**で順次、ひも付けされていく（企業にもマイナンバーがある。私の法人は登録した）。政府が決める一定期間後にひも付けしないと、

匿名預金で切り替えがされない預金は、持ち主不在の預金になっていくかもしれない（可能性）。**マイナンバーは個人と企業にそれぞれひとつ**だから、全部の銀行への個人預金、企業預金は中央の政府からはひとつの口座に一本化されていく。政府にとって、相続税や複数所得への課税のときの名寄せはしなくても済む。

＊

相続税のとき、株式、債券、保険の基金、預金、海外資産も100％が捕捉される。**政府に都合のいい仕組みだから**国民からの評判がいくら悪くても、マイナンバーはくねくねしてとらえどころのない**岸田蛮勇**で推進するだろうか。他の内閣ではたぶん無理だった**防衛費の2倍（5年で43兆円）**も、いつの間にか成立させた、不思議な政治力が結果としてある。通貨が政府紙幣のＣＢＤＣに変わることは、こういった深いところまで意味をもつ。

以上のことはケインズ経済学、金融資本論、複式簿記、会計学、金融の実務、資金繰りと経理の勉強を20代の後半に学習したのですんなりわかった。30代はコンピュータだった。経営学を学んだ40歳代からは主に流通業の経営コンサルタントだった。『まぐまぐ』からメールマガジンを始めたのは23年前だった。有料化の先頭だった。雑誌に原稿を書き、本も書いてきた。証券会社も銀行と同じである。国債・社債・債券・株式は、すでにデジタル化されている。これが政府紙幣のＣＢＤＣ建ての証券になる。

以上が**「紙幣の通貨リセットとＣＢＤＣでのデジタル化」**の方法と内容である。

【タックスヘイブン預金と証券の資産はどうなるか】

ＣＢＤＣでの大きな問題は、**個人の名義、企業の名義が秘匿されているタックスヘイブンの預金と証券**である。世界の銀行預金より大きく、たぶん80％はドル建ての預金、証券、株である。世界で１００カ所のオフショアの**推計総額は30兆ドル**（４２００兆円：２０２２年）。

タックスヘイブンには、**世界の政府が捕捉していないマネー**がある。しかしこのマネーも、米国財務省または銀行が発行するドルのＣＢＤＣに期限までに切り換えないと使えなくなる。こうしたところは、米国は日本よりはるかに厳しい。４２００兆円相当のタックスヘイブン・マネーが政府のＣＢＤＣになると、**１００％があぶり出され、個人または法人・団体名義の国内の預金に合算される**。

政府が命じるのではない。預金の名義人の企業、金融機関、ファンド、個人持ち分は、**各国の政府が一括して管理できるＣＢＤＣに自主申告で交換を要求**する。これもすごいことだ。

①巨大所得があるメガテック７社、ファンド、投資銀行の所得は、**タックスヘイブンでの脱税**ができなくなる。

②米国政府の所得税収は、税率が同じでも「４２００兆円×10％＝４２０兆円」は増えて、米国の財政赤字は**通貨リセット以降、構造的な黒字に転化**するかもしれない。

政府に１００％捕捉されると、富裕者とメガテック７社のタックスヘイブン・マネーという概念がなくなって消えるだろう。米国がＣＢＤＣを発行する陰の目的は、世界金融の**公道より大きな私道になったタックスヘイブン潰し**だろうと考えている。

＊

各国の政府が**「マネー・ロンダリング（＝脱税）の防止」**と幾度もいっているのはこのことだろう。現在のタックスへイブンは、違法な**マネーロンダリングではなく合法的な節税であるが、その島外にマネーがあると、脱税と同じになる。**

デジタル通貨での預金や債券は、財務省のコンピュータのクラウド上にすべてあるので、タックスへイブンのオフショアという概念もなくなる。

タンス預金がなくなることは、タックスへイブン・マネーが隠れていた私道から公道に出てくることと同じである。タックスへイブン潰しという点では、99・99％の人にとってCBDCは明るい。日本では、たぶん1万人に1人の富裕層にとっては暗い。彼らには無税だった運用に利益課税がある。**2年のうちに金《きん》に逃げろ……。**旧ドルの価値は米国CBDCへの切り換えでなくなるが、金は価値を保つ。

金は不動産と同じように価格が上がっても、売らなければ課税されない。

【極端に低い金融富裕者への課税】

米国で所得が**年間1億ドル（140億円）以上の富裕者への課税率**は10％以下が多い。

タックスへイブンに年間所得の70％を置けば、1億ドル（140億円）の所得の30％の3000万ドルに対して20％の600万ドル（8億円）くらいしか課税されない。

税金600万ドル÷所得1億ドル＝6％でしかない。この点で**全部の所得を100％あぶり出す。**

（注）ビットコイン（時価総額85兆円：23年9月初旬）を別の仮想通貨イーサリアム（時価総額32兆円）に交換し

た時点で、ビットコインの「売却額－購入時価格＝利益」に対して課税がある。上がっても保有だけなら課税はない。

営業地域が世界であるメガテック、富裕者、金融業に普通の課税がされると、米国は所得税率を下げることができる。政府が正直なら、現在の10％から37％所得税を5ポイントは下げることができるだろう。

【国際金融資本は弱体化していく】

加えてタックスヘイブンを多く利用している**国際金融資本**（JPモルガン、ゴールドマン、HSBC、スイス銀行など）のマネー・パワーは、政府に100％捕捉されて課税されて弱体化していく。

以上が**「通貨リセット、つまり中央銀行券から政府紙幣CBDCへの切り替え」**で起こる主なことである。日本も含む世界の主要国で研究、実験され、国会での実行時期の決定を待っている。デジタル通貨はインターネットのメールのように、全部の動きを管理ができる。

リーマン危機の直後、2009年からの仮想通貨のビットコインはすごい実験だった。最初はピザ1枚（5ドル？）だった。**現在は424万円**、14年で6000倍。年間平均＋86％。ビットコインは、CIAの秘密プロジェクトとして2008年9月15日の**「リーマン危機＝ドルのデリバティブ債券の瞬間危機」**のあと、**「次世代のマネー」**として研究され、開発・実験された。

現在まで**14年の実証実験が完了し、取引所のハッキング**は数回起こったものの、予想をはるかに超えて、うまくいった。ビットコインで開発されたブロックチェーンの**素因数分解によるホンモノ**

の認証は、ＣＢＤＣでそのまま使われる。電子信号のデジタルマネーでは、認証が鍵である。以上が現在の通貨がたぶん世界同時にリセットされて、政府紙幣がデジタル通貨になったあとに起こるマネーの世界である。

第十章 コロナパンデミック、巨大財政赤字、デジタル通貨へ

1 コロナは国の金融、つまり国債と通貨にとって何だったのか

コロナウイルスは、もともと米軍が作っていて危険だったので、政府が疫学者ファウチに中国へ開発を移管させた生物兵器であろう。開発実験をしていた武漢研究所から流出したものだという民主党の大統領候補ロバート・ケネディ・ジュニアの主張通りのものかは追及しない。事実なら、5000年の人類史上最大の犯罪だが、決めるのは政治的な堕落《だらく》をしていても法廷の役割である。ただし米国の法廷は、すでに真実を究める場ではない。倫理とは遠く**政治的に事実を決める場**であると認識して間違いがない。

本書が行うべきは**コロナパンデミックの社会・金融・経済的な結果の分析**である。

第一は、GDPの20%に相当する過去最大の各国政府の財政支出の影響である。治験を6カ月に短縮して認可されたワクチンの接種とその結果の影響について、これは本書のテーマとはしない。

＊

日本では、コロナ対策に関連して実行した**3度の補正予算が77兆円**だった。他に政府が保証する

無担保・ゼロ金利の**「ゼロ・ゼロ融資」が42兆円**あった。パニックになっていた政府には、財政の赤字を気にする余裕がなかった。

このとき財務省の事務次官だった矢野康治は、文藝春秋の21年11月号に**「このバラマキを続ければ、政府の財政は氷山にぶつかって沈没したタイタニック号のように破産する」**と書いたが、MMTに毒された保守派からの非難と物議を醸《かも》した。

日米欧では現在、当たり前のことをいうと非難を受ける空気がある。国債の無限買いを説く、「現代貨幣理論（MMT）」があるためだろう。**負債の金利が日本で2％に、米国で3％から4％に上がったときMMTは間違いであることがわかる**が、日本の金利はゼロ、米国の2021年は0・25％だった。合計で119兆円、GDP550兆円の22％にもなった。戦争以外には最大の財政拡大だった。財源は国債発行である。平年より100兆円多い国債が増加発行されて日銀が買い、**約3年で円マネーが100兆円増刷されたた**ことになる。

コロナが始まった2020年の国債の新規発行は、前年の2・5倍の108・6兆円だった。2021年度57・7兆円、22年度62・5兆円、23年度35・6兆円。この**4年間で264・4兆円（1年平均66・1兆円と2000年代の1・5倍）という歴史上最大の国債**が発行されている。国債を管理していた矢野事務次官が国家破産を語るのは、当然のことだろう。

世帯に1人10万円、1世帯25万円平均、国の合計で12兆円の現金が配られた。売上が5％以上減ったと申請した事業者には、合計42兆円の「ゼロ・ゼロ融資」が無条件で降りた。

ただし、これは貸付金であり、23年5月に返済がスタートしている。ゼロ・ゼロ融資は、事業の経費として使い込んで消えている。設備投資のような売上収益の増加効果がない。銀行には政府が保証するので、たぶん半分の26兆円が政府の不良債権になっていく。

政府が保証するゼロ・ゼロの融資は無審査で実行された。詐欺も多かった。預金の増加になって、株を買うところも多かった。大阪北新地では、店を休んで補助金と3000万円のゼロゼロ融資で、メルセデスの高級モデルを買う勇敢なオーナーもいた。人間というものは高級ではない。ただしゼロゼロの融資を受けた人は、返済しなくていいと考える。2000年から23年、政府は預金金利をゼロにして、**世帯預金1000兆円×正常な金利3%×23年＝690兆円の金利**を、負債者（政府＋企業）に所得移転してきたからだ。690兆円は巨大である。5300万の世帯当たりで、1300万円の消えた預金金利になる。

東証の売買が1日2・5兆円平均から3・5兆円に増えたので、増加財政支出100兆円の30%くらいの30兆円は、株の買いに向かったのだろう。**20年3月に1万6000円に下がっていた日経平均は、1年後の21年3月に2万9200円にまで1万3200円（83%）も上がった。**マネーの過剰によるバブルの株価である。

コロナの巨大財政支出以外には、原因がない株価上昇である。日本の株価時価総額は、89年12月の過去最高だった時価総額の600兆円を超えた。22年4月は711兆円、10月は723兆円、**23年6月末は843兆円**である。株価の時価総額は現金ではないが、株主のリスク金融資産になる。**「資産リッチの豊かさの感覚」**が3年くらい生じる。それがコロナ後の現在の日本の空気であって米・欧に共通している。景気がいいと言われるのは、マネー増刷で株価が上がっただけのことである。

米国ではさまざまな名目で、**23・2兆ドルのGDP約20%の財政支出**が実行された（4兆ドル：5

６０兆円：日本の5倍）。事業者と世帯に配るヘリコプターマネーだった。前章で示した米国の**マネー・サプライは前年比で異例な増加になった。**

米国も株、住宅の買いに向かい、株価と不動産価格を上げた。第一次コロナパンデミックの**20年3月**には、米国の代表的な株価指数Ｓ＆Ｐ５００が２３００であり、前月比31％沈んでシステミックな金融危機の寸前だった。

①株価時価総額で１５００兆円が失われたからである。

②危機を予感したＦＲＢは金利をゼロ％に下げ、緊急にマネーを注いだ。

③政府の財政支出４兆ドル（５６０兆円）が順次、加わっていった。

５６０兆円のコロナ対策マネーが溢《あふ》れていた２０２１年12月のＳ＆Ｐ５００は、１年８カ月で歴史上最高価格の４７８０にまで２・１倍も上がった。米国の株価時価総額は43兆ドル（６０２０兆円：日本の7倍）に膨らんでいる。金融バブルの相場であることは明白だが、**市場でバブルとする声は、たぶん20％くらいの少数派**である。金融資産の世帯格差は、コロナの2年で一層広がった。

住宅価格も２０２１年20％、２０２２年20％上がった。全米20都市の住宅価格は2年で40％も上がった（ケースシラー指数）。２０２２年3月の利上げから下がって23年5月現在、マイナス１・７％だが、**２０２０年比でまだ40％高い１４０の水準**にある。株で儲かった金融マネジャーやＣＥＯが買う、マンハッタンのタワーマンションの最上階では20億円くらいザラにある。

米国の住宅価格は、**ローン金利が３％と低いときに上がっていた。現在は６％である。**住宅ローンの30年払い額を計算すると、金利６％では23％も多くなる。これは米国の住宅価格で、現在より

23%下がったところが理論値であることを示す。

住宅が下がると、**12兆ドル**（1680兆円）ある不動産ローン証券が下がった分だけ不良債権になって米国金融危機の原因になっていく。


今後の①株価時価総額、②住宅価格が示すのは、リーマン危機の200兆円を何倍も超える不良債権で起きる、**①銀行危機、②債券と国債の危機、③最後は政府の財政危機**が重なる**金融危機の三重奏**である。

これはもっとも強く**ドルの下落危機**になる。ドル国債、各種の金融債、デリバティブ、ドル預金を対外資産としてもつ日本、中国、西欧、産油国に波及していく。

経済・金融で起こった現象として近いのは、第一次世界大戦後の戦費金融《せんぴきんゆう》によるバブル経済が崩壊した**1929年から33年の世界恐慌**である。

金融市場とメディアは、懸命に**「ソフトランディング論」**を流している。

株価、住宅価格、国債を含む金融債、不動産の下落は、おだやかであって危機にならないとアナウンスしている。ただし金利が5・50%に上がって株価と住宅価格が下がることは、金融市場も認めている。

問題は、第二章の冒頭で資金循環として示した「膨らみ過ぎた米国の**金融負債122兆ドル、この負債に1：1で対応する金融資産122兆ドル**（1京7080兆円）」である。

負債の平均金利が4%になると、**「122兆ドル×4%＝4・88兆ドル**（683兆円）**」**の負債者側の利払いが必要になる。GDPが23・3兆ドル（3560兆円）の米国経済の「企業＋世帯所得」では、**所得の20%になる金利が払えないことは前述した**。

金利が払われない負債に対応する金融資産は、約1年で不良資産になっていく。これが金融危機である。ソフトランディング論は負債全体の利払いの計算をしておらず、**情緒的な願望と夢想**でしかない。

本論は米国の負債からの計算であって願望と対極にある。悲観論ではない。事実論である。1年前の22年の8月に3%だった市場の長期金利は、すこしずつ上がって現在4・2%（23年8月）。10年債の金利が4・2%。危機の発現まで1年か。

1年以内に、米国の長期金利が現在の4・2%から2%に下がらないと危ない。FRBはこの大幅利下げを、どんな理由をつけて実行できるのか？　実行できないと見ている。

＊

中央銀行は、**「いつであっても金融危機とは言えない」**、特殊な機関である。FRBが金融危機と宣言すれば、大規模な預金取り付けが起こる。平時であってもパウエルの言葉が危機を招く。日銀、欧州ECB、人民銀行も同じである。**預金者の預金への不安こそが金融危機**である。

ファンドの破産も運用預託者の解約から起こる。政権、王権の危機が、多数の国民の抗議行動で起こることと同じである。

今回は、**世界の負債がGDPの3・5倍**（350兆ドル：4京9000兆円）という途方もない金額であるから、その国の**大手銀行の危機**は100%の確率で、**政府の財政危機**（国債の危機）に直結する。

◎このため現在の信用通貨の中央銀行券をリセットし、政府が**「政府紙幣のデジタル通貨」**に換えて資産と負債を100%引き継ぐことは前章の後半で示した。

次は、R5の**BRICS通貨**が現在の基軸通貨である米ドルに与えるインパクトを解析する。

2　R5デジタル通貨がドルに与えるインパクト

本書の終章に来た。おそらく**2025年から始まる政府紙幣デジタル通貨**の概略を理解されたことと思う。

もともとCBDCは中央銀行が発行するデジタル通貨だが、4%の利払いができない結果の不良債権、不良債務による銀行破産のあとは、**中央銀行・民間銀行は国有化の手段しかない**。その後、財務省が発行する通貨は**政府紙幣のデジタル通貨**になるが、CBDCという用語を使ってもかまわない。**そのときの中央銀行は財務省**である。

【ロシアルーブルのSWIFTから排除から始まった】

米国は、ウクライナに侵攻したロシアに対する金融の制裁（超限戦）として、通貨の国際送金網であるSWIFTからルーブルを排除した。

◎SWIFT（Society for Worldwide Interbank Financial Telecommunication）は、世界200カ国の主要な銀行が加盟する送金網である。

①輸出入のための送金、②各国の通貨とドルとの相互交換に使われる。**ドル基軸通貨システムの**

中核がSWIFTである。ここに自国の銀行が加盟していないとドルとの交換ができず、貿易ができない。バイデンは、金融の核兵器として**ロシア経済を痛めつける制裁**と言っていた。

【ロシアの対応はCIPS（Cross-Border Inter-bank Payments System）】

西側の諸国と貿易ができなくなったロシアは、**人民元の国際送金網であるCIPS《シップス》**を使えるよう要請し、習近平は受諾した（世界の主要1288行が加盟）。ロシアはエネルギー・資源・穀物の輸出国である。**ロシアはCIPSで人民元とルーブルを交換**し、主産物の原油を中国とインドに人民元建てで輸出した。インドはロシアの原油を輸入し、中継基地になって世界に輸出している。バイデン側はロシアの輸出を停止して戦争費用を枯渇《こかつ》させようとしたが、思惑《おもわく》を見事に外した。

ルーブル＋人民元対ドルの**金融の超限戦**では、ロシアが勝利を収めた。相当な期間の準備がなければ、これはできない。プーチンは、国民にルーブルで金を買うよう要請して預金資産、ドル資産をまもる道を開いた。

ロシアは広大な国土の55％が永久凍土であり、**地下に無尽蔵な資源・エネルギーが眠っている**。未開発を含めば石油・金属資源の埋蔵では、圧倒的な世界一であろう。開発が進めば、世界一豊かな国になる。資源・エネルギーのない日本の商社には開発技術があるので、ロシアと合弁事業開発プロジェクトを推進すべきだろう。これが2030年からの日本経済の成長になる。ウクライナ戦争後の日本は、これを行えるだろうか。日本の未来がかかっている。政策の転換が必要だろう。

＊

ロシアの原油とLNG（液化天然ガス）の輸出がなくなった西側の市場では、原油価格が1バーレル60ドルから120ドル（22年3月）に高騰し、他の資源・食品も上がっている。第二次石油危機以来、40年ぶりのインフレ（米・欧では9％〜10％、日本では4％）になった。世界の発電は70％が石炭＋天然ガス＋石油である。約10％の水力を含んだ自然エネルギーは20％である。

欧州の**天然ガス**（気体だからパイプラインで運ぶ：LNGは液化されているので船で運ぶ）は高騰が激しく、計量単位である100万BTUで、戦争前の4・6ドルから最高価格は2022年6月の70ドルだった。天然ガスの価格はピークで15倍に上がり、発電のエネルギーが2度の石油危機以上に上がって直接には電力価格に、間接にはあらゆる物価上昇となって波及した。

ドイツの消費者物価は、戦争開始6カ月目の22年の9月から23年2月まで8％から9％に上がった。そのあとの物価の上昇率も7％と高い。英国では22年10月が11・1％、23年6月は7％である。米国より欧州の物価上昇率は高かった。ラガルドECB総裁のユーロの政策金利は4・25％と、米国より1ポイント低い。エネルギー高騰の被害が、米国より大きいのが英国とドイツである。

【もっとも困ったのはエネルギーを輸入するドイツと英国だった】

金融制裁で輸出を中国・インドに転じたロシアは、困ることはなかった。困ったのは、**天然ガスが高騰**して電力が高騰したドイツ・英国を先頭に西欧だった。電力にはあらゆる物価を上げる力がある。フランスは原子力発電が70％、水力と再生エネルギー発電が24％なので電力の高騰はない。次が原油・食品・電力が上昇した米国だった。

ロシアのインフレは3％、ロシアの原油を60ドルで輸入してきた中国は0％。インドのインフレは4％台だったが、2021年が5・5％だったから、むしろ下がっている。結果を総合すると、ルーブルのSWIFTからの排除は、ロシア経済を痛めるより西側経済に損害をもたらした。**「一体これは何だ？」**ということであるが、メディアはバイデンの戦略の不備を追及していない。なぜだろう。中国を讃えることになるからか。今も何の効果もない、ルーブルの排除を続けるのはなぜか。

◎今回の戦争の結果、原油・資源高騰で3000億ドル（42兆円）の「世界の消費者物価高騰の利益」を得たのは、**米欧の7大エネルギー・メジャー**だった。古典的な推理小説の常套手段は「事件でもっとも大きな利益を得た者が犯人」である。これ以上は言わない。歴史は隠蔽される。

投資家のウォーレン・バフェットは23年4月に来日して「（原油・資源の）商社株を買う」といって日本人にも買わせた。同時に米系ファンドは4月から6月17日まで日本株を12兆円買い越し、日経平均を25％上げた。時価総額では160兆円の上昇である。これはインサイダーの怪しい動きであった。しかし追及しても明らかにはならない。**米国民主党系の回転ドアの住人**と、**米国FBI、法務省、CIAの幹部**はマネーと立場で汚染され、硬骨なアメリカ的正義漢は消えてしまった。メディアも、戦争とコロナで利益を得る軍需産業、エネルギー・メジャー、製薬資本、国際金融資本、メガITのお金で汚染されている。2000年ころから学者にすら強くなった**マネー主義が世界を汚染**している。

マネー主義とは、マネーを過剰に重んじ、**人道と倫理を無視すること**である。コロナとウクライナ戦争は、米国のマネー主義からの戦争であるから、**最後はバブル破産**になる。その後はどうなるか。前章で述べた**政府紙幣のCBDCよる通貨のリセット**、つまり現在の通貨をCBDCのデジタル通貨へ置き換えることである。

預金が100%保護されるので、タックスヘイブンに預金がある1万人に1人の富裕者しか心配はいらないだろう。

＊

金ペッグのBRICS国際通貨が現在の基軸通貨ドルに与えるインパクトを検討する。

◎**金ペッグ**とは、金価格を参照してレートを維持する通貨という意味である。

国際通貨は貿易に使う通貨であって、**国内の通貨**は中国の人民元、ロシアのルーブル、インドのルピー、ブラジルのレアル、南アフリカのランドの現在と変わらない。なおR5通貨は、仮称である。

重要なことは**中東の産油国も加盟し**、**原油の決済通貨**になることである。南米と赤道から南のグローバルサウスも参加の予定をしている**共同のR5デジタル通貨と**、**加盟国の通貨の交換レート**は、現在の各国通貨のレートを引き継ぐ。この通貨と各国通貨のレートは**変動相場**になる。これはユーロを作ったときの欧州統一通貨ユーロと、ドイツのマルク、フランスのフラン、イタリアのリラ、スペインのペセタ、ギリシアのドラクマなど加盟20カ国の通貨と交換レート設定と同じ方法である（1999年）。

以上は、新しい通貨構想として発表されたことではない。金ペッグあるいはコモディティペッグの国際通貨という情報から**論理的に導かれる仕組み**である。これ以外の方法は採れないであろう。矛盾が生じるから。

この通貨の結成会議は、23年8月22日から24日に**南アのヨハネスブルグ**で開かれたはずである。重要なことなのに欧米と日本のメディアは肝心なことの報道をしていない。図10-1は23年8月の南アの会議ではなく、4年前の上海協力機構での写真である。コロナ危機とウクライナ戦争の前に**すでにデジタル国際通貨は話し合われていた**ことを知っておいていただきたい。

エコノミストや国際金融アナリストからめぼしい発言もない。**基軸通貨のポジションを得ているドルへの影響が大きすぎる**ので、発言ができないのか。拡大後のBRICSは、世界の石油輸出の39％、埋蔵の46％、生産の48％をもつようになった。

あるいは、**ペトロダラーの米銀への還流システム**をぼんやりとしか理解していないからか。または**ロシアと中国がやることであって、どうせたいしたものにはならない**と考えているのか。このあたりは、わからない。

8月末の会議では、米国を刺激しないため通貨がテーマの公開会議は開かれず、**陰で進行させた可能性**が出てきた。無用なトラブルを避けるためである。

もしテーマにならないときは、米国が妨害工作をしていると考えて100％正しい。公式のテーマにならなくても「**R5デジタル国際通貨」は五月雨《さみだれ》式に、たぶん3年くらいの時間をかけて推進されていく**。

◎原因は、**米国の利益を優先するドル基軸に痛めつけられてきたから**である。この計画にはBRICSの中央銀行が中心になって、**2010年から年400トン買い増すことを始めたとき**から13年を要している。同じ**2010年に当時の人民銀行総裁**

図10-1　上海協力機構の首脳会議19年6月@キルギス

ウクライナ戦争の3年前からBRICS通貨は検討されていた

周小川が、「米国に負担をかけるドルに代わるIMFのSDRのような国際通貨（貿易通貨）が必要だ」とG20で発言している。ユーロ準備期間の10年より長い。情勢は日々、動いている。

【なぜ金ペッグか？】

◎ブレトンウッズ会議でケインズは、金ペッグの**バンコールを戦後の国際通貨**（貿易に使う通貨）として提案した。しかし採用されたのは米国のホワイトが出した**金兌換のドル**だった。米国は戦争のたびに世界の金を集め、FRBは3万トンの金をもっていたからである。

世界の蔵相と銀行家は米国案を採用し、**ドルが基軸通貨**になった。しかしドルのように通貨に国籍がある場合、その通貨の価値は国の経常収支に左右される。発行国が黒字を続けると、その通貨は上がる。逆なら下がる。経済学者トリフィンは**「国際通貨は国籍をもつ通貨であってはならない」**と唱《とな》えた。

FRBの金がドル交換されて海外へ流出して枯渇《こかつ》し、FRBが固定相場を維持できなくなって、**スミソニアン体制**が崩壊したのち、**ドルは金兌換を停止**した。

市場の金価格はドルとの交換価格（1973年は1オンス38ドル）より上がっていって、**FRBは海外に行ったドルの金兌換を維持できなかった**からである。スミソニアン体制の崩壊後、ドルは**米国債の信用がバックの信用通貨**になったが、中東が原油を売る**ペトロダラー**として基軸通貨の地位はまもった。キッシンジャーが設計したペトロダラー制として詳述した通りである。

米国の経常収支は40年も続けて赤字だから、ドルの価値は下がっていく。

ベトナムの戦争費用から赤字になったドルは、1ドル360円だった固定相場から1995年82円に、2012年は78円に下がった。78円は360円の4・6分の1である。40年で4・6分の1は平均年率で3・2％のマイナスである。これがドルの価値の低下であった。

3 R5デジタル通貨は貿易通貨のバンコールと同じ

◎新しい通貨は、現在のIMFが各国中央銀行に対して発行している**SDR（特別引き出し権）と同じ国際通貨**になる。SDRは**通貨バスケット**と言われるものである。米ドル43・4％、ユーロ29・3％、人民元12・3％、円7・6％、英ポンド7・4％の**加重平均**でレートが変動する。

現在、1SDRは195円付近である。**100億SDRの貸し付けをIMFから受けた国**は、ドルなら130億ドルを引き出して対外決済に使う。SDRの価値（レート）はIMFへの米国、欧州、中国、日本、英国の出資金と、IMFが自己資産としてもつ金と外貨で担保される。SDRは、各国の中央銀行または財務省が対外決済、貸し付け、借り入れに使う通貨である。これが**国際通貨**の意味である。

金ペッグあるいはコモディティペッグの**R5デジタル国際通貨**も、**IMFのSDRと同じように加盟国の貿易決済だけに使われる**。IMFのSDRより、ケインズがブレトンウッズ会議で戦後の国際基軸通貨として提案した**「金兌換のバンコール」**に近い。

金兌換は、金と交換できる通貨であって金価格がその価値を保証する。1944年から73年までのドルは金兌換通貨だった。**金ペッグ**（Peg）は、金とは普通は兌換できず金価格を参照する通貨である。発行元が金価格と±2％くらいの幅で同じことを保証する。ロスチャイルド系の**スパイダーゴールド（SPDR）社**が、1050トン分を発行している**金ETFの証券**と同じである（WGCのデータ）。SPDRが金ETFと金価格の一致を保証している。

R5デジタル通貨の発行元は**「新開発銀行R5《アール5》（仮称）」**になる予定である。新開発銀行が通貨加盟国から、通貨の使用額に比例して**金現物の出資を受ける**。それが開発銀行の準備金＝資本になる。**加盟国が貿易に使う外貨準備**になる。

①R5通貨の外貨準備が余る国は、新開発銀行に預金する。

②新開発銀行から足りない国は融資を受ける。CIPS回線につながる新開発銀行で**各国の輸出入額の差金決済《さきんけっさい》**を行う。これは中央銀行やIMFと同じ仕組みである。

＊

加盟国間の貿易では、現在のドルの外貨準備（推計7兆ドル：980兆円）がいらなくなる。そこで通貨加盟国のドル準備の売りが始まり、ドル下落になっていく。**1年に7000億ドル売っても98兆円のドル売り**になる。

R5が世界貿易で広がっていくと、**ドル体制は縮小していく**。R5デジタル通貨加盟国に**産油国23カ国**が含まれていて、**原油を現在のドルからR5で売る**ように順次、代わっていくからである。

【戦前の英国ポンドの位置は戦後に米ドルに代わっていった】

戦後の基軸通貨は米ドルに代わった。**戦前は50％が英国ポンド**だった。1913年から14年の対外投資残は英ポンドが180億ドル、フランスフラン90億ドル、ドイツマルク58億ドル、米ドル35億ドルだった。

世界の貿易通貨は、円も含んで金準備制だったから、金と見なされる通貨（＝金ETF）で貿易していたことと同じだった。全部が金ETFだから金中心であり、基軸通貨という概念はなかった。ここに示した海外投資額または海外の借り入れが基軸通貨（国際通貨）のシェアになる。**英国ポンドは50％のシェアを占める国際通貨**だったが、戦後は米ドルに代わっていった。

老舗の英国ポンドは新興の米ドルに押しやられ、世界シェアが下がっていった。それを示すのが英ポンドのレートである。**戦前は1ポンドが1000円**だった。需要がドルに代わっていった戦後から**35年目の1980年には、225円と4・4分の1**に下がった。年間4・2％下がり続けた。23年8月現在は1ポンド186円である。

＊

R5通貨の使用が増えていくと、米ドルは現在の約60％を占める国際通貨としての地位は、英ポンドの後を追って下がっていく。これは世界の需要が減っていくことだから、**米ドルが英国ポンドのように下がっていくことは確定している。**1年4・2％のレートの低下かどうかはわからない。**原油・金属資源・穀物の決済通貨がBRICS通貨に代わっていく**から、たぶんその1・5倍から2倍の速度での低下だろう。仮に1年に6％の低下とすれば、英ポンドのアナロジーでは、2034年までの**10年で53％に下がり、1ドル＝70円付近**になる。これは円との購買力平価に一致する。1ドル146円の**ドルは現在、2倍は過剰評価されている。**第二次石油危機後のインフレ時のように米国の金利が高いからである。このときも金利が8%から10%あり、1ドルは240円と2倍は高く評価されていた（当時の金利は五章図5-4）。

ドル基軸通貨体制（現在12兆ドル：1680兆円）は穴があいた小さなダムのように最初は少しだが次第に増えて、最後は日本の大きな損になる対外資産が減っていく。

崩壊とは言わない。

◎ドルはたぶん**現在の60%シェアから、5年後は30%に減った貿易通貨**として続く。日本や台湾・韓国はドル基軸のメンバーとして残る。東南アジアの金融ハブ、シンガポールはドル側だろうか。中東の金融ハブであるUAEのドバイはR5通貨側だ。中国と和解していないインドは、この通貨とドル基軸の中立に立つ50：50かもしれない。世界貿易の40%がR5通貨側、30%がドル、20%がユーロだろう。

世界各国は、輸出入の決済用資金として**外貨準備を12兆ドル**（1680兆円：2021年）もっている。世界の貿易は世界GDPの増加より速い速度で増えてきたので、外貨準備も貿易額の増加とともに増えてきた。**米国だけは**ドルの外貨準備という概念をもたない。自国の通貨で輸入できるからである。ドルは米国にとって外貨ではない。

米国以外は、**輸入決済のための準備金（リザーブ）として外貨準備**をもつ。準備金のほとんどは**米銀またはFRBへの預金**になっている。

前述したように米国は、ドルの**金兌換を1971年にニクソンが宣言し、73年に完全に停止**した。しかし米国は対外負債になるドルを増発するだけで、原油・資源・商品輸入の増加ができるドル基軸通貨の既得特権を失いたくなかった。このため中東の原油はドルで売るとして**ペトロダラー制**を作った（1973年）。ドルが金兌換を停止したあとも、**世界の外貨準備はドルが中心**であった。

50年のペトロダラー制を崩していくのが、BRICS通貨のR5である。

4　世界の外貨準備は12兆ドル（2021年末）

世界の貿易用の外貨準備を示す（IMFのデータ）。

1位　中国　3・43兆ドル（2013年が4兆ドルでピークだった）
2位　日本　1・40兆ドル
3位　スイス　1・11兆ドル
4位　米国　0・72兆ドル（ドルではなくユーロ、人民元、円、英ポンド）
5位　インド　0・64兆ドル
6位　ロシア　0・63兆ドル
7位　香港　0・50兆ドル
8位　サウジ　0・47兆ドル
9位　韓国　0・46兆ドル
10位　シンガポール　0・43兆ドル
11位以下は、ブラジル（0・36兆ドル）、ドイツ（0・30兆ドル）、タイ（0・25兆ドル）、フランス（0・24兆ドル）、イタリア（0・23兆ドル）、イスラエル（0・21兆ドル）、メキシコ（0・19兆ドル）、英国（0・19兆ドル）、チェコ（0・17兆ドル）、ポーランド（0・17兆ドル）……。

R5デジタル通貨加盟予定国の外貨準備は、**世界の12兆ドル（1680兆円）の約60%**を占める。外貨準備でドルの必要がなくなる。必要がないものは毎年売られていくだろう。10年かけて、ゆっくりドル外貨準備を売れば、1年に**12兆ドル×60%÷10年＝7200億ドル（100兆円）の超過のドル売り**になる。構造的に売りが増えると、外為市場では大きな「ドル安」になっていく。5年後には**1ドル70円**に下がるかもしれない。

基軸通貨のシェアを50%から現在の6・5%に減らした英国ポンドの事例がある。望ましいか望ましくないかという**心理の問題ではない**。外為市場における通貨の売買数字の問題である。数字は客観的な事実として見なければならない。

90年代からの30年、われわれ日本人は中国の成長を見誤り、2010年にGDPで追い抜かれてもさして気づかず、対中国の危機感はなかった。中国からの北海道、各地のリゾート、東京のマンション買いが増えて、あわてている。

＊

リーマン危機後の13年で中国のGDPは、ゼロ成長の日本に対して4・2倍の17・7兆ドル（2400兆円）になった。中国のGDP統計は確かに底上げされている。**累積で最大20%の上げ底があったと割り引いてもGDP13・6兆ドル（1900兆円）、日本のGDP（生産＝所得＝需要）の3・45倍**である。人口が14億人の中国は大きすぎる。北京の紫禁城に行ったときも思った。後宮《こうきゅう》と宦官《かんがん》が3000人。何事《なにごと》も日本の10倍。

5 ドルの下落と金価格の長期上昇トレンド：その根拠

R5デジタル通貨加盟の希望国は、売った外貨準備で何を買うだろうか。通貨は買わない。金を買う。この通貨は金ペッグのデジタル通貨になる予定だから。加盟国はそれぞれ、IMFのような国際中央銀行（新開発銀行）に金を出資する。

出資割合に応じて通貨を受け取って貿易に使う。

中国、アメリカ、ロシアを信用しなくても、世界の国は金を信用する。

金の出資は現在の持ち高順で中国40％、ロシア20％、インド20％、産油国20％になるだろうか。

加盟各国は、売ったドル外貨準備で現物出資用の金を買うだろう。

どれくらい金のコンスタントな需要が増えるか、これによって金の価格上昇が決まる。

2022年、**世界の金の供給と需要**は以下だった（データはロスチャイルド系のWGCの集計）。

- ・鉱山からの金生産　3626トン（金鉱山の採掘、精練、金市場への出荷量）
- ・ヘッジ　マイナス12トン（金鉱山の価格ヘッジ買い：上がるとき増える）
- ・リサイクル生産　1140トン（携帯電話や宝飾品からの、再生産）

〔2022年度 新規供給量〕　4754トン（合計の供給量は、およそ一定している）

- ・宝飾用需要　2195トン（ゴールドバーから宝飾用に加工）
- ・工業用需要　308トン（用途は電子回路のリードフレームが80％）
- ・投資用ゴールドバー　1126トン（金投資家の現物の買いとストック増加）
- ・金ETF　100トン（ヘッジファンド、銀行の短期売買）

・中央銀行の買い増し　　1081トン（中国、インド、産油国、新興国の買いが多い）
【2022年度 需要量】　4712トン（金額では、約42兆円）

＊

世界の中央銀行の買いは、この10年400トンから600トン（平均は500トン）だった。日・米・欧以外の中央銀行からの買い増しが多い。

ドルを必要以上に買う日銀やFRBは、金の買いがゼロ。中国・産油国・新興国は**ドルペッグのドルが下がると、外貨準備の不足が起こる**。ドルが下がるとき、反対に価格が上がる傾向の金を買い増して外貨準備を維持してきた。

2022年は、普通の年度の2倍にあたる1081トンが中央銀行の買い増しであった。**中央銀行による金買いの前年比で500トンの増加**が2022年の金価格を上げた。

2022年の年度平均の金価格は、国際卸価格で1オンス1800ドルである。21年の年度平均1798ドルとほぼ同じである。コロナ危機前の2018年の年度平均は1288ドルであったから、**4年で512ドル（28％）上がっている**。

約3倍に上がった米国株・日本株に対して金価格の上昇率は低い。

最近4年は、低金利の金融緩和と通貨の増発による**株価のバブル的高騰の時代**だった。国際コモディティの原油は、コロナ危機からの3年で80％上げている。

金価格の上昇は原油に大きく劣っている。3年で40％上がった小麦の価格上昇に近い。**2023年はほんの少し上がっているが、ゴールドの時代は来ていない**（22年12月平均1823ドル→23年7月19

76ドル：+8・4%）。

世界の金生産の総量と、買い増しの金額は**1年に約42兆円**である。生産も買い増しも多いと言えない。存在が確認された世界の地上在庫は約30万トンと推計できる（WGCがいうのは20万トン、各国に秘匿《ひとく》が多いので30万トン）。

地上の金の総時価は秘匿分を含んで2790兆円あたりである。アップルの株価時価総額の**2・7兆ドル（378兆円）**の7・4倍、ビットコイン（85兆円）の33倍である。

採掘が可能な鉱山の埋蔵は15万トンとされ、今のペースで掘れば42年で枯渇する。

海水には20億トンの金が含まれると試算されている。しかし含有量は1トン海水に対して金1ミリグラム以下。1グラム（約9000円）をとるのに1000トンの海水の蒸発と精練が必要である。ナチスのヒトラーが金は無限の海にあると、勇んで海水から微量の金をとった。笑い話になってすぐにやめた。

高い含有率のものでも金鉱石1トンから、金は約10グラム（9万円）しかとれない。含有量は年々減っている。発掘・精練の工場コストは、2021年で1グラム当たり6000円から7000円に上がってきた。28年前は半分の3000円から3500円だった。金鉱山の利益は大き

図10-2　金鉱山の精錬所

くない。いずれの要素でも今後、**供給量が不足していく**。宇宙にはあるかもしれない……いや、都市鉱山がある。スマホの電子回路から採る。**世界のリサイクルは1年1000トンから1200トン**。電子機器の廃棄物からの収集である。

鉱山からの生産は以下であるが、不明な点が多い（2020年）。世界の生産を合計しても、鉱山生産の1年3600トンに足りない。金には、微量でも価格が高いコカインのように古来、生産と在庫での秘匿と密輸が多い。**中央銀行すら秘匿《ひとく》する**（2020年：USジェオロジカルサーベイ）。

1位　中国　380トン（輸出は禁止）
2位　豪州　320トン
3位　ロシア　300トン
4位　米国　150トン
5位　カナダ　170トン
6位ガーナ140トン、7位インドネシア130トン、8位ペルー120トン、9位カザフスタン100トン、10位メキシコ100トン、11位南アフリカ、スーダン、ウズベキスタン90トン……世界合計3200トン。

中国は金の輸出を禁じている。過去30年の国内生産だけでも1万1000トンくらいを人民銀行がもっているだろう。加えて1年に約300トンは輸入を続けてきた。これが20年で6000トン。合計で**中国は1万7000トンの金**をもっていると推計している。これに年300トン生産するロシアをあわせると**20年で金在庫は6000トン**、インドは200トンくらいの輸入を続けているので**20年で金在庫は4000トン**。

金ペッグになる可能性が高いR5デジタル通貨の中核3国、中国、ロシア、インドの金を合わせれば**2万7000トン**。これにサウジやイランなどの産油国の金が加わる。

金は宝飾品や電子回路に使われても、消失することはない。古くなればリサイクルされる。世界で1年に600トンが工業製品で散失しても4000トンくらい増えていく。採掘が可能な埋蔵量の制限から40年で16万トン増える可能性があるだけだ。

1944年に金兌換のドル基軸が開始したとき、**米国FRBの金は推計3万トン**だった。**R5通貨の中核国にはたぶん2万7000トン**があり、これからドルを売って代わりに買う金が、**新開発銀行＝新IMF**への現物出資に加わっていく。初期の金の量としては十分だろう。

この通貨の新開発銀行は仮に設定したものである。まだ公式の発表はない。それまでは、BRICSが各国単位で作るデジタル通貨での貿易取引になるだろう。

日本では、三菱UFJとみずほが共同で円に連動するブロックチェーン方式のデジタル通貨を発行することが決定し、2024年から発行が始まる。

日本の輸入企業と海外の輸出企業が合意すれば、ドルではなく三菱UFJ・みずほグループのデジタル通貨を貿易の決済に使うことができる。米国では、米銀1位のJPモルガンチェースもドルに連動するブロックチェーンのデジタル通貨を開発し使用準備を進めている。

現在のSWIFT回線を使うドル基軸では、送金に約3％の手数料と2日の時間がかかる。デジタル通貨は瞬間決済であり、しかも送金手数料は1％と安い。各国政府がデジタル通貨（CBDC）

をスタートさせる約1年前に、世界の大手銀行が先行する。世界中の通貨の「デジタル通貨への流れ」は決定している。時期は2025年からと想定している。なお国債、株式、債券、ETFは2003年から順次デジタル化（ペーパーレス化）されてきたことはご存知だろうか。インターネットで売買や引き出しできるのは、証券と預金がデジタル化されたからだ。

（日本証券業協会）https://www.jsda.or.jp/shijyo/seido/jishukisei/words/0191.html

【加盟国が行うドル準備の売りと金の買い方】

先に参加国は、あまるドル外貨準備を10年で売っていくと仮定した。

12兆ドル×60％÷10年＝7200億ドル（100兆円）が1年の超過のドル売りになる。

これで金を買うとすれば、1年に1万1200トンにもなる。4700トンある世界の供給量の約3年分である。もしこの買いのオファーを1年で行えば、市場で不足する金は、数カ月で10倍（1オンス2万ドル：1グラム634ドル：9万円）に暴騰するかもしれない。

買い増す金が急騰すれば、買うことのできる量は減っていく。短期で上がったものは、下落のリスクも高い。株でも同じである。各国の中央銀行は、一度に買って価格を急騰させて損をするバカな買い方はしない。

おそらくBRICS参加予定国は、不要になった自国のドル外貨準備を売った金額（総金額は1年に推計100兆円）の一部で**金を5年から10年くらいかけ、ゆっくり買い増していく**だろう。合計で1年1500トンを買い増すとしても、今の価格では10・4兆円分でしかない。

これらの中央銀行が1年に1500トンの金を買い集めると、**金価格は長期上昇のトレンド**に突入していく。いくら上がるかは不明だが、ブームになったビッグテックの2020年代の株価上昇を参照すれば、**3年で2・2倍、年間30％の上昇だった**。これが金融商品の高騰の歴史である。

米・欧の中央銀行が金の放出制限を400トンの上限に決めたのは、1999年だった（ワシントン協定）。**供給が減った金の価格**は、2000年の1オンス270ドルから。2010年には1430ドル（5・3倍：年平均＋16％）に上がった。2010年からは米ドルが下がったから、中央銀行は金を買い越すように変わった。原因は、リーマン危機後にドルが下落し、**中国を先頭とする自国通貨のドルペッグで発行する国**に準備通貨の評価不足が起こったからだ。ドルペッグでの通貨発行国は、ドルが下がると、価格が上がることが多い金を買うものである。

2010年からの中央銀行による金の買い増しは**多くはなく、1年に400トンから500トン平均**だった。2010年の金価格（国際卸価格）の1430ドルは、1オンス（31・1グラム）が1950ドル付近に上がっている（23年8月中旬）。

金1グラムでは、1ドル145円の円安だから、小売価格で9950円あたりを波動している。23年7月末からの短期で3％台だった米国の長期金利が4・3％に上がって、ドルが買われて上がり、145円台の円安になっているため金のドル価格は1オンス1807ドルに下げている（23年8月23日）。現物の需要が一定していてあまり減らない金価格が下がるときは、**①国際金融資本とファンド**からの金ETFの売り、②または金先物証券の売り越しである。

価格の下落調整に使われることが多い金ETFの世界の残高（証券発行高）は3791トンである（時価で33

兆円)。最高では約1000トン減った年度があった（10年前の2013年）。たぶん90％を個人ではなく国際金融資本とファンドがもっている。金ETFには、現物の裏付けがあるものと、ないものがある。金ETFには、2年から3年周期の売買のサイクルが見える。

最近の金価格のピークは、**23年5月の1オンス（31・1グラム）2050ドル**だった。ドルの国際卸価格では3カ月で12％（年率への延長では√4倍で24％）下がった。金利が上がってドルが上がり、**金利の上昇で損失を被った国際金融資本とファンドが、4半期決算での益出しのため金ETFを売っているだろう**。逆にドルが売られて下がるとき、ドルの代替資産の金は買われて上がる傾向がある。売りが増えて下がったことの反動で買いが増える上昇である。

今後、金ペッグであるR5通貨での貿易の世界シェア増加とともに、**この通貨の発行**が増えてい

図10-3　2022年8月から1年間の金価格（1オンス／ドル、1g／円）

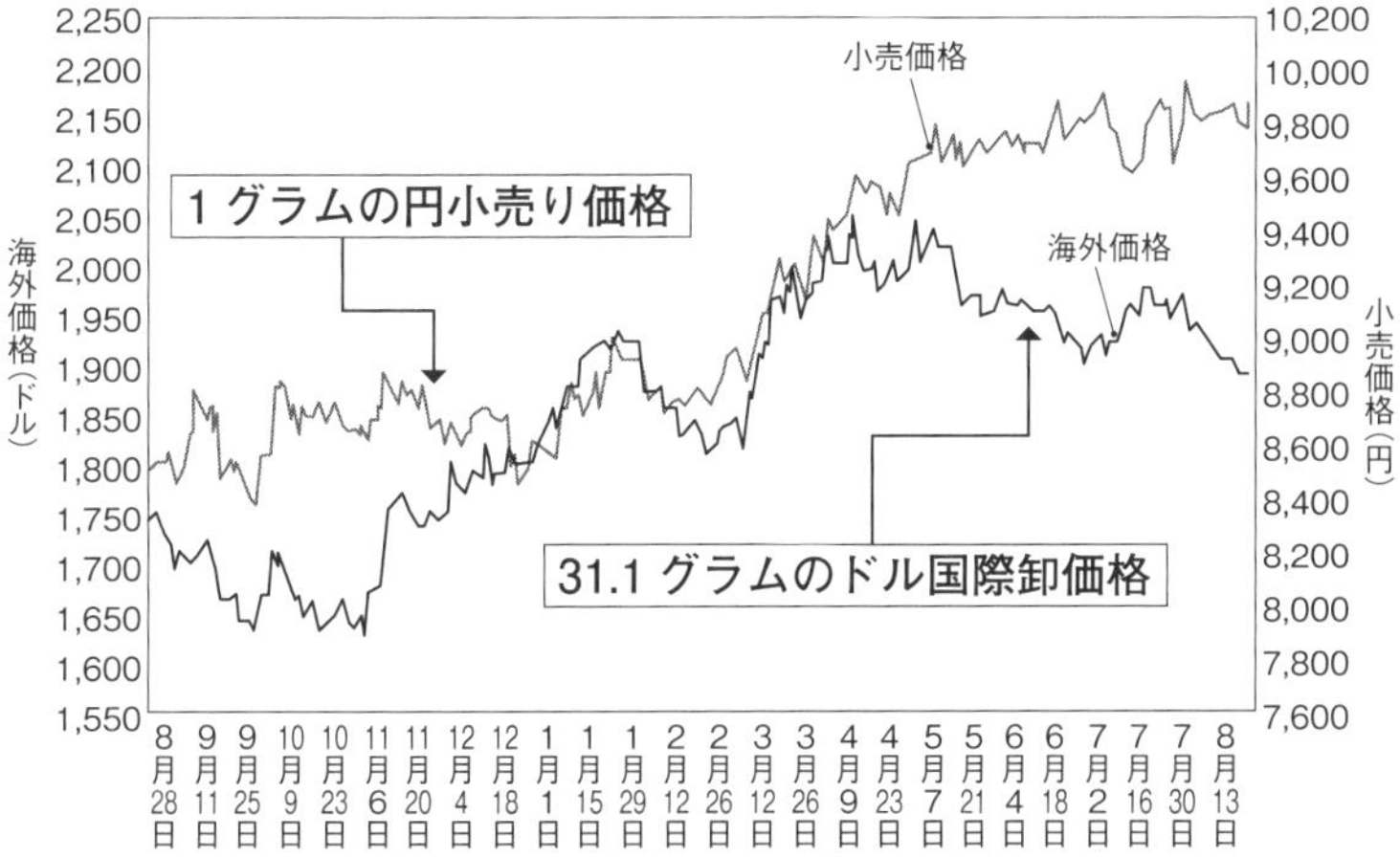

出所：https://gold.mmc.co.jp/market/gold-price/#gold_1year

く。この通貨を管理するIMFの機能を果たすBRICS連合の**「新開発銀行」**に必要な準備通貨が増えるから、加盟国の金の買いが増え、5年の**中長期の上昇トレンド**にはいっていくだろう。

他方でBRICS通貨加盟国のドル外貨準備が売られる**米ドルは、約5年で2分の1に向かって**下がっていく。売られるドルとは逆に買いが増える金は、ドル価格で少なくとも4倍には上がっていくだろうか。ただし未来は、年間ボラティリティが約20％の幅をもった確率である。**「移動平均のドルレート±20％の変動幅」をもつ**。現在の中央銀行券であるドル、ユーロ、円はともに金融危機と財政破産になっていき、銀行と中央銀行も同時に潰れる。中央銀行が潰れることの意味は、銀行券が政府通貨に替わっていくということである。（注）FRBは金利の上昇によって保有する国債と債券価格が下がり、すでに自己資本を失って債務超過になっている（23年8月時点）。

①旧通貨の中央銀行券はリセットされ、
②各国の財務省が発行する政府紙幣に1：1で切り替わっていくだろう。

（注）財政が破産する時期におけるデジタル政府紙幣への切り替えは、第七章の後半部に記述した。

6 政府紙幣のデジタル通貨の意味

そのときの新通貨の形態は、デジタルである（紙幣は一部、日本では高齢者用として残される）。**旧銀行券がリセットされても**預金・貸付金・債券・国債は無効にはならず、各国の財務省が中央銀行に代わって発行する**政府紙幣の新デジタル通貨**に形態が替わって引き継がれる。

◎ＢＲＩＣＳ参加予定国の計画も、**①最初は貿易通貨のデジタル化、②次に国内通貨のデジタル化**であり、その過程で**貿易通貨の脱ドル化**が図られる。

米ドルの宗主国である米国の反撃への配慮があるので、**ドル売りと金買いは静かに中長期で**行われる。財政破産の危機後はデジタルの政府通貨への切り替えだから、日本ではスマホまたはクレジットカードが財布、健康保険証、年金手帳、預金通帳になっていく。

貿易に使う通貨では、２０２３年秋か冬から**デジタル**が増えていく。

移行の過程で**Ｒ５通貨への加盟国からの需要が減るドル**は下がり、順次ドルに代わって**金ペッグ制の準備通貨**になる金は上がっていく傾向になるだろう。英国ポンドがドルに代わっていったときの変化は、１年の目には見えないくらいゆっくりしたものだった。

世界のドル外貨準備は、現在の12兆ドル（１６８０兆円）から中国、産油国、インド、ロシアが抜けるから、**たぶん５年をかけて半分の６兆ドルに減っていく**。

日本・台湾・韓国・シンガポールは新しい通貨ではなく、米ドルを国際通貨として使い続けるだろうから、その外貨準備は残る。貿易通貨の５年後のシェアは以下が想定される。

〔貿易通貨のシェアの想定：２０２４年から28年の変化〕

・Ｒ５デジタル通貨　40％（新国際通貨：ＢＲＩＣＳ加盟国の間の貿易に使用）
・米ドル　30％（60％から半減：産油国・中国・ロシア・インドの離脱が大きい）
・ユーロ　20％（シェア維持：ユーロ域内が多い）

・円やその他通貨　10％（シェア維持）

＊

R5デジタル通貨で想定される**金・コモディティペッグ国際通貨**の利点は、原油・エネルギー・資源・穀物（まとめて国際コモディティ）が上がるときに金価格もほぼ比例して上がり、通貨も上がるから、加盟国では現在のような**資源インフレでもインフレにならない**ことである。

ロシアから原油を1バーレル60ドル（国際価格の30％安）で買っている中国が、物価上昇ゼロ％のデフレの傾向であることも、これを示している。

一方、**金ペッグではない非加盟国はインフレ**になる。このためR5通貨加盟国では、GDPの物価上昇を引いた実質成長がG7より数ポイント高くなる。

信用通貨を大増発したコロナ戦争とウクライナ戦争の戦後は、**近代工業の石油革命からエネルギーと労働を節約するAI産業革命**だろう。

日本にとって暗かった平成の30年、一世代の歴史は2024年から2025年に終わって、過去の清算が済むころ、トンネルから抜け雪におおわれた朝のように新しい世界が始まる。

1990年からの資産バブル崩壊後、30年の根雪は次第に融けていき、新しく立つべき大地も見えてくる。チェコのドボルザークが楽器の音で表現した**「新世界」**が始まっていく。数百年の歴史は、過去を新しい人物と新しい楽器（技術）と曲で奏でるアナロジーをもつ。

＊

未来を希望にするのは、あなた次第である。権益や利権側の滅びるものにつけば暗くなる。最初は赤ん坊のように頼りなく生まれるもの、成長するものにつけば、明るくなる。どちらに属するかは、個人の判断と選択にゆだねられている。いつの時代も、そうだった。

日本人にとっては、過去のものが滅び、約15年で新しいものが支配的になった、**明治維新以来15世紀目の転換**になっていくだろう。現代は、真偽がまじる情報が過剰であるため、**ひとびとの認知と認識の変化は加速している**。今回は5年か。

歴史の見方は、いつの時代をとっても視点によって異論が許される。明治維新は、既得権益をもっていた江戸幕府と藩が米欧からの超限戦に対応力の無力を晒《さら》し、覚醒した下級武士たちが連合した新政府誕生の大衆運動だった。この視点は現代と似ている。物理的な戦いはいらない。国民主権の選挙で上部構造は変えることができる。「時代」は年号が進んで、新しく変わるのではない。年号は、地球の公転を数えることでしかない。**ひとびとの共通の認識が変わってこそ時代は新しくなる**。認識には意識の時間の慣性、イナーシャ、粘着性がある。維新とは、同じ日本におけるひとびとの認識の変化であろう。

自然は永劫《えいごう》回帰である。2016年のノーベル生理学・医学賞が明らかにしたが、ひとの細胞も**「オートファジー（自食作用）という自然の自己再生（大隅良則、吉森保）」**を繰り返している。しかし過去を蓄積する意識の年齢と、外部世界と自己への認識は、過去への回帰がなく新しく変わっていく。数年内に大きな機会がくるだろう。

確率の未来だから、反論はいつも許される。反論のとき、あるいは共感のとき、その見解や予想の根拠を考えていただきたい。情緒的にダメなものはダメという循環論法ではダメである。

今日の株価は下がると思うひとと、上がると思うひとの50：50の均衡点であるが、中長期では主な原因が生む**ボラティリティの幅**をもった傾向がある。

ＢＲＩＣＳ会議に連続して8月24日から3日間開催された、1年の金利と通貨の予想において注目されるジャクソンホール会議があった（短期ではドルが上がる可能性もある。その後、円の利上げか、日銀が利上げすれば、日米の金利差4％で買われているドルは下がる）。短期の動きは無視していい。底流の予想は、激しく動いている。さあここで立って、柔らかく翔ぶ機会を探そう。未来はあなたの判断によって変わっていく。

２０２３年8月

吉田繁治

【追記】情報の典拠は、およそ全部を文中に記したので再記しない。なおデジタル通貨のブロックチェーンの暗号が桁数の大きな量子ビットの素数になると、高価な量子コンピュータのサーバーで解いて認証するので、量子暗号自体が複製のできない金のように価値をもつものと見なされ、**金ペッグで価値を裏付ける必要がなくなっていく**かもしれない。サーバーが量子ビットの素因数を分解し、ホンモノだと認証できなければマネーにならない。金の通貨としての価値も、ひとの目でホンモノが認証できるからである。

ただし、スパコンでは解けない**量子ビットコンピュータの実用化・汎用化には15年はかかる**だろう。ビットコインの価値の裏付けになっている原価の一部は、ビットコイン（時価総額85兆円）が使われたとき、認証する超高速スパコン代と電気代である（ビットコインの認証で年間の総使用電力は109兆W時の3900億円がかかっている：10年間で3・9兆円、取引量が増えると正比例して電気代が上がる）。

なお1万円札の使用価値の一部（10％か？）は、粗雑なドル紙幣より精巧な印刷にも由来している。日本人は、象形文字が書かれた賞状を評価する固有の文化をもつ。骨董の価値も、量子ビットのように複製ができない希少性である。

認証に素因数分解を使うブロックチェーン型デジタル通貨の、国際的な決済における特徴は、銀行の回線を使わず、電子メールのようにインターネットのPier to Pierで送金ができることである。現在はまだ、量子コンピューターはないので、量子ビットの暗号の必要はない。

Pier to Pierでの送金では、ドル基軸を支えているBIS（国際決済銀行）のSWIFT回線を使う必要がない。貿易の相手国の企業と合意ができれば、デジタル通貨を直接、送金して決済ができる。

つまり外貨交換の媒介通貨になっているドルを使う必要がなくなる。現在は、円で中国からの輸入決済を行うときは、「日本の輸入企業が銀行でドルを買う（円売り・ドル買い）→銀行のSWIFT回線で中国の輸出企業の銀行口座へ送金→中国の輸出企業はそのドルを銀行で人民元に変える（ドル売り・人民元買い）→輸出企業は、人民元で仕入れ代金と経費や人件費を支払う」という形になっている。デジタル通貨では、媒介通貨のドル基軸通貨という概念が消える。このため、各国の外貨準備のドル（16兆ドル：2240兆円）は順次売られるから、ドルのレートは下がっていく。SWIFT回線での国際送金は時間が2日から4日かかり、ドルとの交換が2回あるので手数料が3％と高い。デジタル通貨での送金は瞬間であり、交換手数料は1％と低い。

＜著者略歴＞

吉田繁治（よしだ・しげはる）

1972年、東京大学卒業（専攻フランス哲学）。流通業勤務のあと経営とITのコンサルタント。87年に店舗統合管理システムと受発注ネットワークをグランドデザイン。経営、業務、システムの指導。95年から2000年は旧通産省の情報システムの公募で4つのシステムを受託して開発。2000年、メールマガジンを開始。『ビジネス知識源プレミアム（有料版）』、『ビジネス知識源（無料）』を約4万人の固定読者に配信。経営戦略、商品戦略、在庫管理、サプライチェーン、ロジスティクス、IT、経済、世界金融、時事分析の考察を公開し、好評を得る。
主な著書に『アフターコロナ　次世代の投資戦略』『臨界点を超える世界経済』『仮想通貨　金融革命の未来透視図』『米国が仕掛けるドルの終わり』『マネーの正体』（いずれもビジネス社）、『国家破産』『財政破綻からAI産業革命へ』（PHP研究所）、『ザ・プリンシプル：経営の成功原則100』『利益経営の技術と精神』（商業界）などがある。
過去の記事　　　：https://www.cool-knowledge.com/
メールマガジン：https://www.mag2.com/m/P0000018.html
問い合わせ、質問：e-mail：yoshida@cool-knowledge.com

金利と通貨の大転換

2023年11月10日　　　第1刷発行

著　者　吉田 繁治
発行者　唐津 隆
発行所　株式会社ビジネス社
〒162-0805　東京都新宿区矢来町114番地 神楽坂高橋ビル5F
電話　03(5227)1602　FAX　03(5227)1603
https://www.business-sha.co.jp

〈装幀〉大谷昌稔
〈本文組版〉茂呂田剛（エムアンドケイ）
〈印刷・製本〉中央精版印刷株式会社
〈営業担当〉山口健志
〈編集担当〉本田朋子

ISBN978-4-8284-2572-6